Heinrich Schäfer
Niedersächsisches Nachbarrechtsgesetz (NNachbG)

Niedersächsisches Nachbarrechtsgesetz (NNachbG)

Kommentar

von

Heinrich Schäfer
Vors. Richter am LG a. D.

und

Ingeborg Schäfer
Richterin am Amtsgericht

Verlag C. H. Beck München 2006

Verlag C. H. Beck im Internet
beck.de

ISBN 10: 3 406 55360 5
ISBN 13: 978 3 406 55360 8

© 2006 Verlag C. H. Beck oHG
Wilhelmstraße 9, 80801 München

Druck: Nomos Verlagsgesellschaft
In den Lissen 12, 76547 Sinzheim

Druckerei C. H. Beck
(Adresse wie Verlag)

Gedruckt auf säurefreiem, alterungsbeständigem Papier
(hergestellt aus chlorfrei gebleichtem Zellstoff)

Vorwort

Durch das Gesetz vom 23. Februar 2006 ist das Niedersächsische Nachbarrecht in mehreren Punkten geändert worden, weil nach zahlreichen Änderungen der niedersächsischen Bauordnung und des Verjährungsrechts des Bürgerlichen Gesetzbuches die gewünschte Verknüpfung zwischen diesen Vorschriften gestört war. Das bot die Gelegenheit, eine neue Bearbeitung auf der Basis des aktuellen Rechts zu verfassen und die alten und die neuen Vorschriften zu erläutern. Weiterhin hat das insoweit neugefasste Gesetz eine problematische Regelung und eine Streitfrage geklärt. Spätestens nach der Entscheidung des Bundesgerichtshofes vom 14. 11. 2003 (NJW 2004, 1037) sprach nämlich alles dafür, dass nach Ablauf der Ausschlussfrist in § 54 nicht nur der Anspruch auf Beseitigung von Anpflanzungen, die den vorgeschriebenen Grenzabstand nicht einhielten, ausgeschlossen war, sondern auch der Anspruch auf Zurückschneiden. Das ist durch den neu eingeführten § 54 Abs. 2 dahin geregelt worden, dass es auch nach Fristablauf noch einen – eingeschränkten – Anspruch auf Zurückschneiden geben kann.

Um die Verwendbarkeit des Buches zu erhöhen, ist außerdem ein Anhang beigefügt worden, in dem Beeinträchtigungen durch Laubfall, Unkrautsamenflug, Tiere usw. behandelt werden. Schließlich sind Auszüge aus der Bauordnung beigefügt.

Dortmund, im Juni 2006
Heinrich Schäfer
Ingeborg Schäfer

Inhaltsverzeichnis

Seite

Abkürungsverzeichnis XI
Literaturverzeichnis XV

Teil A. Text des Niedersächsischen Nachbarrechtsgesetzes

Teil B. Kommentar zum Nachbarrechtsgesetz

Erster Abschnitt. Allgemeine Vorschriften
§ 1 Begriff des Nachbarn... 21
§ 2 Verjährung... 23

Zweiter Abschnitt. Nachbarwand
Vorbemerkungen 27
§ 3 Begriff der Nachbarwand 27
§ 4 Einvernehmen mit dem Nachbarn 30
§ 5 Beschaffenheit der Nachbarwand 33
§ 6 Ansprüche des Nachbarn 35
§ 7 Anbau an die Nachbarwand 36
§ 8 Anzeige des Anbaues 41
§ 9 Abbruch an der Nachbarwand 42
§ 10 Unterhaltung der Nachbarwand 42
§ 11 Beseitigen der Nachbarwand vor dem Anbau 44
§ 12 Erhöhen der Nachbarwand 47
§ 13 Verstärken der Nachbarwand 49
§ 14 Schadensersatz 50
§ 15 Erneuerung einer Nachbarwand 51

Dritter Abschnitt. Grenzwand
§ 16 Errichtung einer Grenzwand 52
§ 17 Veränderung oder Abbruch einer Grenzwand 55
§ 18 Anbau an eine Grenzwand 56
§ 19 Anschluß bei zwei Grenzwänden 58
§ 20 Unterfangen einer Grenzwand 59
§ 21 Einseitige Grenzwand 60
§ 22 Über die Grenze gebaute Wand 62

Vierter Abschnitt. Fenster- und Lichtrecht
Vorbemerkungen 63
§ 23 Umfang und Inhalt 63
§ 24 Ausnahmen 66
§ 25 Ausschluß des Beseitigungsanspruches 67

Inhalt

Seite

Fünfter Abschnitt. Bodenerhöhungen

Vorbemerkungen 69
§ 26 Bodenerhöhungen 69

Sechster Abschnitt. Einfriedung

Vorbemerkungen 73
§ 27 Einfriedungspflicht 74
§ 28 Beschaffenheit der Einfriedung 79
§ 29 Einfriedungspflicht des Störers 84
§ 30 Gemeinsame Einfriedung auf der Grenze 86
§ 31 Abstand von der Grenze 87
§ 32 *(außer Kraft)* 89
§ 33 Ausschluß von Beseitigungsansprüchen 89
§ 34 Kosten 91
§ 35 Errichtungskosten in besonderen Fällen 92
§ 36 Benutzung und Unterhaltung der gemeinschaftlichen Einfriedung 94
§ 37 Anzeigepflicht 94

Siebenter Abschnitt. Wasserrechtliches Nachbarrecht

§ 38 Veränderung des Grundwassers 96
§ 39 Wild abfließendes Wasser 98
§ 40 Hinderung des Zuflusses 99
§ 41 Wiederherstellung des früheren Zustandes 99
§ 42 Anzeigepflicht 100
§ 43 Schadensersatz 101
§ 44 Rechtsausübung im Notstand 102

Achter Abschnitt. Dachtraufe

Vorbemerkungen 103
§ 45 Traufwasser 103
§ 46 Anbringen von Sammel- und Abflußeinrichtungen 105

Neunter Abschnitt. Hammerschlags- und Leiterrecht

Vorbemerkungen 108
§ 47 Inhalt und Umfang 108
§ 48 Nutzungsentschädigung 114

Zehnter Abschnitt

§ 49 Höherführen von Schornsteinen 116

Elfter Abschnitt. Grenzabstände für Pflanzen, ausgenommen Waldungen

§ 50 Grenzabstände für Bäume und Sträucher 119
§ 51 Bestimmung des Abstandes 121
§ 52 Ausnahmen 122
§ 53 Anspruch auf Beseitigen oder Zurückschneiden 124

Inhalt

Seite

§ 54 Ausschluß des Anspruches auf Beseitigen oder Zurückschneiden ... 125
§ 55 Bei Inkrafttreten des Gesetzes vorhandene Pflanzen –
    Außenbereich 128
§ 56 Ersatzanpflanzungen 130
§ 57 Nachträgliche Grenzänderungen 130

Zwölfter Abschnitt. Grenzabstände für Waldungen

§ 58 Grenzabstände 132
§ 59 Beseitigungsanspruch 133
§ 60 Bewirtschaftung von Wald 134

**Dreizehnter Abschnitt. Grenzabstände für Gebäude
im Außenbereich**

§ 61 Größe des Abstandes 135
§ 62 Ausschluß des Beseitigungsanspruches 140

Vierzehnter Abschnitt. Schlußbestimmungen

§ 63 Übergangsvorschriften 141
§ 64 Änderung des Niedersächsischen Wassergesetzes 142
§ 65 Außerkrafttreten älteren Rechts 142
§ 66 Inkrafttreten des Gesetzes 142

Teil C. Anhang

  I. Beeinträchtigungen durch Lärm, Erschütterungen, Tiere sowie
    Laub- und Blütenflug 143
 II. Niedersächsische Bauordnung *(Auszug)* 159

Sachregister 167

Abkürzungsverzeichnis

a. A.	anderer Ansicht
aaO	am angegebenen Ort
Abs.	Absatz
a. E.	am Ende
AG	Amtsgericht, Ausführungsgesetz
ALR	Allgemeines Landrecht für die preußischen Staaten
Anm.	Anmerkung
Art.	Artikel
BauGB	Baugesetzbuch
BauO	Bauordnung
BauR	Zeitschrift für Baurecht
BB	Betriebsberater
BFernstrG	Bundesfernstraßengesetz
BGB	Bürgerliches Gesetzbuch
BGBl.	Bundesgesetzblatt
BGH	Bundesgerichtshof – amtl. Sammlung
BImSchG	Bundesimmissionsschutzgesetz
BlGBW	Blätter für Grundstücks-, Bau- und Wohnungsrecht
BO	Bauordnung
BRS	Baurechtsammlung
BVerwG	Entscheidungen des Bundesverwaltungsgerichts
DB	Der Betrieb
DÖV	Die öffentliche Verwaltung
DRZ	Deutsche Rechtszeitschrift
DVBl.	Deutsches Verwaltungsblatt
DVO	Durchführungsverordnung
DWW	Deutsche Wohnungswirtschaft
EG	Einführungsgesetz
ErbbauVO	Erbbaurechtsverordnung
FWW	Die Freie Wohnungswirtschaft
GewO	Gewerbeordnung
GVBl.	Gesetz- und Verordnungsblatt
Hess.	Hessen
HGB	Handelsgesetzbuch

Abkürzungen

JMBl.	Justizministerialblatt
JuS	Juristische Schulung
JW	Juristische Wochenschrift
LG	Landgericht
LKV	Landes- und Kommunalverwaltung
LM	Lindenmaier-Möhring, Nachschlagewerk des Bundesgerichtshofs in Zivilsachen
MBl.	Ministerialblatt
MDR	Monatsschrift für Deutsches Recht
N	Niedersachsen
NachbG, NRG	Nachbarrechtsgesetz
NatG	Niedersächsisches Naturschutzgesetz
Nds. Rpfl.	Niedersächsische Rechtspflege
NJOZ	Neue Juristische Online-Zeitung
NJW	Neue Juristische Wochenschrift
NJW-RR	NJW-Rechtsprechungs-Report
NVwZ	Neue Zeitschrift für Verwaltungsrecht
NRW	Nordrhein-Westfalen
NZM	Neue Zeitung für Miet- und Wohnungsrecht
OLG	Oberlandesgericht
OLGR	OLG-Report
OLGZ	Entscheidungen der Oberlandesgerichte in Zivilsachen
OVG	Oberverwaltungsgericht
OVGE	Amtliche Sammlung der Entscheidungen der Oberverwaltungsgerichte Münster und Lüneburg
Pr.	Preußen
RdL	Recht der Landwirtschaft
RG	Reichsgericht
Rdn.	Randnummer
S.	Seite, Satz
SchlHA	Schleswig-Holsteinische Anzeigen
StrG	Straßengesetz
Thür.	Thüringen
VersR	Versicherungsrecht
VG	Verwaltungsgericht
VGH	Verwaltungsgerichtshof

Abkürzungen

vgl.	vergleiche
VO	Verordnung
Vorb.	Vorbemerkung
WaldLG	Gesetz über den Wald und die Landschaftsordnung
WEG	Gesetz über das Wohnungseigentum und Dauerwohnrecht
WG	Niedersächsisches Wassergesetz
WHG	Wasserhaushaltsgesetz
WM/WPM	Wertpapiermitteilungen
ZMR	Zeitschrift für Miet- und Raumrecht
ZPO	Zivilprozessordnung

Literaturverzeichnis

Bassenge/Olivet .... Nachbarrecht in Schleswig-Holstein, 11. Auflage, Kiel 2003

Bauer/Hülbusch/
Schlick/Rottmüller ..... Thüringer Nachbarrecht, 4. Auflage, Stuttgart 2002

Baumbach/Lauterbach/
Albers/Hartmann .... Zivilprozessordnung, 64. Auflage, München 2006

Battis/Krautzberger/
Löhr .... BauGB, 9. Auflage, München 2005

Bayer/Lindner/
Grziwotz .... Bayerisches Nachbarrecht, 2. Auflage, München 1994

BGB-RGRK .... Das Bürgerliche Gesetzbuch, Kommentar, 12. Auflage, Berlin 1976 ff

Breloer .... Baum und Strauch im Nachbarrecht, Wilnsdorf 1988

Breuer .... Öffentliches und privates Wasserrecht, 3. Auflage, München 2004

Burghartz .... Wasserhaushaltsgesetz und Wassergesetz für das Land Nordrhein-Westfalen, 2. Auflage, München 1974

Dehner .... Nachbarrecht im Bundesgebiet (ohne Bayern), 6. Auflage, München 1982 bzw. 7. Auflage, Neuwied 1991 ff

Dröschel/Glaser .... Das Nachbarrecht in Nordrhein-Westfalen, 5. Auflage, Herne-Berlin 1984

Eyermann .... Verwaltungsgerichtsordnung, Kommentar, 11. Auflage, München 2000

Fickert .... Straßenrecht in NRW, 3. Auflage, Köln 1989

Finkelnburg/Ortloff .... Öffentliches Baurecht, Nachbarschutz, Rechtsschutz, 4. Auflage, München 1998

Fritsch-Golz-Wicher ... Straßengesetz des Landes Nordrhein-Westfalen, 2. Auflage 1966

Gädtke/Temme/
Heintz .... Landesbauordnung Nordrhein-Westfalen, Kommentar, 10. Auflage, Düsseldorf 2003

Grziwotz/Lüke/
Saller .... Praxishandbuch Nachbarrecht, München 2005

Glaser/Dröschel .... Das Nachbarrecht in der Praxis, 3. Auflage, Herne-Berlin 1971

Günther .... Baumschutzrecht, München 1994

Literatur

Hodes/Dehner .... Hessisches Nachbarrecht, 5. Auflage, Düsseldorf 2001

Hoppenberg/de Witt ... Handbuch des öffentlichen Baurechts, München 2006

Hülbusch/Bauer/
Schlick .... Nachbarrecht für Rheinland-Pfalz und das Saarland, 5. Auflage, Heidelberg 1998

Lehmann .... Kommentar zum Niedersächsischen Nachbarrechtsgesetz, 2. Auflage, Göttingen 1976

Marschall/Kastner .... Bundesfernstraßengesetz, 5. Auflage, Köln 1998

Palandt .... Bürgerliches Gesetzbuch, Kommentar, 65. Auflage, München 2006

Pelka .... Das Nachbarrecht in Baden-Württemberg, 17. Auflage, Stuttgart 1996

Sauthoff .... Straße und Anlieger, München 2003

Schäfer .... Nachbarrechtsgesetz für Nordrhein-Westfalen, 14. Auflage, München 2005

Schellhammer .... Schuldrecht nach Anspruchsgrundlagen, 5. Auflage 2003

Soergel .... Bürgerliches Gesetzbuch, Kommentar, 11. Auflage, Stuttgart 1978

Staudinger .... Kommentar zum BGB, 12. Auflage, Berlin 1980 ff

Thiel-Rössler-
Schuhmacher .... Baurecht in Nordrhein-Westfalen, Köln 1973

Thomas/Putzo .... Zivilprozessordnung, Kommentar, 25. Auflage, München 2003

Zimmermann-
Steinke .... Kommentar zum nordrhein-westfälischen Nachbarrechtsgesetz, Göttingen 1969

Teil A. Gesetzestext

Niedersächsisches Nachbarrechtsgesetz (NNachbG)

Vom 31. März 1967

(Nds. GVBl. S. 91), geänd. durch Art. III Abs. 3 G v. 11. 4. 1986 (GVBl. S. 103), Art. 25 G v. 19. 9. 1989 (GVBl. S. 345), Art. 2 G v. 6. 10. 1997 (GVBl. S. 422), Art. 11 G v. 17. 12. 1998 (GVBl. S. 710), Art. 40 G v. 20. 11. 2001 (GVBl. S. 701), G v. 23. 2. 2006 m. W. v. 1. 10. 2006 (GVBl. S. 88)

Erster Abschnitt. Allgemeine Vorschriften

§ 1 Begriff des Nachbarn

Nachbar im Sinne dieses Gesetzes ist nur der Eigentümer eines Grundstücks, im Falle des Erbbaurechts der Erbbauberechtigte.

§ 2 Verjährung

¹Für die Verjährung von Ansprüchen nach diesem Gesetz gilt Abschnitt 5 des Buches 1 des Bürgerlichen Gesetzbuchs (BGB) entsprechend. ²In den Fällen der §§ 54, 55 Abs. 1 Nr. 3 und Abs. 2 sowie des § 59 Abs. 2 Nr. 2 tritt die Verjährung jedoch nicht vor Ablauf der dort bestimmten Frist ein.

Zweiter Abschnitt. Nachbarwand

§ 3 Begriff der Nachbarwand

Nachbarwand ist eine auf der Grenze zweier Grundstücke errichtete Wand, die mit einem Teil ihrer Dicke auf dem Nachbargrundstück steht und den Bauwerken beider Grundstücke als Abschlußwand oder zur Unterstützung oder Aussteifung dient oder dienen soll.

§ 4 Einvernehmen mit dem Nachbarn

¹Eine Nachbarwand darf nur im Einvernehmen mit dem Nachbarn errichtet werden. ²Für die im Einvernehmen mit dem Nachbarn errichtete Nachbarwand gelten die §§ 5 bis 15.

§ 5 Beschaffenheit der Nachbarwand

(1) ¹Die Nachbarwand ist in einer solchen Bauart und Bemessung auszuführen, daß sie den Bauvorhaben beider Nachbarn genügt. ²Ist nichts ande-

1

res vereinbart, so braucht der zuerst Bauende die Wand nur für einen Anbau herzurichten, der an die Bauart und Bemessung der Wand keine höheren Anforderungen stellt als sein eigenes Bauvorhaben. [3] Anbau ist die Mitbenutzung der Wand als Abschlußwand oder zur Unterstützung oder Aussteifung des neuen Bauwerkes.

(2) [1] Erfordert keins der beiden Bauvorhaben eine größere Dicke der Wand als das andere, so darf die Nachbarwand höchstens mit der Hälfte ihrer notwendigen Dicke auf dem Nachbargrundstück errichtet werden. [2] Erfordert der auf dem einen der Grundstücke geplante Bau eine dickere Wand, so ist die Wand mit einem entsprechend größeren Teil ihrer Dicke auf diesem Grundstück zu errichten.

§ 6 Ansprüche des Nachbarn

[1] Soweit die Nachbarwand dem § 5 Abs. 2 entspricht, hat der Nachbar keinen Anspruch auf Zahlung einer Vergütung (§ 912 BGB) oder auf Abkauf von Boden (§ 915 BGB). [2] Wird die Nachbarwand beseitigt, bevor angebaut ist, so kann der Nachbar für die Zeitspanne ihres Bestehens eine Vergütung gemäß § 912 BGB beanspruchen.

§ 7 Anbau an die Nachbarwand

(1) [1] Der Nachbar ist berechtigt, an die Nachbarwand nach den allgemein anerkannten Regeln der Baukunst anzubauen; dabei darf er in den Besitz des zuerst Bauenden an der Nachbarwand eingreifen. [2] Unterfangen der Nachbarwand ist nur entsprechend den Vorschriften des § 20 zulässig.

(2) [1] Der anbauende Nachbar hat dem Eigentümer des zuerst bebauten Grundstücks den halben Wert der Nachbarwand zu vergüten, soweit ihre Fläche zum Anbau genutzt wird. [2] Ruht auf dem zuerst bebauten Grundstück ein Erbbaurecht, so steht die Vergütung dem Erbbauberechtigten zu.

(3) Die Vergütung ermäßigt sich angemessen, wenn die besondere Bauart oder Bemessung der Wand nicht erforderlich oder nur für das zuerst errichtete Bauwerk erforderlich ist; sie erhöht sich angemessen, wenn die besondere Bauart oder Bemessung der Wand nur für das später errichtete Bauwerk erforderlich ist.

(4) [1] Steht die Nachbarwand mehr auf dem Grundstück des anbauenden Nachbarn, als in § 5 Abs. 2 vorgesehen ist, so kann dieser die Vergütung um den Wert des zusätzlich überbauten Bodens kürzen, wenn er nicht die in § 912 Abs. 2 oder in § 915 BGB bestimmten Rechte ausübt. [2] Steht die Nachbarwand weniger auf dem Nachbargrundstück, als in § 5 Abs. 2 vorgesehen ist, so erhöht sich die Vergütung um den Wert des Bodens, den die Wand andernfalls auf dem Nachbargrundstück zusätzlich benötigt hätte.

(5) [1] Die Vergütung wird fällig, wenn der Anbau im Rohbau hergestellt ist; sie steht demjenigen zu, der zu dieser Zeit Eigentümer (Erbbauberechtigter) ist. [2] Bei der Wertberechnung ist von den zu diesem Zeitpunkt übli-

chen Baukosten auszugehen und das Alter sowie der bauliche Zustand der Nachbarwand zu berücksichtigen. [3]Auf Verlangen ist Sicherheit in Höhe der voraussichtlich zu gewährenden Vergütung zu leisten, wenn mit einer Vergütung von mehr als 3000 Euro zu rechnen ist; in einem solchen Falle darf der Anbau erst nach Leistung der Sicherheit begonnen oder fortgesetzt werden.

§ 8 Anzeige des Anbaues

(1) [1]Die Einzelheiten der geplanten Mitbenutzung der Wand sind zwei Monate vor Beginn der Bauarbeiten dem Eigentümer (Erbbauberechtigten) des zuerst bebauten Grundstücks anzuzeigen. [2]Mit den Arbeiten darf, wenn nichts anderes vereinbart wird, erst nach Fristablauf begonnen werden.

(2) Etwaige Einwendungen gegen den Anbau sollen unverzüglich erhoben werden.

(3) Ist der Aufenthalt des Eigentümers (Erbbauberechtigten) nicht bekannt oder ist er bei Aufenthalt im Ausland nicht alsbald erreichbar und hat er keinen Vertreter bestellt, so genügt statt der Anzeige an ihn die Anzeige an den unmittelbaren Besitzer.

§ 9 Abbruch an der Nachbarwand

Der geplante Abbruch eines der beiden Gebäude, denen die Nachbarwand dient, ist dem Nachbarn anzuzeigen; § 8 gilt entsprechend.

§ 10 Unterhaltung der Nachbarwand

(1) Bis zum Anbau fallen die Unterhaltungskosten der Nachbarwand dem Eigentümer des zuerst bebauten Grundstücks allein zur Last.

(2) [1]Nach dem Anbau sind die Unterhaltungskosten für den gemeinsam genutzten Teil der Wand von beiden Nachbarn zu gleichen Teilen zu tragen. [2]In den Fällen des § 7 Abs. 3 ermäßigt oder erhöht sich der Anteil des Anbauenden an den Unterhaltungskosten entsprechend der Anbauvergütung.

(3) [1]Wird eines der beiden Gebäude abgebrochen und nicht neu errichtet, so hat der Eigentümer des abgebrochenen Gebäudes die Außenfläche des bisher gemeinsam genutzten Teiles der Wand in einen für eine Außenwand geeigneten Zustand zu versetzen. [2]Bedarf die Wand gelegentlich des Gebäudeabbruches noch weiterer Instandsetzung, so sind die Kosten dafür gemäß Absatz 2 gemeinsam zu tragen. [3]Die künftige Unterhaltung der Wand obliegt dem Eigentümer des bestehen gebliebenen Gebäudes.

§ 11 Beseitigen der Nachbarwand vor dem Anbau

(1) [1]Der Eigentümer des zuerst bebauten Grundstücks darf die Nachbarwand nur mit Einwilligung des Nachbarn beseitigen. [2]Die Absicht, die

Nachbarwand zu beseitigen, muß dem Nachbarn schriftlich erklärt werden. [3]Die Einwilligung gilt als erteilt, wenn der Nachbar dieser Erklärung nicht innerhalb von zwei Monaten schriftlich widerspricht. [4]Für die Erklärung gilt § 8 Abs. 3 entsprechend.

(2) Die Einwilligung gilt trotz Widerspruchs als erteilt, wenn

1. der Nachbar nicht innerhalb von sechs Monaten nach Empfang der Erklärung einen Bauantrag zur Errichtung eines Anbaus einreicht oder die bauaufsichtliche Zustimmung hierfür beantragt oder, falls das Vorhaben weder einer Baugenehmigung noch einer bauaufsichtlichen Zustimmung bedarf, die erforderlichen Unterlagen einreicht,

2. die Versagung der für die Errichtung eines Anbaus erforderlichen Baugenehmigung oder bauaufsichtlichen Zustimmung nicht mehr angefochten werden kann oder

3. nicht innerhalb eines Jahres nach Eintritt der Unanfechtbarkeit der Baugenehmigung oder der bauaufsichtlichen Zustimmung oder, falls das Vorhaben weder einer Baugenehmigung noch einer bauaufsichtlichen Zustimmung bedarf, nach Vorliegen der Bestätigung der Gemeinde nach § 69a Abs. 5 Satz 1 der Niedersächsischen Bauordnung mit der Errichtung eines Anbaus begonnen wird.

(3) [1]Beseitigt der Erstbauende die Nachbarwand rechtswidrig ganz oder teilweise, so kann der anbauberechtigte Nachbar auch ohne Verschulden des Erstbauenden Schadensersatz verlangen. [2]Der Anspruch wird fällig, wenn das spätere Bauwerk im Rohbau hergestellt ist.

§ 12 Erhöhen der Nachbarwand

(1) [1]Jeder Nachbar darf die Nachbarwand auf seine Kosten erhöhen, wenn der andere Nachbar schriftlich einwilligt; bei der Erhöhung sind die allgemein anerkannten Regeln der Baukunst zu beachten. [2]Die Einwilligung muß erteilt werden, wenn keine oder nur geringfügige Beeinträchtigungen des eigenen Grundstücks zu erwarten sind. [3]Für den hinzugefügten oberen Teil der Nachbarwand gelten die Vorschriften des § 5 Abs. 1 und der §§ 7 bis 11.

(2) Der höher Bauende darf – soweit erforderlich – auf das Nachbardach einschließlich des Dachtragwerkes einwirken; er hat auf seine Kosten das Nachbardach mit der erhöhten Nachbarwand ordnungsgemäß zu verbinden.

(3) Wird die Nachbarwand nicht in voller Dicke erhöht, so ist die Erhöhung, wenn die Nachbarn nichts anderes vereinbart haben, auf der Mitte der Wand zu errichten.

§ 13 Verstärken der Nachbarwand

[1]Jeder Nachbar darf die Nachbarwand auf seinem Grundstück verstärken, soweit es nach den allgemein anerkannten Regeln der Baukunst zulässig ist. [2]Die Absicht der Verstärkung ist zwei Monate vor Beginn der Bauarbeiten anzuzeigen; § 8 gilt entsprechend.

§ 14 Schadensersatz

(1) [1] Schaden, der durch Ausübung des Rechtes nach § 13 dem Eigentümer des anderen Grundstücks oder den Nutzungsberechtigten entsteht, ist auch ohne Verschulden zu ersetzen. [2] Hat der Geschädigte den Schaden mitverursacht, so hängt die Ersatzpflicht sowie der Umfang der Ersatzleistung von den Umständen ab, insbesondere davon, inwieweit der Schaden vorwiegend von dem einen oder anderen Teil verursacht worden ist.

(2) Auf Verlangen ist Sicherheit in Höhe des möglichen Schadens zu leisten, wenn mit einem Schaden von mehr als 3000 Euro zu rechnen ist; in einem solchen Falle darf das Recht erst nach Leistung der Sicherheit ausgeübt werden.

§ 15 Erneuerung einer Nachbarwand

[1] Wird eine Nachbarwand, neben der ein später errichtetes Bauwerk steht, abgebrochen und durch eine neue Wand ersetzt, so darf die neue Wand über die Grenze hinaus auf der alten Stelle errichtet werden. [2] Soll die neue Nachbarwand in Bauart oder Bemessung von der früheren abweichen, so sind die §§ 12 bis 14 entsprechend anzuwenden.

Dritter Abschnitt. Grenzwand

§ 16 Errichtung einer Grenzwand

(1) [1] Wer an der Grenze zweier Grundstücke, jedoch ganz auf seinem Grundstück, eine Wand errichten will (Grenzwand), hat dem Nachbarn die Bauart und Bemessung der beabsichtigten Wand anzuzeigen. [2] § 8 Abs. 2 und 3 ist entsprechend anzuwenden. [3] Als Grenzwand gilt auch eine neben einer Nachbarwand oder neben einem Überbau geplante Wand.

(2) [1] Der Nachbar kann innerhalb eines Monats nach Zugang der Anzeige verlangen, die Grenzwand so zu gründen, daß zusätzliche Baumaßnahmen vermieden werden, wenn er später neben der Grenzwand ein Bauwerk errichtet oder erweitert. [2] Mit den Arbeiten darf, wenn nichts anderes vereinbart wird, erst nach Ablauf der Frist begonnen werden.

(3) [1] Die durch das Verlangen nach Absatz 2 entstehenden Mehrkosten sind zu erstatten. [2] In Höhe der voraussichtlich erwachsenden Mehrkosten ist auf Verlangen des Bauherrn binnen zwei Wochen Vorschuß zu leisten. [3] Der Anspruch auf die besondere Gründung erlischt, wenn der Vorschuß nicht fristgerecht geleistet wird.

(4) Soweit der Bauherr die besondere Gründung innerhalb von fünf Jahren seit der Errichtung auch zum Vorteil seines Bauwerks ausnutzt, beschränkt sich die Erstattungspflicht des Nachbarn auf den angemessenen Kostenanteil; darüber hinaus gezahlte Kosten können zurückgefordert werden.

§ 17 Veränderung oder Abbruch einer Grenzwand

[1] Wer eine Grenzwand erhöhen, verstärken oder abbrechen will, hat die Einzelheiten dieser Baumaßnahme einen Monat vor Beginn der Arbeiten dem Nachbarn anzuzeigen. [2] § 8 ist entsprechend anzuwenden.

§ 18 Anbau an eine Grenzwand

(1) [1] Der Nachbar darf an eine Grenzwand nur anbauen (§ 5 Abs. 1 Satz 3), wenn der Eigentümer einwilligt. [2] Bei dem Anbau sind die allgemein anerkannten Regeln der Baukunst zu beachten.

(2) [1] Der anbauende Nachbar hat dem Eigentümer der Grenzwand eine Vergütung zu zahlen, soweit er sich nicht schon nach § 16 Abs. 3 an den Errichtungskosten beteiligt hat. [2] Auf diese Vergütung findet § 7 Abs. 2, 3 und 5 entsprechende Anwendung. [3] Die Vergütung erhöht sich um den Wert des Bodens, den der Anbauende gemäß § 5 Abs. 2 bei Errichtung einer Nachbarwand hätte zur Verfügung stellen müssen.

(3) Für die Unterhaltungskosten der Grenzwand gilt § 10 entsprechend.

§ 19 Anschluß bei zwei Grenzwänden

(1) [1] Wer eine Grenzwand neben einer schon vorhandenen Grenzwand errichtet, muß sein Bauwerk an das zuerst errichtete Bauwerk auf seine Kosten anschließen, soweit dies nach den allgemein anerkannten Regeln der Baukunst erforderlich oder für die Baugestaltung zweckmäßig ist. [2] Er hat den Anschluß auf seine Kosten zu unterhalten.

(2) Die Einzelheiten des beabsichtigten Anschlusses sind in der in § 16 Abs. 1 vorgeschriebenen Anzeige dem Eigentümer des zuerst bebauten Grundstücks mitzuteilen.

(3) Werden die Grenzwände gleichzeitig errichtet, so tragen die Nachbarn die Kosten des Anschlusses und seiner Unterhaltung zu gleichen Teilen.

§ 20 Unterfangen einer Grenzwand

(1) Der Nachbar darf eine Grenzwand nur unterfangen, wenn
1. dies zur Ausführung seines Bauvorhabens nach den allgemein anerkannten Regeln der Baukunst unumgänglich ist oder nur mit unzumutbar hohen Kosten vermieden werden könnte und
2. keine erhebliche Schädigung des zuerst errichteten Gebäudes zu besorgen ist.

(2) Für Anzeigepflicht und Schadensersatz gelten die §§ 8 und 14 entsprechend.

§ 21 Einseitige Grenzwand

Darf nur auf einer Seite unmittelbar an eine gemeinsame Grenze gebaut werden, so hat der Nachbar kleinere, nicht zum Betreten bestimmte Bauteile, die in den Luftraum seines Grundstücks übergreifen, zu dulden, wenn sie die Benutzung seines Grundstücks nicht oder nur geringfügig beeinträchtigen.

§ 22 Über die Grenze gebaute Wand

[1]Die Bestimmungen über die Grenzwand gelten auch für eine über die Grenze hinausreichende Wand, wenn die Vorschriften über die Nachbarwand nicht anwendbar sind. [2]Stimmt der Erbauer einer solchen Wand auf Wunsch des Nachbarn einem Anbau zu, so gelten die Vorschriften über die Nachbarwand.

Vierter Abschnitt. Fenster- und Lichtrecht

§ 23 Umfang und Inhalt

(1) [1]In oder an der Außenwand eines Gebäudes, die parallel oder in einem Winkel bis zu 75° zur Grenze des Nachbargrundstücks verläuft, dürfen Fenster oder Türen, die von der Grenze einen geringeren Abstand als 2,5 m haben sollen, nur mit Einwilligung des Nachbarn angebracht werden. [2]Das gleiche gilt für Balkone und Terrassen.

(2) Von einem Fenster, dem der Nachbar zugestimmt hat, müssen er und seine Rechtsnachfolger mit später errichteten Gebäuden mindestens 2,5 m Abstand einhalten.

§ 24 Ausnahmen

Eine Einwilligung nach § 23 Abs. 1 ist nicht erforderlich
1. für lichtdurchlässige Bauteile, wenn sie undurchsichtig und schalldämmend sind,
2. für Außenwände an oder neben öffentlichen Straßen, öffentlichen Wegen und öffentlichen Plätzen (öffentlichen Straßen) sowie an oder neben Gewässern von mehr als 2,5 m Breite.

§ 25 Ausschluß des Beseitigungsanspruches

(1) Der Anspruch auf Beseitigung einer Einrichtung nach § 23 Abs. 1, die einen geringeren als den dort vorgeschriebenen Grenzabstand hat, ist ausgeschlossen,
1. wenn die Einrichtung bei Inkrafttreten dieses Gesetzes vorhanden ist und ihr Grenzabstand sowie ihre sonstige Beschaffenheit dem bisherigen Recht entspricht oder
2. wenn der Nachbar nicht spätestens im zweiten Kalenderjahr nach dem Anbringen der Einrichtung Klage auf Beseitigung erhoben hat; die Frist endet frühestens zwei Jahre nach Inkrafttreten dieses Gesetzes.

(2) Wird das Gebäude, an dem sich die Einrichtungen befanden, durch ein neues Gebäude ersetzt, so gelten die §§ 23 und 24.

Fünfter Abschnitt. Bodenerhöhungen

§ 26 Bodenerhöhungen

[1]Wer den Boden seines Grundstücks über die Oberfläche des Nachbargrundstücks erhöht, muß einen solchen Grenzabstand einhalten oder solche Vorkehrungen treffen und unterhalten, daß eine Schädigung des Nachbargrundstücks durch Bodenbewegungen ausgeschlossen ist. [2]Die Verpflichtung geht auf den Rechtsnachfolger über.

Sechster Abschnitt. Einfriedung

§ 27 Einfriedungspflicht

(1) Grenzen bebaute oder gewerblich genutzte Grundstücke aneinander, so kann jeder Eigentümer eines solchen Grundstücks, sofern durch Einzelvereinbarung nichts anderes bestimmt ist, von den Nachbarn die Einfriedung nach folgenden Regeln verlangen:
1. Wenn Grundstücke unmittelbar nebeneinander an derselben Straße oder an demselben Wege liegen, so hat jeder Eigentümer an der Grenze zum rechten Nachbargrundstück einzufrieden. Rechtes Nachbargrundstück ist dasjenige, das von der Straße (dem Wege) aus betrachtet rechts liegt. Dies gilt auch für Eckgrundstücke, auch für solche, die an drei Straßen oder Wege grenzen.
2. Liegt ein Grundstück zwischen zwei Straßen oder Wegen, so ist dasjenige Grundstück rechtes Nachbargrundstück im Sinne von Nr. 1 Satz 2, welches an derjenigen Straße (demjenigen Wege) rechts liegt, an der (dem) sich der Haupteingang des Grundstückes befindet. Durch Verlegung des Haupteingangs wird die Einfriedungspflicht ohne Zustimmung des Nachbarn nicht verändert. Für Eckgrundstücke gilt Nr. 1 ohne Rücksicht auf die Lage des Haupteingangs.
3. Wenn an einer Grenze gemäß Nr. 2 in Verbindung mit Nr. 1 beide Nachbarn einzufrieden haben, so haben sie gemeinsam einzufrieden.
4. An Grenzen, auf die weder Nr. 1 noch Nr. 2 dieses Absatzes anwendbar ist, insbesondere an beiderseits rückwärtigen Grenzen, ist gemeinsam einzufrieden.
5. Soweit die Grenzen mit Gebäuden besetzt sind, besteht keine Einfriedungspflicht.

(2) [1]Soweit in einem Teil eines Ortes Einfriedungen nicht üblich sind, besteht keine Einfriedungspflicht. [2]§ 29 Abs. 2 bleibt unberührt.

§ 28 Beschaffenheit der Einfriedung

(1) [1]Haben die Eigentümer eine Vereinbarung über die Art und Beschaffenheit der Einfriedung nicht getroffen, so kann eine ortsübliche Einfriedung

verlangt werden. [2]Wenn sich für einen Teil eines Ortes keine andere Orts-übung feststellen läßt, kann ein bis zu 1,20 m hoher Zaun verlangt werden.

(2) [1]Die Einfriedung ist – vorbehaltlich des § 30 – auf dem eigenen Grundstück zu errichten. [2]Seitliche Zaunpfosten sollen dem eigenen Grundstück zugekehrt sein.

(3) Darf eine Einfriedung nach der Niedersächsischen Bauordnung in einer bestimmten Höhe an der Grenze errichtet werden, so kann nicht verlangt werden, daß die Einfriedung eine geringere Höhe einhält.

§ 29 Einfriedungspflicht des Störers

(1) Reicht eine den §§ 27 und 28 entsprechende ortsübliche Einfriedung nicht aus, um angemessenen Schutz vor unzumutbaren Beeinträchtigungen zu bieten, so hat derjenige, von dessen Grundstück die Beeinträchtigungen ausgehen, auf Verlangen des Nachbarn die Einfriedung zu verbessern, wenn dadurch die Beeinträchtigungen verhindert oder gemindert werden können.

(2) [1]Gehen von einem bebauten oder gewerblich genutzten Grundstück unzumutbare Beeinträchtigungen aus und ergibt sich aus § 27 keine Einfriedungspflicht, so hat der Eigentümer auf Verlangen des Nachbarn eine Einfriedung zu errichten, die dem Nachbargrundstück angemessenen Schutz gewährt. [2]Für unbebaute Grundstücke in Baulücken gilt das gleiche.

§ 30 Gemeinsame Einfriedung auf der Grenze

[1]Haben zwei Nachbarn gemeinsam einzufrieden und will keiner von ihnen die Einfriedung ganz auf seinem Grundstück errichten, so ist jeder von ihnen berechtigt, eine ortsübliche Einfriedung auf die Grenze zu setzen; der andere Nachbar ist berechtigt, bei der Errichtung der Einfriedung mitzuwirken. [2]Seitliche Zaunpfosten dürfen auf der Hälfte der Strecke dem Nachbargrundstück zugekehrt auf dieses gesetzt werden.

§ 31 Abstand von der Grenze

(1) [1]Die Einfriedung eines Grundstücks muß von der Grenze eines landwirtschaftlich genutzten Nachbargrundstücks auf Verlangen des Nachbarn 0,6 m zurückbleiben, wenn beide Grundstücke außerhalb eines im Zusammenhang bebauten Ortsteiles liegen und nicht in einem Bebauungsplan als Bauland ausgewiesen sind. [2]Der Geländestreifen vor der Einfriedung kann bei der Bewirtschaftung des landwirtschaftlich genutzten Grundstücks betreten und befahren werden.

(2) Die Verpflichtung nach Absatz 1 erlischt, wenn eines der beiden Grundstücke Teil eines im Zusammenhang bebauten Ortsteiles wird oder in einem Bebauungsplan als Bauland ausgewiesen wird.

§ 32 *(aufgehoben)*

§ 33 Ausschluß von Beseitigungsansprüchen

(1) [1]Der Anspruch auf Beseitigung einer Einfriedung, die einen geringeren als den in § 31 vorgeschriebenen Grenzabstand hat, ist ausgeschlossen,

1. wenn die Einfriedung bei Inkrafttreten dieses Gesetzes vorhanden ist und ihr Grenzabstand dem bisherigen Recht entspricht, oder
2. wenn der Nachbar nicht spätestens im zweiten Kalenderjahr nach Errichtung der Einfriedung Klage auf Beseitigung erhoben hat.

[2]Der Ausschluß gilt nicht, wenn die Einfriedung durch eine andere ersetzt wird.

(2) Absatz 1 ist entsprechend anzuwenden, wenn eine Einfriedung die Grenze überschreitet, ohne daß dies nach § 30 statthaft ist.

§ 34 Kosten

[1]Wer zur Einfriedung allein verpflichtet ist, hat die Kosten der Errichtung und der Unterhaltung der Einfriedung zu tragen. [2]Dies gilt auch, wenn die Einfriedung teilweise oder ganz auf dem Nachbargrundstück steht.

§ 35 Errichtungskosten in besonderen Fällen

(1) Haben zwei Nachbarn gemeinsam einzufrieden, so tragen sie – vorbehaltlich des Absatzes 4 – die Kosten je zur Hälfte.

(2) Entsteht die beiderseitige Einfriedungspflicht erst nach Errichtung der Einfriedung, so ist ein Beitrag zu den Errichtungskosten in Höhe des halben Zeitwertes der Einfriedung zu zahlen.

(3) Wird im Falle des § 27 Abs. 1 Nr. 1 oder Nr. 2 das linke Nachbargrundstück erst später bebaut oder gewerblich genutzt, so hat der linke Nachbar eine vom Erstbauenden an der gemeinsamen Grenze errichtete Einfriedung zum Zeitwert zu übernehmen.

(4) [1]Der Berechnung sind die tatsächlichen Aufwendungen einschließlich der Eigenleistungen zugrunde zu legen, in der Regel jedoch nur die Kosten einer ortsüblichen Einfriedung. [2]Höhere Kosten sind nur zu berücksichtigen, wenn eine aufwendigere Einfriedungsart erforderlich war; war die besondere Einfriedungsart nur für eines der beiden Grundstücke erforderlich, so treffen die Mehrkosten den Eigentümer dieses Grundstücks.

(5) Diese Vorschriften gelten auch, wenn die Einfriedung ganz auf einem der beiden Grundstücke errichtet ist.

§ 36 Benutzung und Unterhaltung der gemeinschaftlichen Einfriedung

(1) [1]Haben die Nachbarn die Errichtungskosten einer Einfriedung gemeinsam zu tragen oder hat ein Nachbar dem anderen später einen Beitrag

zu den Errichtungskosten zu zahlen, so sind beide Nachbarn zur Benutzung der Einfriedung gemeinschaftlich berechtigt. [2]Für die gemeinschaftliche Benutzung und Unterhaltung gilt § 922 BGB.

(2) Dies gilt auch, wenn die Einfriedung ganz auf einem der beiden Grundstücke errichtet ist.

§ 37 Anzeigepflicht

(1) [1]Die Absicht, eine Einfriedung auf oder an der Grenze oder in weniger als 0,6 m Abstand von der Grenze zu errichten, zu beseitigen, durch eine andere zu ersetzen oder wesentlich zu verändern, ist dem Nachbarn einen Monat vorher anzuzeigen. [2]Bei einer Einfriedung von mehr als ortsüblicher Höhe ist die Anzeige bei einem Grenzabstand bis zu 1,5 m erforderlich.

(2) Die Anzeigepflicht besteht auch dann, wenn der Nachbar weder die Einfriedung verlangen kann noch zu den Kosten beizutragen braucht.

(3) Im übrigen ist § 8 entsprechend anzuwenden.

Siebenter Abschnitt. Wasserrechtliches Nachbarrecht

§ 38 Veränderung des Grundwassers

(1) Der Eigentümer eines Grundstücks und die Nutzungsberechtigten dürfen auf den Untergrund des Grundstücks nicht in einer Weise einwirken, daß der Grundwasserspiegel steigt oder sinkt oder die physikalische, chemische oder biologische Beschaffenheit des Grundwassers verändert wird, wenn dadurch die Benutzung eines anderen Grundstücks erheblich beeinträchtigt wird.

(2) Dies gilt nicht für Einwirkungen auf das Grundwasser
1. auf Grund einer Bewilligung nach dem Niedersächsischen Wassergesetz oder auf Grund eines alten Rechtes oder einer alten Befugnis, die in § 32 des Niedersächsischen Wassergesetzes aufrechterhalten sind, oder
2. durch einen Gewässerausbau, für den ein Planfeststellungsverfahren nach dem Niedersächsischen Wassergesetz durchgeführt worden ist, oder
3. durch eine Maßnahme, für die auf Grund des Bundesfernstraßengesetzes, des Niedersächsischen Straßengesetzes oder anderer Gesetze ein Planungsverfahren durchgeführt worden ist, oder
4. auf Grund eines bergrechtlichen Betriebsplanes.

(3) Beeinträchtigungen des Grundwassers als Folge einer erlaubnisfreien Benutzung nach § 136 Abs. 1 und 2 des Niedersächsischen Wassergesetzes müssen die Nachbarn ohne Entschädigung dulden.

(4) § 64 des Niedersächsischen Wassergesetzes bleibt unberührt.

§ 39 Wild abfließendes Wasser

(1) Wild abfließendes Wasser ist oberirdisch außerhalb eines Bettes abfließendes Quell- oder Niederschlagswasser.

(2) Der Eigentümer eines Grundstücks und die Nutzungsberechtigten dürfen nicht
1. den Abfluß wild abfließenden Wassers auf andere Grundstücke verstärken,
2. den Zufluß wild abfließenden Wassers von anderen Grundstücken auf ihr Grundstück verhindern,

wenn dadurch die anderen Grundstücke erheblich beeinträchtigt werden.

(3) Der Eigentümer und die Nutzungsberechtigten dürfen den Abfluß wild abfließenden Wassers von ihrem Grundstück auf andere Grundstücke mindern oder unterbinden.

§ 40 Hinderung des Zuflusses

[1] Anlagen, die den Zufluß wild abfließenden Wassers verhindern, können bestehen bleiben, wenn sie bei Inkrafttreten dieses Gesetzes rechtmäßig vorhanden sind. [2] Sie sind jedoch zu beseitigen, wenn der Eigentümer eines höher gelegenen Grundstücks das wild abfließende Wasser durch Anlagen auf seinem Grundstück nicht oder nur mit unverhältnismäßig hohen Kosten abführen kann.

§ 41 Wiederherstellung des früheren Zustandes

(1) Haben Naturereignisse Veränderungen der in § 39 Abs. 2 genannten Art bewirkt, so dürfen der Eigentümer des beeinträchtigten Grundstücks und die Nutzungsberechtigten den früheren Zustand des Grundstücks, auf dem die Veränderung eingetreten ist, auf ihre Kosten wieder herstellen und zu diesem Zweck das Grundstück betreten.

(2) [1] Das Recht nach Absatz 1 kann nur bis zum Ende des auf den Eintritt der Veränderung folgenden Kalenderjahres ausgeübt werden. [2] Während der Dauer eines Rechtsstreites über die Pflicht zur Duldung der Wiederherstellung ist der Lauf der Frist für die Prozeßbeteiligten gehemmt.

§ 42 Anzeigepflicht

(1) [1] Wer das Recht nach § 41 Abs. 1 ausüben will, hat einen Monat vor Beginn der Arbeiten dem Eigentümer des betroffenen Grundstücks und – wenn ihr Besitz berührt wird – auch den Nutzungsberechtigten die beabsichtigten Maßnahmen im einzelnen anzuzeigen. [2] Mit den Arbeiten darf, wenn nichts anderes vereinbart wird, erst nach Fristablauf begonnen werden.

(2) [1] Etwaige Einwendungen gegen die beabsichtigte Rechtsausübung sollen unverzüglich erhoben werden. [2] Werden Einwendungen erhoben, über die sich keine Einigung erzielen läßt, so darf in den Besitz des Nachbarn und der Nutzungsberechtigten nicht ohne gerichtliche Entscheidung eingegriffen werden.

(3) Ist der Aufenthalt eines Duldungspflichtigen nicht bekannt oder ist er bei Aufenthalt im Ausland nicht alsbald erreichbar und ist auch kein Vertre-

ter bestellt, so genügt statt der Anzeige an diesen Betroffenen die Anzeige an den unmittelbaren Besitzer oder an den Eigentümer.

(4) Die Absicht, das betroffene Grundstück zur Besichtigung oder wegen kleinerer Arbeiten zu betreten, braucht nur einen Tag vorher dem unmittelbaren Besitzer angezeigt zu werden.

§ 43 Schadensersatz

[1] Schaden, der bei Ausübung des Rechtes nach § 41 Abs. 1 dem Eigentümer oder den Nutzungsberechtigten des von der Rechtsausübung betroffenen Grundstücks entsteht, ist auch ohne Verschulden zu ersetzen. [2] § 14 ist entsprechend anzuwenden.

§ 44 Rechtsausübung im Notstand

Im Notstand (§ 904 BGB) entfällt die Verpflichtung zur Anzeige und zur Sicherheitsleistung.

Achter Abschnitt. Dachtraufe

§ 45 Traufwasser

(1) Der Eigentümer eines Grundstücks und die Nutzungsberechtigten müssen ihre baulichen Anlagen so einrichten, daß Traufwasser nicht auf das Nachbargrundstück tropft oder auf andere Weise dorthin gelangt.

(2) Absatz 1 findet keine Anwendung auf bei Inkrafttreten dieses Gesetzes vorhandene freistehende Mauern entlang öffentlichen Straßen und öffentlichen Grünflächen.

§ 46 Anbringen von Sammel- und Abflußeinrichtungen

(1) [1] Ist ein Grundstückseigentümer aus besonderem Rechtsgrund verpflichtet, Traufwasser aufzunehmen, das von den baulichen Anlagen eines Nachbargrundstücks tropft oder in anderer Weise auf das eigene Grundstück gelangt, so kann er auf seine Kosten besondere Sammel- und Abflußeinrichtungen auf dem Nachbargrundstück anbringen, wenn damit keine erhebliche Beeinträchtigung verbunden ist. [2] Er hat diese Einrichtungen zu unterhalten.

(2) Für Anzeigepflicht und Schadensersatz gelten die §§ 14, 42 und 44 entsprechend.

Neunter Abschnitt. Hammerschlags- und Leiterrecht

§ 47 Inhalt und Umfang

(1) [1] Der Eigentümer eines Grundstücks und die Nutzungsberechtigten müssen dulden, daß das Grundstück zur Vorbereitung und Durchführung

von Bau- oder Instandsetzungsarbeiten auf dem Nachbargrundstück vor-übergehend betreten und benutzt wird, wenn die Arbeiten anders nicht zweckmäßig oder nur mit unverhältnismäßig hohen Kosten ausgeführt wer-den können. [2]Diese Pflicht besteht gegenüber jedem, der nach eigenem Er-messen, insbesondere als Bauherr auf dem Nachbargrundstück solche Arbei-ten ausführen läßt oder selbst ausführt. [3]Die Pflicht besteht nicht, wenn dem Verpflichteten unverhältnismäßig große Nachteile entstehen würden.

(2) Das Recht ist so schonend wie möglich auszuüben; es darf nicht zur Unzeit geltend gemacht werden, wenn sich die Arbeiten unschwer auf später verlegen lassen.

(3) Auf die Eigentümer öffentlicher Straßen sind die Absätze 1 und 2 nicht anzuwenden; für sie gilt das öffentliche Straßenrecht.

(4) Für Anzeigepflicht und Schadensersatz gelten die §§ 14, 42 und 44 entsprechend.

§ 48 Nutzungsentschädigung

(1) Wer ein Grundstück länger als zehn Tage gemäß § 47 benutzt, hat für die ganze Zeit der Benutzung eine Nutzungsentschädigung zu zahlen; diese ist so hoch wie die ortsübliche Miete für einen dem benutzten Grund-stücksteil vergleichbaren gewerblichen Lagerplatz.

(2) Nutzungsentschädigung kann nicht verlangt werden, soweit nach § 47 Abs. 4 in Verbindung mit § 14 Ersatz für entgangene anderweitige Nutzung geleistet wird.

Zehnter Abschnitt. Höherführen von Schornsteinen

§ 49 [Schornsteine und Lüftungsschächte]

(1) Der Eigentümer eines Gebäudes und die Nutzungsberechtigten müs-sen dulden, daß der Nachbar an dem Gebäude Schornsteine und Lüftungs-schächte eines angrenzenden niederen Gebäudes befestigt, wenn
1. deren Höherführung erforderlich ist und anders nur mit erheblichen tech-nischen Nachteilen oder mit unverhältnismäßig hohen Kosten möglich wäre und
2. das betroffene Grundstück nicht erheblich beeinträchtigt wird.

(2) [1]Der Eigentümer und die Nutzungsberechtigten haben ferner zu dul-den, daß höher geführte Schornsteine und Entlüftungsschächte vom betrof-fenen Grundstück aus unterhalten und gereinigt und die hierzu erforderli-chen Einrichtungen auf dem betroffenen Grundstück angebracht werden, wenn diese Maßnahmen anders nicht zweckmäßig oder nur mit unverhält-nismäßig hohen Kosten getroffen werden können. [2]Das Durchgehen durch das betroffene Gebäude braucht nicht geduldet zu werden, wenn der Be-rechtigte außen eine Steigleiter anbringen kann.

(3) Für Anzeigepflicht und Schadensersatz gelten die §§ 14, 42 und 44 entsprechend.

Elfter Abschnitt. Grenzabstände für Pflanzen, ausgenommen Waldungen

§ 50 Grenzabstände für Bäume und Sträucher

(1) Mit Bäumen und Sträuchern sind je nach ihrer Höhe mindestens folgende Abstände von den Nachbargrundstücken einzuhalten:

a) bis zu 1,2 m Höhe	0,25 m
b) bis zu 2 m Höhe	0,50 m
c) bis zu 3 m Höhe	0,75 m
d) bis zu 5 m Höhe	1,25 m
e) bis zu 15 m Höhe	3,00 m
f) über 15 m Höhe	8,00 m.

(2) [1]Die in Absatz 1 bestimmten Abstände gelten auch für lebende Hecken, falls die Hecke nicht gemäß § 30 auf die Grenze gepflanzt wird. [2]Sie gelten auch für ohne menschliches Zutun gewachsene Pflanzen.

(3) Im Falle des § 31 ist der Abstand so zu bemessen, daß vor den Pflanzen ein Streifen von 0,6 m freibleibt.

(4) Die Absätze 1 bis 3 gelten auch für die Nutzungsberechtigten von Teilflächen eines Grundstücks in ihrem Verhältnis zueinander.

§ 51 Bestimmung des Abstandes

Der Abstand wird am Erdboden von der Mitte des Baumes oder des Strauches bis zur Grenze gemessen.

§ 52 Ausnahmen

(1) § 50 gilt nicht für
1. Anpflanzungen hinter einer Wand oder einer undurchsichtigen Einfriedung, wenn sie diese nicht überragen,
2. Anpflanzungen an den Grenzen zu öffentlichen Straßen und zu Gewässern,
3. Anpflanzungen auf öffentlichen Straßen und auf Uferböschungen.

(2) Im Außenbereich (§ 35 Abs. 1 des Baugesetzbuchs) genügt ein Grenzabstand von 1,25 m für alle Anpflanzungen über 3 m Höhe.

§ 53 Anspruch auf Beseitigen oder Zurückschneiden

(1) [1]Bäume, Sträucher oder Hecken mit weniger als 0,25 m Grenzabstand sind auf Verlangen des Nachbarn zu beseitigen. [2]Der Nachbar kann dem

Eigentümer die Wahl lassen, die Anpflanzungen zu beseitigen oder durch Zurückschneiden auf einer Höhe bis zu 1,2 m zu halten.

(2) Bäume, Sträucher oder Hecken, welche über die im § 50 oder § 52 zugelassenen Höhen hinauswachsen, sind auf Verlangen des Nachbarn auf die zulässige Höhe zurückzuschneiden, wenn der Eigentümer sie nicht beseitigen will.

(3) Der Eigentümer braucht die Verpflichtung zur Beseitigung oder zum Zurückschneiden von Pflanzen nur in der Zeit vom 1. Oktober bis zum 15. März zu erfüllen.

§ 54 Ausschluß des Anspruches auf Beseitigen oder Zurückschneiden

(1) [1]Der Anspruch auf Beseitigung von Anpflanzungen mit weniger als 0,25 m Grenzabstand (§ 53 Abs. 1 Satz 1) ist ausgeschlossen, wenn der Nachbar nicht spätestens im fünften auf die Anpflanzung folgenden Kalenderjahr Klage auf Beseitigung erhebt. [2]Diese Anpflanzungen müssen jedoch, wenn sie über 1,2 m Höhe hinauswachsen, auf Verlangen des Nachbarn zurückgeschnitten werden.

(2) [1]Der Anspruch auf Zurückschneiden von Anpflanzungen (Absatz 1 Satz 2 und § 53 Abs. 2) ist ausgeschlossen, wenn die Anpflanzungen über die nach diesem Gesetz zulässige Höhe hinauswachsen und der Nachbar nicht spätestens im fünften darauffolgenden Kalenderjahr Klage auf Zurückschneiden erhebt. [2]Nach Ablauf der Ausschlussfrist kann der Nachbar vom Eigentümer jedoch verlangen, die Anpflanzung durch jährliches Beschneiden auf der jetzigen Höhe zu halten; im Fall der Klage auf Beschneiden ist die jetzige Höhe die Höhe im Zeitpunkt der Klageerhebung. [3]Der Klageerhebung steht die Bekanntgabe eines Antrags auf Durchführung eines Schlichtungsverfahrens vor dem Schiedsamt oder einer anderen Gütestelle, die Streitbeilegungen betreibt, gleich.

§ 55 Bei Inkrafttreten des Gesetzes vorhandene Pflanzen – Außenbereich

(1) Für Anpflanzungen, die bei Inkrafttreten dieses Gesetzes vorhanden sind und deren Grenzabstand dem bisherigen Recht entspricht, gelten folgende besondere Regeln:
1. Der Anspruch auf Beseitigung (§ 53 Abs. 1 Satz 1) ist ausgeschlossen.
2. Der Anspruch auf Zurückschneiden (§ 53 Abs. 2) ist ausgeschlossen, wenn die Anpflanzung bei Inkrafttreten des Gesetzes über 3 m hoch ist.
3. Anpflanzungen, die bei Inkrafttreten des Gesetzes nicht über 3 m hoch sind, jedoch über die nach § 50 Abs. 1 Buchst. a und b zulässigen Höhen von 1,2 m oder 2 m hinausgewachsen waren, sind auf Verlangen des Nachbarn durch Zurückschneiden auf derjenigen Höhe zu halten, die sie bei Inkrafttreten des Gesetzes hatten; der weitergehende Anspruch auf

Zurückschneiden ist ausgeschlossen. § 54 Abs. 2 ist entsprechend anzuwenden.

(2) Absatz 1 gilt entsprechend für Anpflanzungen, deren Standort infolge Veränderung des Außenbereichs (§ 35 Abs. 1 des Baugesetzbuchs) aufhört, zum Außenbereich zu gehören.

(3) Entspricht der Grenzabstand von Anpflanzungen, die bei Inkrafttreten des Gesetzes vorhanden sind, nicht dem bisherigen Recht, so enden die in § 54 bestimmten Fristen frühestens zwei Jahre nach Inkrafttreten dieses Gesetzes.

§ 56 Ersatzanpflanzungen

Bei Ersatzanpflanzungen sind die in den §§ 50 und 52 Abs. 2 vorgeschriebenen Abstände einzuhalten; jedoch dürfen in geschlossenen Anlagen einzelne Bäume oder Sträucher nachgepflanzt werden und zur Höhe der übrigen heranwachsen.

§ 57 Nachträgliche Grenzänderungen

Die Rechtmäßigkeit des Abstandes und der Höhe einer Anpflanzung wird durch nachträgliche Grenzänderungen nicht berührt; jedoch gilt § 56 entsprechend.

Zwölfter Abschnitt. Grenzabstände für Waldungen

§ 58 Grenzabstände

(1) In Waldungen sind von den Nachbargrundstücken mit Ausnahme von Ödland, öffentlichen Straßen, öffentlichen Gewässern und anderen Waldungen folgende Abstände einzuhalten:

mit Gehölzen bis zu 2 m Höhe	1 m
mit Gehölzen bis zu 4 m Höhe	2 m
mit Gehölzen über 4 m Höhe	8 m.

(2) Werden Waldungen verjüngt, die bei Inkrafttreten dieses Gesetzes vorhanden sind, so genügt für die neuen Gehölze über 4 m Höhe der bisherige Grenzabstand derartiger Gehölze, jedoch ist mit ihnen mindestens 4 m Grenzabstand einzuhalten.

(3) Die §§ 51, 56 und 57 sind entsprechend anzuwenden.

§ 59 Beseitigungsanspruch

(1) Gehölze, die entgegen § 58 nicht den Mindestgrenzabstand von 1 m haben oder über die zulässige Höhe hinauswachsen, sind auf Verlangen des Nachbarn zu beseitigen.

(2) Der Anspruch auf Beseitigung ist ausgeschlossen,
1. wenn die Gehölze bei Inkrafttreten dieses Gesetzes rechtmäßig vorhanden waren oder
2. wenn nach Inkrafttreten dieses Gesetzes gepflanzte Gehölze über die zulässige Höhe hinauswachsen und der Nachbar nicht spätestens in dem fünften darauffolgenden Kalenderjahr Klage auf Beseitigung erhebt.

§ 60 Bewirtschaftung von Wald

Bei der Bewirtschaftung von Wald hat der Waldbesitzer auf die Bewirtschaftung benachbarter Waldgrundstücke Rücksicht zu nehmen, soweit dies im Rahmen ordnungsmäßiger Forstwirtschaft ohne unbillige Härten möglich ist.

Dreizehnter Abschnitt. Grenzabstände für Gebäude im Außenbereich

§ 61 Größe des Abstandes

(1) [1]Bei Errichtung oder Erhöhung eines Gebäudes im Außenbereich (§ 35 Abs. 1 des Baugesetzbuchs) ist von landwirtschaftlich oder erwerbsgärtnerisch genutzten Grundstücken ein Abstand von mindestens 2 m einzuhalten. [2]Ist das Gebäude höher als 4 m, so muß der Grenzabstand eines jeden Bauteiles mindestens halb so groß sein wie seine Höhe über dem Punkt der Grenzlinie, der diesem Bauteil am nächsten liegt.

(2) Teile des Bauwerks, die in den hiernach freizulassenden Luftraum hineinragen, sind nur mit Einwilligung des Nachbarn erlaubt; die Einwilligung muß erteilt werden, wenn keine oder nur geringfügige Beeinträchtigungen zu erwarten sind.

§ 62 Ausschluß des Beseitigungsanspruches

Der Anspruch auf Beseitigung eines Gebäudes, das einen geringeren als den in § 61 vorgeschriebenen Grenzabstand hat, ist ausgeschlossen,
1. wenn das Gebäude bei Inkrafttreten dieses Gesetzes vorhanden ist und sein Grenzabstand dem bisherigen Recht entspricht,
2. wenn der Nachbar nicht spätestens im zweiten Kalenderjahr nach der Errichtung oder Erhöhung des Gebäudes Klage auf Beseitigung erhoben hat; die Frist endet frühestens zwei Jahre nach Inkrafttreten dieses Gesetzes.

Vierzehnter Abschnitt. Schlußbestimmungen

§ 63 Übergangsvorschriften

(1) Der Umfang von Befugnissen, die bei Inkrafttreten dieses Gesetzes auf Grund des bisherigen Rechtes bestehen, richtet sich – unbeschadet der §§ 25, 33, 40, 55, 59 und 62 – nach den Vorschriften dieses Gesetzes.

(2) [1]Einzelvereinbarungen der Beteiligten werden durch dieses Gesetz nicht berührt. [2]Die nachbarrechtlichen Bestimmungen in Rezessen und Flurbereinigungsplänen treten außer Kraft, soweit sie diesem Gesetz widersprechen.

(3) Ansprüche auf Zahlung auf Grund der Vorschriften dieses Gesetzes bestehen nur, wenn das den Anspruch begründende Ereignis nach Inkrafttreten dieses Gesetzes eingetreten ist; andernfalls behält es bei dem bisherigen Recht sein Bewenden.

(4) [1]Geht die Verpflichtung, eine Einfriedung zu unterhalten, mit dem Inkrafttreten dieses Gesetzes von dem einen Nachbarn auf den anderen über, so ist die Einfriedung von dem bisher unterhaltspflichtigen Nachbarn innerhalb von zwei Jahren in ordnungsmäßigen Zustand zu versetzen. [2]Der bisher Verpflichtete kann sich auf den Übergang der Unterhaltungspflicht erst berufen, wenn er seiner Pflicht nach Satz 1 genügt hat.

(5) Geldansprüche, die am 1. Oktober 2006 noch nicht verjährt sind, verjähren nicht vor Ablauf der nach § 2 Abs. 2 des Niedersächsischen Nachbarrechtsgesetzes in der bis zu diesem Tage geltenden Fassung berechneten Frist.

§§ 64, 65 [nicht wiedergegebene Änderungs- bzw. Aufhebungsvorschriften]

§ 66 Inkrafttreten des Gesetzes

Dieses Gesetz tritt am 1. Januar 1968 in Kraft.[*]

[*] *Betrifft das Gesetz in seiner ursprünglichen Fassung.*

Teil B. Kommentar zum Nachbarrechtsgesetz

Erster Abschnitt. Allgemeine Vorschriften

§ 1 Begriff des Nachbarn

Nachbar im Sinne dieses Gesetzes ist nur der Eigentümer eines Grundstücks, im Falle des Erbbaurechts der Erbbauberechtigte.

1. § 1 stellt klar, dass **Nachbar i. S. des Gesetzes** grundsätzlich nur ein 1
Grundstückseigentümer ist. Diesem gleichgestellt ist der Erbbauberechtigte.
Siehe hierzu Rdn. 4. Soweit auch für Nutzungsberechtigte (Mieter, Pächter, Inhaber von Grunddienstbarkeiten, öffentliche Versorgungsunternehmen
usw.) Rechte und Pflichten begründet werden, wird das im Gesetz ausdrücklich angeordnet.

2. Grundstückseigentümer ist derjenige, der im Grundbuch als Eigen- 2
tümer eingetragen ist. Nicht jeder Grundstückseigentümer ist aber auch
schon ohne weiteres Grundstücksnachbar i. S. des Nachbarrechts. Das hängt
vom Inhalt der jeweiligen Bestimmung ab. Bei der Nachbarwand, §§ 3 ff,
und der Grenzwand, §§ 16 ff, ist nur der Eigentümer des unmittelbar angrenzenden Grundstücks Nachbar, während beim Hammerschlags- und Leiterrecht, §§ 47 ff, bei Beeinträchtigungen durch Unkrautsamenflug oder durch
Laubfall ggf. auch Eigentümer entfernter liegender Grundstücke anspruchsberechtigt oder -verpflichtet sein können. Ausschlaggebend sind die Gestaltung und der Inhalt des jeweiligen Rechts.

Jeder **Miteigentümer** kann Ansprüche aller Eigentümer aus dem Eigentum gegenüber Dritten geltend machen, § 1011 BGB. Vgl. hierzu *Bassenge*
in *Palandt,* § 1011 BGB Rdn. 2. Geht die Störung von einem Grundstück
aus, das im Miteigentum steht, müssen alle Miteigentümer als notwendige
Streitgenossen auf Beseitigung der Störung verklagt werden. Eine Beschränkung auf einzelne Miteigentümer ist zulässig, wenn sich die anderen zur
Beseitigungspflicht bekannt haben (*BGH* NJW 1992, 1101). Ein Grundstückseigentümer haftet kraft Zustandshaftung auch dann, wenn der Beeinträchtigungszustand von seinem Rechtsvorgänger herbeigeführt worden ist
(*BGH* NJW 1989, 2542).

3. Auch dem **Erwerber** eines Grundstücks, der noch nicht als Eigentü- 3
mer im Grundbuch eingetragen ist, können nachbarliche Rechte zustehen,
wenn er bereits eine geschützte Rechtsposition in Form eines Anwartschaftsrechts erworben hat und Besitz und Nutzung auf ihn übergegangen
sind (*Bauer/Hülbusch/Schlick/Rottmüller,* § 1 Anm. 1 b). Nach der Rechtspre-

chung stellt das Anwartschaftsrecht im Vergleich zum Volleigentum kein aliud, sondern ein wesensgleiches minus dar, auf das die Vorschriften über das Vollrecht (Eigentum) weitgehend anwendbar sind (*BGH* 28, 21). Beim Grundstückskauf entsteht diese gesicherte Rechtsposition nach Abschluss des notariellen Kaufvertrages und der Einigung über den Eigentumsübergang (Auflassung i. S. von § 925 BGB) sowie der Eintragung einer Vormerkung gem. §§ 883 ff BGB im Grundbuch oder der Einreichung des Eintragungsantrages beim Grundbuchamt nach erfolgter Auflassung. Vgl. auch *BGH* NJW 1991, 2013.

4　**4.** Die Rechtsstellung des **Erbbauberechtigten** regelt die Erbbaurechtsverordnung, soweit das Recht nicht vor dem 22. 1. 1919 begründet worden ist. Nach § 1 ErbbauVO ist das Erbbaurecht das veräußerliche und vererbliche Recht, auf oder unter der Oberfläche des Bodens ein Bauwerk zu haben. Es ist ein dingliches Recht an einem Grundstück, das rechtlich im Wesentlichen wie ein Grundstück behandelt wird (§ 11 ErbbauVO). Das auf dem Grundstück errichtete Bauwerk ist wesentlicher Bestandteil des Erbbaurechts und nicht des Grundstücks (§ 12 Abs. 1). Der Erbbauberechtigte ist Eigentümer des von ihm errichteten oder auf dem Grundstück schon vorhandenen Gebäudes (*Staudinger,* § 1 ErbbauVO Rdn. 7).

5　Auf das Erbbaurecht finden die sich auf Grundstücke beziehenden Vorschriften mit Ausnahme der §§ 925, 927, 928 BGB sowie die Vorschriften über Ansprüche aus dem Eigentum entsprechende Anwendung, soweit sich aus der ErbbauVO nichts Abweichendes ergibt (§ 11 ErbbauVO). Der Erbbauberechtigte hat deshalb annähernd dieselbe Rechtsstellung wie ein Grundstückseigentümer. Ihm stehen auch die nachbarrechtlichen Ansprüche zu (*Staudinger,* § 11 ErbbauVO Anm. 31). Der Grundstückseigentümer hat die Entscheidungen und Maßnahmen des Erbbauberechtigten hinzunehmen, wenn und soweit sie sich im Rahmen der dem Erbbauberechtigten gesetzlich und durch den Erbbaurechtsvertrag eingeräumten Befugnisse halten. Zwar kann der Eigentümer mit dem Erbbauberechtigten bei der Bestellung des Erbbaurechts abweichendes vereinbaren. Eine solche Verpflichtung wirkt aber, abgesehen von den Fällen der §§ 5, 6 ErbbauVO, nur zwischen ihnen, nicht aber gegenüber Dritten. Die in diesem Zusammenhang nach dem Nachbarrecht vorgesehenen Erklärungen und Maßnahmen unterfallen §§ 5, 6 nicht. Bei Verstößen können sich allerdings Schadensersatzansprüche ergeben.

6　Bei Wohnungs- und Teileigentum (Raumeigentum) hat jeder Raumeigentümer, soweit sein Sondereigentum betroffen ist, die dem Eigentümer nach diesem Gesetz zustehenden Rechte und Pflichten (§§ 1, 13 WEG). Wird sein Miteigentum an den Teilen der Anlage betroffen, die nicht in seinem Sondereigentum stehen, hat er die Rechte aus § 1011 BGB (*Bassenge/ Olivet,* § 2 Rdn. 3, 4). Ansprüche, die auf Zahlung oder Herausgabe gehen, können in der Regel jedoch nur in der Weise geltend gemacht werden, dass Leistung an alle Berechtigten verlangt wird (*Bassenge/Olivet,* § 2 Rdn. 4). Allerdings bedarf er, wenn er Ansprüche geltend machen will, die den Wohnungseigentümern gemeinschaftlich gegen einen Dritten zustehen, z. B. wegen Beeinträchtigungen des gemeinschaftlichen Eigentums, eines ihn dazu ermächtigenden Beschlusses der Wohnungseigentümer (*BGH* NJW 1993, 727). Zur Geltung von Nachbarrecht (§§ 1004, 906 BGB) zwischen Wohnungseigentümern s. auch *BayObLG* NJW-RR 2005, 385).

6. Nutzungsberechtigte sind Mieter, Pächter und Inhaber von Grund- 7 dienstbarkeiten, Dienstbarkeiten und Nießbräuchen. Sie sind aber nur dann Inhaber von Rechten nach diesem Gesetz, wenn das Gesetz das anordnet. S. z. B. § 14. Auf die Anmerkungen zu den einzelnen Vorschriften wird insoweit verwiesen. Ist das nicht der Fall, können sie nur dann Rechte wahrnehmen, wenn sie vom Grundstückseigentümer ausdrücklich oder stillschweigend damit betraut worden sind oder er das Handeln genehmigt (§ 185 Abs. 2 BGB entspr.). Auch Duldungs- und Unterlassungspflichten können sich für den Nutzungsberechtigten aus dem Gesetz ergeben, vgl. z. B. §§ 38, 45, 47, 49. Im Übrigen können für ihn mittelbar Duldungspflichten bestehen, weil er eine vom Eigentümer abgeleitete Rechtsposition hat.

§ 2 Verjährung

¹**Für die Verjährung von Ansprüchen nach diesem Gesetz gilt Abschnitt 5 des Buches 1 des Bürgerlichen Gesetzbuchs (BGB) entsprechend.** ²**In den Fällen der §§ 54, 55 Abs. 1 Nr. 3 und Abs. 2 sowie des § 59 Abs. 2 Nr. 2 tritt die Verjährung jedoch nicht vor Ablauf der dort bestimmten Frist ein.**

1. Der Eintritt der Verjährung berechtigt den Schuldner, die Leistung 1 endgültig zu verweigern (§ 214 BGB). Die Verjährung ist nicht von Amts wegen zu beachten, sondern nur, wenn der Schuldner eine entsprechende Einrede erhebt, sich also zur Begründung seiner Leistungsverweigerung auf sie beruft. Wegen der Aufrechnung mit einer verjährten Forderung s. § 215 BGB.

2. Bis zur Gesetzesänderung am 1. 10. 2006 verwies § 2 Abs. 1 global auf § 852 BGB. Da diese Vorschrift durch das G. vom 2. Januar 2002 aufgehoben und das Verjährungsrecht des BGB in den §§ 194 ff neu gefasst worden ist, ging der Verweis ins Leere. Deshalb war eine Anpassung notwendig. Diese ist durch das Gesetz vom 23. 2. 2006, in Kraft getreten am 1. 10. 2006, vorgenommen worden, und zwar in der Weise, dass das fünfte Buch des BGB, das sind die §§ 194 bis 218 BGB, für anwendbar erklärt wird. Anstelle der alten Verjährungsvorschrift des BGB ist somit das neue Recht getreten. Durch S. 2 wird sichergestellt, dass die in den erwähnten Vorschriften behandelten Beseitigungsansprüche nicht bereits verjährt sind, bevor die insoweit statuierten Ausschlussfristen abgelaufen sind. Wegen des Übergangsrechts s. Rdn. 7.

2   **3.** Nach § 195 BGB beträgt die regelmäßige Verjährung drei Jahre. Die
Frist beginnt mit dem Schluss des Jahres, in dem der Anspruch entstanden ist
und der Gläubiger von den den Anspruch begründenden Umständen und
der Person des Schuldners Kenntnis erlangt oder ohne grobe Fahrlässigkeit
erlangen müsste (§ 199 Abs. 1 BGB).

3   **4.** Zur **Kenntnis** der anspruchsbegründenden Umstände gehört bei Scha-
densersatzansprüchen die Pflichtverletzung, der Eintritt des Schadens und,
sofern erforderlich, das Verschulden (vgl. *Heinrichs* in *Palandt,* § 199 BGB
Rdn. 27). Kenntnis von der Person des Schuldners erfordert die Kenntnis des
Namens und der Anschrift. Die Verantwortlichkeit einer bestimmten Person
muss soweit geklärt sein, dass der Gläubiger aufgrund der ihm bekannten
oder erkennbaren Tatsachen gegen diesen eine hinreichend aussichtsreiche
Klage erheben kann (*Heinrichs* in *Palandt,* § 199 BGB Rdn. 33). Es genügt
die Kenntnis vom Eintritt eines Schadens bestimmter Art, auch wenn dessen
Umfang und Höhe noch nicht voll zu übersehen sind (*BGH* NJW 1960,
380). Treten jedoch erst später neue Schäden auf, die vorher nicht erkennbar
oder voraussehbar waren, beginnt insoweit die Verjährungsfrist erst mit
Kenntnis dieser Schäden (*BGH* VersR 1968, 1163; NJW 2000, 861; *Heinrichs* in *Palandt,* § 199 Rdn. 31). Weitere allgemeine Voraussetzung für den
Beginn der Verjährungsfrist ist, dass der Anspruch voll wirksam entstanden
ist; dazu gehört, dass die Forderung fällig ist (*BGH* NJW 1968, 1962).
Seit dem 1. 1. 2002 steht die grob fahrlässige Unkenntnis der Kenntnis
gleich. Grobe Fahrlässigkeit liegt vor, wenn die im Verkehr erforderliche
Sorgfalt in besonders schwerem Maße verletzt wird, schon einfachste, ganz
nahe liegende Überlegungen nicht angestellt werden und das nicht beachtet
wird, was jedem einleuchten musste. Dabei sind auch subjektive, in der
Person liegende Umstände zu berücksichtigen (*Heinrichs* in *Palandt,* § 199
Rdn. 36 ff; § 277 Rdn. 5). Von grober Fahrlässigkeit ist z.B. auszugehen,
wenn der Geschädigte eine gleichsam auf der Hand liegende Kenntnismög-
lichkeit nicht wahrgenommen hat und jeder andere in seiner Lage die
Kenntnis gehabt hätte. Der *BGH* (NJW 2001, 1721; 2000, 953) hat ein solches Verhalten sogar dem Vorsatz gleichgestellt.

4   **5.** Da durch die subjektive Komponente in Abs. 1 sich der Verjährungs-
eintritt u.U. lange verzögern kann, sieht das Gesetz in § 199 Abs. 2, 3 und 4
BGB Höchstfristen für den Eintritt der Verjährung bei Schadensersatzansprü-
chen vor, damit jeder Anspruch doch irgendwann verjährt (*Schellhammer*
Rdn. 2486, 2489).
Abs. 2 betrifft Schadensersatzansprüche, die auf der Verletzung des Lebens,
des Körpers, der Gesundheit oder der Freiheit beruhen. Diese verjähren
spätestens in 30 Jahren von der Begehung der Handlung, der Pflichtverlet-
zung oder dem sonstigen, den Schaden auslösenden Ereignis an. Für den
Fristbeginn kommt es weder auf die Entstehung des Anspruchs noch auf die
Kenntnis oder fahrlässige Unkenntnis an. Wann der Schaden eintritt oder die
Forderung fällig geworden ist, ist unerheblich.

Abs. 3 erfasst alle nicht unter Abs. 2 fallenden Schadensersatzansprüche und bestimmt zwei Fristen für den Eintritt der absoluten Verjährung (10 oder 30 Jahre). Anwendbar ist die Frist, die nach dem zu beurteilenden Sachverhalt zum früheren Eintritt der Verjährung führt. Die 10-Jahresfrist des Abs. 3 Nr. 1 beginnt mit der Entstehung des Anspruchs, der den Schadenseintritt voraussetzt. Auf die Kenntnis oder fahrlässige Unkenntnis der schadensbegründenden Umstände kommt es nicht an. Die 30-Jahresfrist des Abs. 3 Nr. 2 beginnt mit der Vornahme der Schadensersatz begründenden Handlung, der Pflichtverletzung oder dem sonstigen, den Schaden auslösenden Ereignis. Die Entstehung des Anspruchs oder die Kenntnis der schadensbegründenden Umstände ist hier unerheblich. Die Höchstfristen sind taggenau gem. 187 ff BGB zu berechnen. Vgl. hierzu *Heinrichs* in *Palandt,* § 199 Rdn. 39.

Abs. 4 erfasst alle Ansprüche, die keine Schadensersatzansprüche sind. Diese verjähren zehn Jahre nach der Entstehung des Anspruchs, ohne dass es auf die Kenntnis oder fahrlässige Unkenntnis der anspruchsbegründenden Umstände ankommt. Hierunter fallen z. B. Vergütungsansprüche.

6. Im Gegensatz zur bisherigen Regelung enthält das Nachbarrecht keine **5** Sondervorschriften für sonstige Geldansprüche mehr.

7. Der Eintritt der Verjährung von Ansprüchen wird durch Hemmung **6** oder Neubeginn der Verjährung beeinflusst.

Die **Hemmung** bewirkt, dass der Zeitraum der Hemmung nicht in die Verjährungsfrist eingerechnet wird (§ 209 BGB). Die Hemmung regeln § 203 BGB (Hemmung bei Verhandlungen), § 204 BGB (Hemmung durch Rechtsverfolgung – auch vor einer Gütestelle § 205 BGB bei Leistungsverweigerungsrechten, § 206 BGB bei höherer Gewalt, § 207 Hemmung aus familiären oder ähnlichen Gründen. Zur Hemmung wegen schwebender Vertragsverhandlungen s. *BGH* NJW 2004, 1654.

Der **Neubeginn** der Verjährung (§ 212 BGB) bewirkt, dass die Verjährungsfrist neu zu laufen beginnt. Sie tritt ein in Fällen des Anerkenntnisses und durch Vornahme oder Beantragung von gerichtlichen oder behördlichen Vollstreckungshandlungen (§§ 212 ff BGB). S. hierzu im einzelnen *Mansel* NJW 2002, 89 ff. Neu ist, dass die Verjährungsfrist nicht nur verkürzt, sondern auch verlängert werden kann, § 202 BGB.

Wegen des **Übergangsrecht** s. Rdn. 7 sowie § 63.

Auch die Klage bei einem unzuständigen Gericht hemmt die Verjährung **7** (*Heinrichs* in *Palandt,* § 204 BGB Rdn. 5). Wird ein Teil des Schadens eingeklagt, so wird die Verjährung nur insoweit gehemmt (*Heinrichs* in *Palandt,* § 204 BGB Rdn. 16). Die Hemmung endet sechs Monate nach einer rechtskräftigen Entscheidung oder anderweitigen Erledigung des Verfahrens. S. hierzu im Einzelnen *Heinrichs* in *Palandt,* § 204 BGB Rdn. 34 ff.

Eine **Übergangsregelung** für das Verjährungsrecht enthält das Gesetz in § 63 Abs. 5 nur für Geldansprüche, die am 1. 10. 2006 noch nicht verjährt waren. Fraglich ist jedoch, welches Verjährungsrecht in der Zeit vom 1. 1.

2002 (Inkrafttreten des SchuldrechtsmodernisierungsG) bis zum Inkrafttreten des G. vom 23. 2. 2006 (1. 10. 2006) anzuwenden ist, d.h. wie die Verweisung § 2 Abs. 1 auf §§ 852 BGB a. F. in diesem Zeitraum zu behandeln ist. Für den ähnlich gelagerten Fall in Thüringen wird die Ansicht vertreten, die alte Vorschrift sei unverändert anzuwenden. Man wird aber die Verweisung in § 2 a. F. als dynamisch auffassen müssen mit der Folge, dass ab dem 1. 1. 2002 die Verjährungsvorschriften in der Fassung des Schuldrechtsmodernisierungsgesetzes anzuwenden sind, also §§ 194 ff BGB in der heute geltenden Fassung. Das gilt auch für die Vorschriften über den Fristbeginn und die Hemmung und Neubeginn der Verjährung. Vgl. hierzu auch die amtl. Begründung. Für Ansprüche, die vor dem 1. 1. 2004 entstanden sind, enthält **Art. 229 § 6 EGBGB** eine Übergangsregelung.

§ 2 Abs. 2 a. F., wonach andere, auf Zahlung von Geld gerichtete Ansprüche in vier Jahren verjähren, ist mit dem 1. 10. 2006 außer Kraft getreten.

Zweiter Abschnitt. Nachbarwand

Vorbemerkungen

1. Seit Jahren ist es in vielen Teilen Deutschlands üblich, beim Bau eines **1**
Hauses die Giebelmauer unmittelbar an oder auf die Grenze zum Nachbargrundstück zu setzen und diese Mauer so stark zu bauen, dass der Nachbar
sie später bei der Errichtung seines Gebäudes mitbenutzen kann. Hierdurch
werden Raum und Baukosten eingespart. Die an der Grenze, jedoch ganz
auf dem Grundstück des Erbauers errichtete Mauer oder Wand, die so genannte Grenzwand, behandeln §§ 16 ff des Gesetzes. Eine Nachbarwand,
auch Kommunmauer, gemeinschaftliche Giebel- oder Gemeinschaftsmauer
genannt, ist nur die Mauer oder Wand, die ganz von der Grundstücksgrenze
durchschnitten wird; sie steht nicht nur auf dem Grundstück des Erbauers,
sondern auch auf dem des Nachbarn (vgl. §§ 3, 5 Abs. 2). Wegen der Probleme beim Schallschutz geht die Tendenz aber weg von der Nachbarwand
hin zur Grenzwand.

2. Bundesgesetzlich ist die Frage, ob und wie eine Nachbarwand errichtet **2**
werden kann, nicht geregelt. Wegen der Rechtslage vor dem NNachbG vgl.
Lehmann, Vorb. zu § 3.

3. §§ 912 ff BGB sind auf die §§ 3 ff entsprechende Nachbarwand nicht **3**
anwendbar, weil ein Überbau im Sinne von § 912 BGB eine objektiv
rechtswidrige Überschreitung der Grundstücksgrenze voraussetzt, was bei der
Errichtung einer Nachbarwand nach dem Nachbarrechtsgesetz nicht der
Fall ist (vgl. § 4). In Niedersachsen wird dieser allgemeine Grundsatz in § 6
ausdrücklich normiert. Ebenso *BGH* NJW 1970, 97; NJW 1983, 1112;
OLG Karlsruhe MDR 1960, 761; *Bassenge* in *Palandt,* § 912 BGB Rdn. 1, 2.
Es besteht deshalb auch kein Anspruch auf Zahlung einer Überbaurente oder
auf Grundabnahme, anders nur, wenn und soweit das Grundstück über die
erteilte Einwilligung hinaus für die Nachbarwand in Anspruch genommen
wird (*Bassenge* in *Palandt,* § 921 Rdn. 6).

In der Literatur wird z. T. die Berechtigung des Landesgesetzgebers be- **4**
stritten, Nachbarwände ohne Eintragung einer Grunddienstbarkeit zu gestatten (vgl. hierzu *Hodes/Dehner,* Vorb. § 1 Rdn. 11).

§ 3 Begriff der Nachbarwand

**Nachbarwand ist eine auf der Grenze zweier Grundstücke errichtete
Wand, die mit einem Teil ihrer Dicke auf dem Nachbargrundstück**

steht und den Bauwerken beider Grundstücke als Abschlußwand oder zur Unterstützung oder Aussteifung dient oder dienen soll.

1 1. Das Gesetz verwendet die **Bezeichnung Nachbarwand** anstelle des früher üblichen Begriffs Kommunmauer, da Gebäude heute vielfach nicht mehr gemauert, sondern aus Beton gegossen werden. Die Bezeichnung Mauer wäre daher nicht immer zutreffend.

2 Die Wand muss von der Grundstücksgrenze durchschnitten werden. In der Regel wird sie zur Hälfte über die Grenze gebaut, sogenannte halbscheidige Wand. Siehe hierzu im Einzelnen § 5 Abs. 2.

3 Keine Nachbarwand liegt vor, wenn ein Teil der Wand ganz auf dem Grundstück des Erbauers steht, während der andere ganz auf dem Nachbargrundstück steht (*Lehmann,* § 3 Anm. 2). Geringfügige Abweichungen sollen aber unerheblich sein (*Bassenge/Olivet,* § 4 Rdn. 2). Dagegen ist nicht erforderlich, dass die Grundstücke im Eigentum verschiedener Personen stehen.

4 2. Die auf der Grenze errichtete Wand muss den auf **beiden Grundstücken** errichteten oder noch zu errichtenden Bauwerken, in der Regel also Gebäuden (s. hierzu § 61 Rdn. 1) als Abschlusswand oder zur Unterstützung oder Aussteifung dienen oder dienen sollen. Vgl. hierzu § 5. Liegt nicht zumindest eine dieser drei Zweckbestimmungen vor, sind die Vorschriften über die Nachbarwand nicht anwendbar. Dann kann die Wand als Grenzwand zu behandeln sein, § 22. Nach *Hodes/Dehner,* § 1 Rdn. 1, und *Hülbusch/Bauer/Schlick,* § 3 Rdn. 18, wird der Rechtscharakter einer Wand als Nachbarwand nicht dadurch in Frage gestellt, dass nachträglich die ihr bei der Errichtung zugedachte Zweckbestimmung nicht voll zum Tragen kommt, z.B. weil der Nachbar nicht anbaut. Vgl. hierzu aber auch OLG *Düsseldorf* BauR 1976, 71.

5 3. Öffentlich-rechtlich ist bei der Errichtung von Nachbarwänden bzw. dem Anbau an eine solche Wand § 30 **NBauO** zu beachten, wonach die Nachbarwand ggf. als Brandwand ausgebildet sein muss.

6 4. Die Nachbarwand darf nur im Einvernehmen mit dem Eigentümer des Nachbargrundstücks errichtet werden. Siehe dazu § 4.

7 5. Der Erbauer der Nachbarwand hat die Herstellungskosten der Wand, sofern nichts Abweichendes vereinbart worden ist, zunächst allein zu tragen. Ein Ausgleich erfolgt insoweit erst, wenn der Nachbar anbaut. Vgl. hierüber § 7. Wegen der Kosten der Unterhaltung siehe § 10.

8 6. Die **Eigentumsverhältnisse** an der Nachbarwand regelt das Gesetz nicht; sie richten sich nach dem BGB und können von den Nachbarn auch vertraglich nicht abweichend geregelt werden.

a) Vor dem Anbau steht die Nachbarwand im Alleineigentum des die Grenze überbauenden Eigentümers (*BGH* NJW 1958, 1180; 1964, 1221;

1965, 811; 1974, 794; *Hodes/Dehner,* § 1 Rdn. 3; *Bassenge* in *Palandt,* § 921 Rdn. 7; *Dehner,* B § 8 II 3 a; *Roth* in *Staudinger,* § 921 BGB Rdn. 22).

b) Mit dem Anbau ändern sich die Eigentumsverhältnisse. Die Nachbar- **9** wand wird wesentlicher Bestandteil auch der angebauten baulichen Anlage. Es entsteht ideelles Miteigentum der beteiligten Grundstückseigentümer nach Bruchteilen (*BGH* NJW 1958, 1181; 1965, 811; 1970, 97; 1974, 794). Wird die Nachbarwand voll zum Anbau benutzt, entsteht Miteigentum je zur Hälfte; bei nicht voller Inanspruchnahme der Wand für den Anbau richtet sich die Quote des Miteigentums nach dem Verhältnis des Flächenmaßes des zum Anbau benutzten Teiles der Nachbarwand zur Gesamtfläche dieser Wand (*BGHZ* 36, 55 unter Hinweis auf *Meisner-Stern-Hodes(-Dehner),* § 8 III 1; *Bassenge* in *Palandt,* § 921 BGB Rdn. 9; *BGH* NJW 1972, 195). Die Änderung der Eigentumsverhältnisse vollzieht sich in dem Augenblick, in dem der Rohbau fertig gestellt ist (*Bassenge* in *Palandt,* § 921 Rdn. 10). Am Miteigentum der beiden Grundstückseigentümer ändert sich auch bei freiwilligem Abbruch des einen Hauses durch den Eigentümer jedenfalls dann nichts, wenn damit die Absicht verbunden ist, alsbald an Stelle des abgebrochenen Hauses ein neues an die Giebelmauer anzubauen (*BGH* NJW 1972, 195) oder wenn sie sich in anderer Weise – etwa durch Vermietung zu Reklamezwecken – weiter nutzen lässt (*BGHZ* 43, 127, 132; 78, 398). Vgl. ferner *OLG Karlsruhe* NJW-RR 1990, 458. Baut ein Grundstückseigentümer eine im Krieg überwiegend zerstörte, halbscheidige Giebelwand bei Wiedererrichtung eines Gebäudes einseitig wieder auf, so wird er Alleineigentümer der Wand (*Bassenge* in *Palandt,* § 921 Rdn. 12). Er hat die gesamten Unterhaltungskosten zu tragen (*OLG Köln* NJW-RR 1993, 87).

Beim Eigengrenzüberbau wird der Eigentümer des Stammgrundstückes Alleineigentümer (*BGH* NJW 1988, 1078). Entsprechendes gilt, wenn ein Grundstück in der Weise aufgeteilt wird, dass ein aufstehendes Gebäude nunmehr von der Grenze durchschnitten wird und die beiden neuen Grundstücke im Eigentum verschiedener Personen stehen (*BGH* NJW 1989, 221).

c) Fraglich ist, ob die Nachbarwand bereits vor dem Anbau als Grenzein- **10** richtung im Sinne von §§ 921, 922 BGB anzusehen ist, da ihr Erbauer bis zum Anbau Alleineigentümer ist und die §§ 921, 922 BGB vom Miteigentum der Grundstücksnachbarn ausgehen. Die Frage wird daher von *Dehner,* B § 8 II 1, *Roth* in *Staudinger,* § 921 BGB Rdn. 22, *Dröschel/Glaser* Nr. 124b und c, *Bassenge* in *Palandt,* § 921 Rdn. 7, sowie vom *OLG Celle* (NJW 1958, 224) verneint, während sie vom *BGH* LM § 912 BGB Nr. 8 sowie von *Soergel-Baur,* § 921 BGB Anm. 12 bejaht wird.

Da der Erbauer der Nachbarwand vor dem Anbau der alleinige **Eigentümer** ist, kann er sie bis zum Anbau in der Regel wieder beseitigen (vgl. BGH NJW 1989, 221; *Bassenge* in *Palandt,* § 921 BGB Rdn. 7). Ausnahmen ergeben sich aber aus § 11 NNachbG.

7. Die **Nutzung** der Nachbarwand bis zum Anbau z.B. durch Anbringen **11** von Werbetafeln steht bis zum Anbau ausschließlich ihrem Erbauer zu, es sei denn, die Beteiligten hätten etwas anderes vertraglich vereinbart (vgl. hierzu *Dröschel-Glaser,* § 12 Rdn. 13; *Bassenge* in *Palandt,* § 921 Rdn. 7; *Bassenge/ Olivet,* § 4 Rdn. 14 sowie *BGH* DB 1975, 1843). Allerdings wird durch das Anbringen von Werbetafeln zusätzlicher Luftraum über dem Nachbargrundstück in Anspruch genommen. Das ist grundsätzlich nur unter den Voraussetzungen von § 905 Satz 2 BGB zulässig. Zur öffentlich-rechtlichen Zulässigkeit von Werbeanlagen siehe *OVG NRW* BauR 1989, 447; NVwZ 1993, 89. Im Rahmen des Anliegergebrauchs dürfen sie ggf. geringfügig in den Verkehrsraum hineinragen (vgl. *Sauthoff,* Rdn. 637). Auch Baustellenschilder können Werbeanlagen sein. Wegen der Nutzung nach dem Anbau siehe § 7 Rdn. 7 ff. Wird ein Haus, das mit einem anderen eine gemeinsame Nachbarwand hatte, abgerissen, so steht jedem Miteigentümer die alleinige Nutzung der ihm zugewandten Seite der Nachbarwand zu, sofern ein erneuter Anbau beabsichtigt ist und der Mitgebrauch des anderen Miteigentümers nicht beeinträchtigt wird (vgl. *OLG Düsseldorf* DWW 1997, 306; *BGH* 43, 127, 133).

§ 4 Einvernehmen mit dem Nachbarn

[1] **Eine Nachbarwand darf nur im Einvernehmen mit dem Nachbarn errichtet werden.** [2] **Für die im Einvernehmen mit dem Nachbarn errichtete Nachbarwand gelten die §§ 5 bis 15.**

1 **1.** Die Nachbarwand darf nur im Einvernehmen mit dem Nachbarn errichtet werden. Das kann durch eine einseitige Zustimmungserklärung (Einwilligung), aber auch durch einen Vertrag erfolgen.

Die entsprechenden Erklärungen sind formlos wirksam. Sie bedürfen nicht der Schriftform und können auch durch schlüssiges Verhalten erklärt werden. Willigt der Nachbar nicht ein, darf die Wand nur an, nicht aber über die Grenze gebaut werden. Hat das Grundstück mehrere Eigentümer, so müssen alle zustimmen (*Bassenge/Olivet,* § 4 Rdn. 4). Eine Einwilligung kann darin gesehen werden, dass der Nachbar die vom Erbauer erstellten und den Überbau sichtbar machenden Lagepläne und Bauzeichnungen unterschrieben hat (*Dröschel-Glaser,* § 8 Rdn. 4; vgl. auch *BGH* LM Nr. 8 zu § 912 BGB und *Bassenge/Olivet,* § 4 Rdn. 6). Eine Einwilligung kann auch dadurch erklärt werden, dass der Nachbar seinen rechtzeitig erklärten Widerspruch gegen den Bau über die Grenze zurücknimmt. Die Rücknahme muss den Willen erkennen lassen, dass die Wand nunmehr eine Nachbarwand sein soll. Gehören beide Grundstücke demselben Eigentümer, ist eine Einwilligung entbehrlich (*Hülbusch/Bauer/Schlick,* § 3 Rdn. 7). Zur Rechtsnatur der Einwilligung vgl. *Bassenge/Olivet,* § 4 Rdn. 5.

2 **2.** Bei **Gesamtrechtsnachfolge** wirkt die einmal erteilte Einwilligung für und gegen den Rechtsnachfolger, da er voll in die Rechtsstellung des Voreigentümers eintritt. Bei Sonderrechtsnachfolge (z.B. Kauf) wirkt die vom oder gegenüber dem Voreigentümer erklärte Einwilligung grundsätzlich

nicht weiter, es sei denn, dass von ihr bereits Gebrauch gemacht, d. h. die Nachbarwand errichtet oder mit ihrem Bau wenigstens begonnen worden ist und die Einwilligung damit eine gewisse Vergegenständlichung erfahren hat (*Bassenge/Olivet,* § 4 Rdn. 7, 8; *Roth* in *Staudinger,* § 921 Anm. 23; vgl. auch *BGH* WM 1983, 452). Ferner, wenn eine entsprechende Grunddienstbarkeit eingetragen ist. Im Übrigen ist die Einwilligung des Sonderrechtsnachfolgers notwendig. Vgl. hierzu *BGH* LM § 912 BGB Nr. 1, *OLG Köln* JMBl. 1975, 112; *Hodes/Dehner,* § 1 Rdn. 2; *Lehmann,* § 4 Anm. 7 und 8 sowie *Bassenge* in *Palandt,* § 921 Rdn. 8. Siehe auch *OLG Celle* Nds. Rpfl. 1959, 228 sowie *OLG Düsseldorf* NJW-RR 1991, 403.

3. Wird ohne **Einvernehmen** über die Grenze gebaut, liegt keine Nach- **3** barwand vor. Haben die Nachbarn vereinbart, dass der eine von ihnen (nur) in bestimmter Breite über die gemeinsame Grenze hinüberbauen darf, so bestimmten sich die Rechtsfolgen eines weitergehenden Überbaus nach §§ 912, 1004 BGB. Vgl. hierzu aber auch *Dehner,* § B 8 II 3. Die Einwilligung wirkt in diesem Fall nur, soweit sich der Bauherr im Rahmen der getroffenen Vereinbarung hält (*BGH* NJW 1971, 426). Die Zustimmung kann auch nachträglich erteilt werden. Mit der Genehmigung werden die §§ 3 ff anwendbar (ebenso *Lehmann,* § 4 Anm. 3).

Eine Verpflichtung zur Erteilung der Einwilligung besteht nicht (*Hodes/ Dehner,* § 1 Rdn. 2). Sie kann daher auch unter Bedingungen und Auflagen erteilt werden (*Hülbusch/Bauer/Schlick,* 3 Rdn. 33).

Die wirksam erteilte Einwilligung ist unwiderruflich, wenn sie in Erfüllung eines Gestattungsvertrages erteilt worden ist (*Bassenge/Olivet,* § 4 Rdn. 7). A. A. *Dröschel/Glaser,* § 8 Rdn. 2. Im Übrigen ist sie widerruflich. Nach Baubeginn oder nach ihrer Errichtung kann sie nicht mehr mit der Wirkung widerrufen werden, dass die Wand ihre Rechtsnatur als Nachbarwand verliert (*Bassenge/Olivet,* § 4 Rdn. 7, 8. Die nach Errichtung der Nachbarwand erteilte **Zustimmung** ist unwiderruflich.

4. Hat der Nachbar nicht wirksam eingewilligt oder nachträglich zuge- **4** stimmt, so liegt ein **Überbau** vor. Ihn hat der Nachbar nur zu dulden, wenn er als sogenannter entschuldigter Überbau i. S. von § 912 BGB anzusehen ist. Entschuldigt ist ein Überbau, wenn den Überbauenden höchstens leichte Fahrlässigkeit trifft und der Nachbar nicht sofort nach der Grenzüberschreitung Widerspruch erhoben hat. In diesem Fall ist er durch eine Geldrente zu entschädigen (§ 912 Abs. 2 BGB). Die Überbauvorschriften sind entsprechend anzuwenden, wenn sich eine Grenzmauer erst nach der Errichtung über die Grenze neigt (*BGH* NJW 1986, 2639). Vgl. hierzu *Bassenge* in *Palandt,* § 912 Rdn. 7. Der Bauherr haftet für eigenes Verschulden und das seines Architekten, nicht aber für das der bauausführenden Handwerker (*BGH* NJW 1977, 375; *OLG Köln* NJW-RR 2003, 376). Wer im Bereich der Grenze baut, hat vor der Bauausführung festzustellen, ob der für die Bebauung vorgesehene Grund auch ihm gehört und während der Bauausführung darauf zu achten, dass er die Grenzen seines Grundstücks nicht überschreitet und dazu ggf. einen Vermessungsingenieur hinzuzuziehen. Eine Verletzung dieser Pflicht begründet grobe Fahrlässigkeit (*BGH* NJW 2003, 3621). Nur der sofortige Widerspruch ist rechtserheblich. Sofort ist nicht gleichbedeutend mit „unverzüglich", so dass es bei der Frage, ob ein Widerspruch rechtzeitig oder verspätet ist, nicht auf ein Verschulden ankommt. Auch wenn z. B. der Eigentümer wegen längerer Abwesenheit nicht in der Lage war, Kenntnis von der Grenzüberschreitung zu erlangen, ist er unter Umständen mit einem späteren Widerspruch ausgeschlossen (*Dehner,* B § 24 I 7 e). Entscheidend ist allein, dass vor oder nach der erkennbar werdenden Überschreitung der Grenze der Widerspruch so rechtzeitig erhoben wird, dass irgendwelche erheblichen Zerstörungen vermieden werden (*RGZ* 109, 107; *BGH* NJW 1972, 1750; *OLG Köln* NJW-RR 2003, 376; *Bassenge* in *Palandt,* § 912 BGB Rdn. 10; *Roth* in *Staudinger,* § 912 BGB Rdn. 33). Da es auf ein Verschulden nicht ankommt, schadet ein an sich schuldhaftes Zögern nicht, wenn der Widerspruch noch so rechtzeitig erfolgt, dass durch die Verzögerung keine weiteren Zerstörungen notwendig werden (*Roth* in *Staudinger,* § 912 Rdn. 33).

5   Der Widerspruch braucht nicht begründet zu werden. Eine unzutreffende **Begründung** schadet nicht (vgl. *BGH* NJW 1972, 1750).

6   **5.** Der Widerspruch ist eine einseitige, empfangsbedürftige Willenserklärung, die nicht formbedürftig ist und auch stillschweigend abgegeben werden kann. Das Unterlassen des Widerspruchs ist kein Rechtsgeschäft und kann deshalb nicht wegen Irrtums angefochten werden (*Bassenge* in *Palandt,* § 912 BGB Rdn. 10; *Roth* in *Staudinger,* § 912 Rdn. 30).

Der rechtzeitig erklärte Widerspruch kann zurückgenommen werden und erneut erhoben werden, sofern er noch als „sofortig" anzusehen ist. In der Rücknahme kann jedoch unter Umständen eine Zustimmung zur Grenzüberschreitung liegen (*Bassenge* in *Palandt,* § 912 BGB Rdn. 2; *OLG Nürnberg* BlGBW 1964, 141), die nicht frei widerruflich ist.

7   **6.** Ist der Überbau **unentschuldigt (unrechtmäßig),** braucht der Nachbar ihn nicht zu dulden; er kann gemäß §§ 903, 905, 1004 BGB Beseitigung verlangen. Das Beseitigungsrecht kann ausgeschlossen sein, wenn die Beseitigung mit unverhältnismäßig großen und nicht zumutbaren Aufwendungen verbunden (*BGH* NJW 1974, 1552) oder sonst rechtsmissbräuchlich wäre (*BGH* NJW-RR 2003, 376). Nach der Rechtsprechung des *BGH* (NJW 1958, 1182; NJW 1964, 1125) wird das **Eigentum** an der Wand in diesem Falle real und vertikal geteilt; jeder Nachbar ist also Eigentümer des Teils der Wand, der auf seinem Grundstück steht (vgl. *Bassenge* in *Palandt,* § 921 BGB Rdn. 6; *Hülbusch/Bauer/Schlick,* Einf. §§ 3–12 Rdn. 9). Baut der Nachbar an den Überbau an, wozu er ohne weiteres berechtigt ist, da er Eigentümer des auf seinem Grundstück stehenden Teils der Mauer ist, so entsteht an der Mauer Miteigentum der beiden Grundstückseigentümer (*BGH* NJW 1965, 811; 1970, 97; vgl. auch *Dehner,* B § 8 II 3 c; *Dröschel/Glaser,* § 8 Rdn. 19). Der Eigentümer eines Überbaus ist jedenfalls dann zur Beseitigung des

Überbaus berechtigt, wenn der Abriss im Rahmen eines Bauvorhabens zur Veränderung des Stammgebäudes erfolgt (*BGH* NJW 1989, 221).

Der Eigentümer der unentschuldigt überbauten Grundstücksfläche hat **8** kein gesetzliches Anbaurecht gem. § 7. Das Recht anzubauen ergibt sich jedoch daraus, dass der seinem Grundstück zugewandte Teil der Wand ihm gehört (vgl. hierzu *Bassenge* in *Palandt/Bassenge,* § 921 Rdn. 6; *Hülbusch/ Bauer/Schlick,* § 5 Rdn. 5). Ein Anbaurecht kann ihm auch vom Nachbarn eingeräumt werden. Mit dem Anbau sind nunmehr die §§ 3 ff dieses Gesetzes anzuwenden, während die Anwendbarkeit der §§ 912 ff BGB entfällt (*Zimmermann-Steinke,* Vorb. 3 B zu § 7; *Hodes/Dehner,* § 1 Rdn. 3).

Ein Überbau liegt nicht vor, wenn Miteigentümern eines Grundstücks **9** jeweils bestimmte Grundstücksflächen zur alleinigen Benutzung zugewiesen sind und ein Miteigentümer ein Gebäude unter Missachtung *dieser* Grenze errichtet (*OLG Köln* NJW-RR 1989, 1040).

§ 5 Beschaffenheit der Nachbarwand

(1) [1]**Die Nachbarwand ist in einer solchen Bauart und Bemessung auszuführen, daß sie den Bauvorhaben beider Nachbarn genügt.** [2]**Ist nichts anderes vereinbart, so braucht der zuerst Bauende die Wand nur für einen Anbau herzurichten, der an die Bauart und Bemessung der Wand keine höheren Anforderungen stellt als sein eigenes Bauvorhaben.** [3]**Anbau ist die Mitbenutzung der Wand als Abschlußwand oder zur Unterstützung oder Aussteifung des neuen Bauwerkes.**

(2) [1]**Erfordert keins der beiden Bauvorhaben eine größere Dicke der Wand als das andere, so darf die Nachbarwand höchstens mit der Hälfte ihrer notwendigen Dicke auf dem Nachbargrundstück errichtet werden.** [2]**Erfordert der auf dem einen der Grundstücke geplante Bau eine dickere Wand, so ist die Wand mit einem entsprechend größeren Teil ihrer Dicke auf diesem Grundstück zu errichten.**

1. Wie die **Nachbarwand beschaffen** sein muss, schreibt das Gesetz in **1** Grundzügen vor. Sie muss nach Bauart und Bemessung so ausgeführt werden, dass sie den Bauvorhaben beider Nachbarn genügt. Sie ist daher so zu errichten, dass der Nachbar sie bei seinem Bau technisch verwenden kann, nämlich als Abschlusswand oder zur Unterstützung oder Aussteifung seiner zu errichtenden baulichen Anlage, Abs. 1 S. 3. Die Nachbarwand soll beiden Nachbarn in gleicher Weise zugute kommen. Deshalb bestimmt Abs. 1 S. 2, dass der Erbauer die Wand – nur – so zu errichten hat, dass der Anbauende sie zu einem Bau verwenden kann, der an die Bauart und Bemessung der Wand keine höheren Anforderungen stellt als sein eigenes Gebäude. Der Erbauer hat danach dieselben Vorteile, die er beim Bau der Mauer für sich bezweckt, auch für seinen Nachbarn in Aussicht zu nehmen (*OLG Düsseldorf* NJW 1966, 2313; *Bassenge/Olivet,* § 5 Rdn. 1). Belastet er die Wand z.B. mit einem viergeschossigen Bauwerk, so muss diese, sofern nichts anderes vereinbart ist oder der beabsichtigte Anbau einen geringeren Umfang hat, so beschaffen sein, dass der Nachbar sie für ein vergleichbares Gebäude statisch

in Anspruch nehmen kann. Dient die Wand dem Erbauer lediglich als Abschlußwand, während Vorder- und Rückfront als tragende Wände ausgebildet werden, so genügt er grundsätzlich seiner Pflicht, wenn der Nachbar die Nachbarwand ebenfalls nur als Verwandung und nicht als tragende Wand benutzen kann (*OLG Düsseldorf* aaO). Abweichende Vereinbarungen sind zulässig. Ist auf dem anderen Grundstück ein bestimmtes Gebäude geplant, das höhere Anforderungen an die Wand stellt als ein dem ersten Gebäude entsprechendes, kann der Nachbar die Erteilung der Einwilligung in den Bau der Nachbarwand von einer entsprechenden Bauart abhängig machen. Der finanzielle Ausgleich erfolgt dann über § 7 Abs. 3.

Zur Erläuterung des Begriffs „Anbau" s. § 7 Rdn. 5.

2   Öffentlich-rechtlich ist § 18 NBauO zu beachten. Zum nachbarschützenden Charakter s. *Hodes/Dehner,* Anhang II, § 15 HessBauO Rdn. 1 ff.

3   **2.** Der Nachbar hat keinen gesetzlichen Anspruch darauf, dass der Erbauer der Wand diese so errichtet, dass er ein größeres Gebäude als das andere an dieses anbauen kann. Er hat allerdings die Rechte aus § 12 und § 13. Außerdem bleibt es ihm unbenommen, seine Einwilligung in die Errichtung einer Nachbarwand von einer besonderen Beschaffenheit abhängig zu machen. Das kann dann allerdings die Folge haben, dass der Grundstückseigentümer vom Bau einer Nachbarwand gänzlich absieht.

4   **3.** Entspricht die Nachbarwand **nicht** der gesetzlichen oder der vertraglich vereinbarten Beschaffenheit, wird sie keine Nachbarwand im Sinne des Nachbarrechtsgesetzes, da sie nicht von der Zustimmung gedeckt wird. Ihre Rechtsstellung richtet sich nach §§ 912 ff BGB (*Bassenge/Olivet,* § 5 Rdn. 2). Siehe hierzu § 4 Rdn. 3, 4.

5   **4.** Die Nachbarwand muss in **zulässiger Weise** erbaut werden und dem im Zeitpunkt der Errichtung geltenden Baurecht entsprechen (ebenso *Dröschel/Glaser,* § 7 Rdn. 3). Nachträgliche Rechtsänderungen sind nachbarrechtlich grundsätzlich unerheblich (*OLG Düsseldorf* aaO S. 2313).

6   **5.** Abs. 2 regelt den **Standort** der Nachbarwand. Regelfall der Nachbarwand ist die so genannte halbscheidige Nachbarwand. Sie steht je zur Hälfte auf den Nachbargrundstücken. Die Nachbarwand darf aber auch zu einem größeren Teil auf dem Grundstück des Erbauers stehen. Erfordert ein Gebäude eine dickere Wand als das andere, so ist sie mit einem entsprechend größeren Teil auf jenem Grundstück zu errichten. Wird die Nachbarwand in einer größeren Dicke als notwendig ausgeführt, d.h. hätte die Wand statisch, wärme- und schalltechnisch ohne Bedenken dünner hergestellt werden können, so braucht der Nachbar nicht einmal die Hälfte der tatsächlichen Dicke der Wand auf seinem Grundstück zu dulden (*Dröschel/Glaser,* § 10 Rdn. 1). Das bedeutet jedoch nicht, dass der Bauherr schlechthin gezwungen ist, Beton- statt Ziegelwände zu errichten, um die Wand möglichst dünn zu halten. Das kann nur dann gelten, wenn das Gebäude selbst aus Beton herge-

stellt wird und kein sachlicher Grund für den Bau der Nachbarwand aus Ziegeln besteht (*Dröschel/Glaser,* § 10 Rdn. 1; z. T. anders *Hodes/Dehner,* § 2 Rdn. 2). Dem Erbauer der Nachbarwand steht es im Übrigen frei, die Wand auf seinem Grundstück stärker als erforderlich auszuführen oder sie nachträglich zu verstärken, s. § 13 (Verstärken).

Ist für die oberen Geschosse eines Gebäudes eine geringere Wandstärke **7** vorgeschrieben, muss der Erbauer der Nachbarwand den oberen Teil der Wand auf der Mitte des unteren Teiles – nach beiden Seiten im gleichen Umfang abgesetzt – aufbauen (*OLG Düsseldorf* NJW 1963, 161). Siehe auch Rdn. 10).

6. Steht die Nachbarwand mit einem **größeren Teil** ihrer Dicke auf dem **8** Nachbargrundstück als zulässig, so liegt bezüglich des mehr als zulässig in Anspruch genommenen Bodenstreifens ein Überbau vor. Dieser braucht nur unter den Voraussetzungen des § 912 BGB geduldet zu werden (*Hodes/ Dehner,* 2 Rdn. 2; *Lehmann,* § 6 Anm. 5; *Bassenge/Olivet,* § 5 Rdn. 4; *Bassenge* in *Palandt,* § 921 Rdn. 6). Der duldungspflichtige Nachbar ist in diesem Falle gemäß § 912 Abs. 2 BGB durch eine Geldrente zu entschädigen (vgl. *BGH* NJW 1970, 97). Außerdem hat er gemäß § 915 BGB einen Anspruch auf Abkauf. Mit dem Anbau entfallen die Rechte aus § 912 BGB. Der von § 5 abweichende Standort ist von dann an im Rahmen des § 7 zu berücksichtigen. Zum Überbau s. auch § 4 Rdn. 3, 4.

Liegen die Voraussetzungen des § 912 BGB nicht vor, kann der Nachbar **9** die Mauer insoweit selbst beseitigen oder gemäß §§ 903, 905, 1004 BGB Beseitigung verlangen. Er wird auch Eigentümer des Teiles der Nachbarwand, der mehr als zulässig auf seinem Grundstück steht (*BGHZ* 27, 204), und ist mithin schon deshalb zum Anbau berechtigt. Nach erfolgtem Anbau entsteht Miteigentum der beiden Nachbarn an der gesamten Nachbarwand (vgl. *Palandt/Bassenge,* § 921 Rdn. 6; *BGH* NJW 1965, 811). Das Verlangen nach Beseitigung kann aber im Einzelfall rechtsmißbräuchlich oder verwirkt sein (vgl. hierzu *Schäfer,* § 1 NRW Rdn. 22a und 35). Dann stehen dem duldungspflichtigen Nachbarn aber auch die Ansprüche aus §§ 912 II und 915 BGB zu (*Bassenge* in *Palandt,* § 912 BGB Rdn. 17; *Bassenge/Olivet,* § 5 Rdn. 4).

7. Entsprechendes gilt auch dann, wenn eine Nachbarwand **nachträglich 10** erhöht wird und die Erhöhung eine geringere Dicke als die vorhandene Wand hat. Auch die Erhöhung muss in diesem Falle „mittig" vorgenommen werden (§ 12 Abs. 3). Vgl. auch *BGH* NJW 1970, 97 ff. Bei einem Verstoß gegen diese Verpflichtung entsteht ein Anspruch aus ungerechtfertigter Bereicherung gemäß § 912 BGB (*BGH* aaO). Vgl. auch *OLG Düsseldorf* NJW 1963, 161. Abweichende Parteivereinbarungen sind zulässig.

§ 6 Ansprüche des Nachbarn

[1]Soweit die Nachbarwand dem § 5 Abs. 2 entspricht, hat der Nachbar keinen Anspruch auf Zahlung einer Vergütung (§ 912 BGB) oder

auf Abkauf von Boden (§ 915 BGB). [2] Wird die Nachbarwand beseitigt, bevor angebaut ist, so kann der Nachbar für die Zeitspanne ihres Bestehens eine Vergütung gemäß § 912 BGB beanspruchen.

1   § 6 stellt klar, dass §§ 912, 915 BGB (Überbau) nicht anwendbar sind, wenn der Standort der Nachbarwand § 5 entspricht. Zahlungs- und Vergütungsansprüche können jedoch nach dem NachbG entstehen. S. z.B. § 7 Abs. 2.

2   Wird die Nachbarwand vor dem Anbau in zulässiger Weise beseitigt (vgl. § 11), so hat der andere Nachbar, dessen Grundstück seit der Errichtung in Anspruch genommen worden ist, einen Anspruch auf Zahlung einer **Überbaurente** gemäß § 912 BGB (S. 2). Wegen der Höhe und Berechnung der Rente s. *Bayer/Lindner/Grziwotz*, S. 48.

§ 7 Anbau an die Nachbarwand

(1) [1] Der Nachbar ist berechtigt, an die Nachbarwand nach den allgemein anerkannten Regeln der Baukunst anzubauen; dabei darf er in den Besitz des zuerst Bauenden an der Nachbarwand eingreifen. [2] Unterfangen der Nachbarwand ist nur entsprechend den Vorschriften des § 20 zulässig.

(2) [1] Der anbauende Nachbar hat dem Eigentümer des zuerst bebauten Grundstücks den halben Wert der Nachbarwand zu vergüten, soweit ihre Fläche zum Anbau genutzt wird. [2] Ruht auf dem zuerst bebauten Grundstück ein Erbbaurecht, so steht die Vergütung dem Erbbauberechtigten zu.

(3) Die Vergütung ermäßigt sich angemessen, wenn die besondere Bauart oder Bemessung der Wand nicht erforderlich oder nur für das zuerst errichtete Bauwerk erforderlich ist; sie erhöht sich angemessen, wenn die besondere Bauart oder Bemessung der Wand nur für das später errichtete Bauwerk erforderlich ist.

(4) [1] Steht die Nachbarwand mehr auf dem Grundstück des anbauenden Nachbarn, als in § 5 Abs. 2 vorgesehen ist, so kann dieser die Vergütung um den Wert des zusätzlich überbauten Bodens kürzen, wenn er nicht die in § 912 Abs. 2 oder in § 915 BGB bestimmten Rechte ausübt. [2] Steht die Nachbarwand weniger auf dem Nachbargrundstück, als in § 5 Abs. 2 vorgesehen ist, so erhöht sich die Vergütung um den Wert des Bodens, den die Wand andernfalls auf dem Nachbargrundstück zusätzlich benötigt hätte.

(5) [1] Die Vergütung wird fällig, wenn der Anbau im Rohbau hergestellt ist; sie steht demjenigen zu, der zu dieser Zeit Eigentümer (Erbbauberechtigter) ist. [2] Bei der Wertberechnung ist von den zu diesem Zeitpunkt üblichen Baukosten auszugehen und das Alter sowie der bauliche Zustand der Nachbarwand zu berücksichtigen. [3] Auf Verlangen ist Sicherheit in Höhe der voraussichtlich zu gewährenden Vergütung zu leisten, wenn mit einer Vergütung von mehr als 3000 Euro zu rechnen ist; in einem solchen Falle darf der Anbau erst nach Leistung der Sicherheit begonnen oder fortgesetzt werden.

1. § 7 gewährt ein **Anbaurecht,** begründet jedoch keine Verpflichtung 1
zum Anbau, es sei denn, die Nachbarn hätten eine solche vertraglich vereinbart. Dem Nachbarn steht es frei, die Nachbarwand nicht zu benutzen, indem er von der Bebauung seines Grundstücks absieht oder sein Gebäude
ohne anzubauen errichtet. Fraglich ist, ob in letzteren Fall Ersatzansprüche
gegeben sind. Das Gesetz sieht solche Ansprüche im Gegensatz zu anderen
Nachbarrechtsgesetzen und auch zum Gesetzesentwurf nicht vor. *Hoof/Keil*
(§ 6 Anm. 3) wollen gleichwohl in diesem Falle Ausgleichsansprüche gem.
§ 242 BGB (Treu- und Glauben) gewähren. Der Wille des Gesetzgebers
geht allerdings in eine andere Richtung. Ebenso *Lehmann,* § 7 Anm. 1.
Nicht geregelt ist, ob der Anbauende das neue Dach an des vorhandene
Dach anschließen muss und etwaige Zwischenräume zwischen beiden Ge-
bäuden zu verschließen hat. Da der Anbau nach den allgemein anerkannten
Regeln der Baukunst zu erfolgen hat, ist eine entsprechende Verpflichtung
zu bejahen, wenn dieses bautechnisch geboten ist. In den Besitz des zuerst
Bauenden darf eingegriffen werden (Abs. 1 S. 1). Wegen des Rechts, die
Nachbarwand beim Anbau zu unterfangen s. § 20 in Verbindung mit § 7
Abs. 1 S. 2.

2. Das Anbaurecht steht dem jeweiligen Grundstückseigentümer bzw. 2
Erbbauberechtigten zu. Es kann – nach Abbruch oder Zerstörung des Ge-
bäudes – wiederholt ausgeübt werden. Die Absicht anzubauen ist vorher anzuzeigen (vgl. § 8). Wird das zuerst errichtete Gebäude zerstört, ist der Eigentümer ebenfalls zum Anbau berechtigt (*Bassenge/Olivet,* § 6 Rdn. 2).
Wer anbauen will, hat ggf. die Beweislast dafür, dass die Wand eine 3
Nachbarwand ist (*Lehmann,* § 7 Anm. 2). Wegen der Folgen einer fehlenden
oder unwirksamen Einwilligung vgl. § 4 Rdn. 3, 4 sowie § 22. Wegen des
Anbaurechts bei einem Überbau s. § 4 Rdn. 7.
Das Anbaurecht steht dem Nachbarn beim Vorliegen der Voraussetzungen 4
kraft Gesetzes zu. Es berechtigt ihn u. U., in die Substanz der Nachbarwand
einzugreifen (siehe unten Rdn. 7, 8 sowie *Lehmann,* § 7 Anm. 5). Verweigert
der Eigentümer den Anbau, so darf das Recht nicht im Wege der Selbsthilfe
verwirklicht werden. Dieser ist daher ggf. auf Duldung zu verklagen a. A.
Lehmann, § 7 Anm. 5, unter Hinweis auf Abs. 1 S. 2. Grund sei, dass die Gebäude mit einer Baugenehmigung errichtet worden seien, die die Vermutung
der Richtigkeit für sich habe. S. auch *Bassenge/Olivet,* § 6 Rdn. 4.
Jeder Nachbar kann die Nachbarwand ggf. vor oder nach dem Anbau erhöhen (vgl. § 12). Eine Befugnis, die Nachbarwand zu verlängern, sieht das
Gesetz nicht vor. Eine **Verlängerung** ist daher **unzulässig,** wenn der andere Nachbar ihr nicht zustimmt (vgl. *Hülbusch/Bauer/Schlick,* § 5 Rdn. 7).

2. Den Begriff des Anbaus beschreibt § 5 Abs. 1 Satz 3. Bereits aus dem 5
Wort **Anbau** ergibt sich, dass es eines räumlichen körperlichen Zusammen-
hanges zwischen beiden Gebäuden bedarf, der so eng ist, dass sie einem un-
befangenen Beobachter als einheitliche Sache erscheinen (*BGH* NJW 1962,
149 ff.).

Zur **Unterstützung** dient eine Nachbarwand, wenn sie statisch genutzt wird, indem sie Kräfte aus anderen Bauteilen aufnimmt und weiterleitet, z.B. wenn Decken in sie eingelassen werden oder sie das Dach mitträgt (*OLG Köln* WuM 1992, 621).

6 Zur **Aussteifung** dient eine Nachbarwand, wenn sie seitliche Kräfte aufnimmt und so ein Verkanten des angebauten Gebäudes verhindert (vgl. *Hodes/Dehner,* § 1 Rdn. 1). Eine statische Nutzung der Nachbarwand ist jedoch nicht erforderlich. Es genügt, wenn sie als **Abschlusswand** für das zweite Gebäude benutzt wird, indem sie dieses zur Seite des Eigentümers abschließt. In diesem Falle braucht sie keine tragenden oder aussteifenden Funktionen zu haben. Ist das später errichtete Gebäude statisch völlig selbstständig und verfügt es über eine eigene Abschlusswand, liegt kein Anbau vor. Dabei ist es unerheblich, ob die Abschlusswand mit Rücksicht auf die Nachbarwand dünner gebaut worden ist und deshalb für sich allein nicht über die erforderliche Wärme- und Schalldämpfung sowie Feuersicherheit verfügt (*BGH* NJW 1962, 149; *Hodes* NJW 1962, 773) oder wegen der gewählten Stärke allein nicht genehmigt worden wäre (*BGH* NJW 1963, 1868). Unerheblich ist auch, dass der Hausherr seine Wand wegen der unmittelbar angrenzenden Nachbarwand nicht zu verputzen braucht. Hier werden lediglich die Vorteile der bestehenden Wand genutzt, ohne an sie anzubauen. Vgl. hierzu auch *LG Bonn* ZMR 1971, 90.

7 3. Die Nachbarwand, die spätestens mit dem Anbau zur **Grenzeinrichtung** wird (vgl. § 3 Rdn. 10), kann von beiden Nachbarn im Rahmen ihrer Zweckbestimmung in gleicher Weise genutzt werden, sofern dadurch das Mitbenutzungsrecht des anderen nicht beeinträchtigt wird (§§ 921, 922, 743 Abs. 2 BGB). Vgl. *BGH* NJW 1965, 811. Jeder der Nachbarn kann daher die Nachbarwand nicht nur zur bis zur Hälfte ihrer Dicke, sondern in ihrer ganzen Ausdehnung benutzen, wenn diese Art der Benutzung mit dem Zweck der Mauer vereinbar ist. Deshalb kann z.B. ein Gebälk auf der ganzen Dicke der Mauer aufgelegt werden, während eine Aushöhlung regelmäßig nur bis zur Hälfte der Mauer gehen darf (*Dehner,* B § 7 V). Vgl. hierzu auch *BGH* WM 1981, 249.

8 In die Nachbarwand dürfen auch Leitungen für Wasser, Gas, Strom und die Heizung eingefügt werden; außerdem können Schornsteine angebracht werden, soweit dadurch das Nutzungsrecht des anderen Nachbarn nicht beeinträchtigt wird (*Hülbusch/Bauer/Schlick,* § 8 Rdn. 6; *Dehner* B § 7 V). Für Schäden, die aufgrund eines Wasserrohrbruchs innerhalb einer gemeinsamen Giebelwand im Nachbarhaus auftreten, haftet der Eigentümer der beschädigten Rohrleitung (*OLG Düsseldorf* NJW-RR 1990, 1040). Zu unzumutbaren Lärmbelästigungen durch Wasserinstallationen und sanitäre Einrichtungen in der gemeinsamen Wand s. *OLG Karlsruhe* NJW-RR 1991, 1491.

9 Wird die Nachbarwand nur teilweise zum Anbau genutzt, so hat das Nutzungsrecht an dem frei gebliebenen Teil der Wand bis zum vollständigen Anbau der Nachbar mit dem größeren Miteigentumsanteil (vgl. *Bassenge* in *Palandt,* § 921 Rdn. 11; *Bassenge/Olivet,* § 4 Rdn. 16). Zur Frage, inwieweit

die Nachbarwand in diesem Falle zur Grenzeinrichtung wird, siehe *OLG Köln* MDR 1962, 818 und *Dehner*, B § 8 II 1 Fußn. 46 b.

4. Der Anbau muss den Regeln der Baukunst entsprechen. Gefährdet der **10** Anbau die Nachbarwand, kann gemäß § 1004 BGB auf Unterlassung geklagt werden (*Bassenge/Olivet*, § 6 Rdn. 3). Ist die Angelegenheit dringlich, kann auch der Erlass einer entsprechenden einstweiligen Verfügung beantragt werden.

Treten infolge eines unsachgemäßen Anbaus Schäden an der Nachbarwand oder an dem anderen Bauwerk insgesamt auf, so ist der Nachbar gemäß § 823 BGB zum Schadensersatz verpflichtet, wenn er schuldhaft gehandelt hat. Im Rahmen des § 831 BGB haftet er auch für einen Verrichtungsgehilfen (*BGHZ* 42, 374). Eine Gefährdungshaftung sieht das Gesetz nicht vor. Ebenso *Lehmann*, § 7 Anm. 7. *Bassenge/Olivet* (§ 6 Rdn. 3) hält aber eine entsprechende Anwendung der Vorschriften über die Gefährdungshaftung beim Erhöhen und Unterfangen für gerechtfertigt. Das würde in Niedersachsen die entsprechende Anwendung von §§ 13, 14 und 20, 14 bedeuten.

5. Der **Vergütungsanspruch** nach § 7 Abs. 2 ff. stellt eine Sonderrege- **11** lung dar, die den allgemeinen Bestimmungen des BGB über die ungerechtfertigte Bereicherung (§§ 812 ff.) vorgeht. Vgl. hierzu auch § 6. Er tritt aber seinerseits hinter abweichenden vertraglichen Regelungen zurück (§ 2 I). Über die Eigentumsverhältnisse vgl. § 3 Rdn. 8 ff.

6. Die **Höhe** der Vergütung beträgt die Hälfte des Wertes der Nachbar- **12** wand, soweit sie zum Anbau genutzt wird (Abs. 2). Maßgeblich ist der objektive Wert der Wand im Zeitpunkt der Herstellung des Anbaus im Rohbau (Abs. 5). Der Rohbau ist fertig gestellt, wenn die tragenden Teile, Schornsteine, Brandwände, notwendige Treppen und die Dachkonstruktion vollendet sind und mit dem Innenausbau begonnen werden kann.

Alter und baulicher Zustand der Wand sind zu berücksichtigen und ent- **13** sprechende Abzüge zu machen. Die tatsächlichen Baukosten sind ebenso unerheblich wie die Höhe der Einsparungen, die der anbauende Nachbar hat, weil er z. B. keine eigene Abschlußwand errichten muss. Nicht absetzbar sind die Kosten, die der Anbauende aufwenden muss, um die Mauer für sich nutzbar zu machen (*OLG Düsseldorf* NJW 1962, 156), z. B. die Kosten für das Abschlagen von altem Putz. Wie hier: *Dehner*, B § 8 III 2; *Hülbusch/Bauer/Schlick*, § 7 Rdn. 14. Entspricht der Standort der Nachbarwand nicht § 5 Abs. 2, so ist die Vergütung entsprechend herabzusetzen oder zu erhöhen (vgl. auch Rdn. 14). Maßgeblich ist hierfür der Nutzungswert der Grundstücksfläche, die zusätzlich oder auch weniger in Anspruch genommen worden ist.

7. Bei der **Berechnung** der Vergütung ist grundsätzlich der Wert einer **14** Nachbarwand anzusetzen, die § 5 entspricht. Ist sie ohne sachlichen Grund in größerer Dicke oder in einer besonders kostspieligen Bauart ausgeführt worden, die für den Anbauenden keine zusätzlichen Vorteile bietet, ist der Berechnung nur der Wert einer durch § 5 gebotenen Wand zugrunde zu legen (Abs. 3). Abweichende Parteivereinbarungen gehen jedoch vor. Keine oder nur verminderte Abzüge sind vorzunehmen, wenn der Erbauer der Wand die vom Nachbarn gewünschte besondere Bauart der Wand seinerseits inzwischen ganz oder teilweise für sich ausgenutzt hat.

15 8. Gem. § 5 Abs. 2 darf die Nachbarwand grundsätzlich höchstens mit der Hälfte ihrer notwendigen Dicke auf dem Nachbargrundstück errichtet werden. Wird beim Bau der Nachbarwand das andere Grundstück ohne rechtfertigenden Grund mehr überbaut, so liegt insoweit ein Überbau vor. Dem Eigentümer dieses Grundstücks steht dann gemäß § 912 II BGB eine **Geldrente** zu, wenn er zur Duldung verpflichtet ist oder jedenfalls nicht die Beseitigung des Überbaus verlangt. Er hat ferner die Rechte aus § 915 BGB. Hiervon geht auch das NachbG aus (§ 6). Nimmt der Nachbar diese Rechte jedoch nicht wahr, so ist nach § 7 Abs. 4 die Anbauvergütung um den Wert des zusätzlich überbauten Bodens zu kürzen. Nimmt die Nachbarwand von seinem Grundstück weniger als in § 5 Abs. 2 vorgesehen ein, so ist die Vergütung um den Wert dieser nicht in Anspruch genommenen Fläche zu erhöhen (§ 7 Abs. 4).

16 Bei nur **teilweisem Anbau** richtet sich die Höhe der Vergütung nach dem Verhältnis der Gesamtfläche der Nachbarwand zu dem zum Anbau benutzten Teil. Beträgt z.B. die Gesamtfläche der Nachbarwand 100 qm, der zum Anbau benutzte Teil 50 qm, ist die Nachbarwand somit nur zur Hälfte zum Anbau benutzt worden, so beträgt die Vergütung ein Viertel des Wertes der Nachbarwand. Abweichende Parteivereinbarungen haben jedoch Vorrang.

17 9. **Fällig** wird die Vergütung gem. Abs. 5 mit der Herstellung des Anbaus im Rohbau. S. hierzu Rdn. 12.
Zahlungspflichtig ist der Eigentümer des Nachbargrundstücks, der anbaut (Abs. 2). Inhaber des Zahlungsanspruchs ist der bisherige Alleineigentümer der Wand vor dem Anbau. Bauen Miteigentümer an, so haften diese jeweils nur in Höhe ihres ideellen Miteigentumsanteils (*OLG Düsseldorf* NJW-RR 1987, 532; *Bassenge/Olivet*, § 6 Rdn. 5). Besteht ein Erbbaurecht, steht die Vergütung dem Erbbauberechtigten zu, Abs. 2 S. 2.

18 10. Auf Verlangen ist **Sicherheit zu leisten,** wenn mit einer Vergütung von mehr als 3000 Euro zu rechnen ist. In diesem Falle darf erst nach Leistung der Sicherheit mit dem Anbau begonnen werden oder dieser fortgesetzt werden (§ 7 Abs. 5). Über die Sicherheitsleistung vgl. §§ 232 ff BGB. Nach dieser Vorschrift kann die Sicherheitsleistung erfolgen u.a. durch Hinterlegung von Geld oder Wertpapieren nach der Hinterlegungsordnung, durch Verpfändung beweglicher Sachen oder von Forderungen, die in das Schuldbuch des Bundes oder eines Bundeslandes eingetragen sind, durch Bestellung von Hypotheken, durch Verpfändung von Grund- oder Rentenschulden sowie durch Verpfändung von Forderungen, für die eine Hypothek besteht. Wegen der Einzelheiten vgl. *Heinrichs* in *Palandt,* § 232 BGB Rdn. 1 ff. Die Parteien können sich auch auf eine Sicherheitsleistung durch Gestellung einer Bankbürgschaft verständigen. Zur Bezifferung s. *OLG Hamm* BauR 2003, 1744.

6. Bezüglich der **Unterhaltungskosten** siehe § 10.   19

§ 8 Anzeige des Anbaues

(1) **¹Die Einzelheiten der geplanten Mitbenutzung der Wand sind zwei Monate vor Beginn der Bauarbeiten dem Eigentümer (Erbbauberechtigten) des zuerst bebauten Grundstücks anzuzeigen. ²Mit den Arbeiten darf, wenn nichts anderes vereinbart wird, erst nach Fristablauf begonnen werden.**

(2) **Etwaige Einwendungen gegen den Anbau sollen unverzüglich erhoben werden.**

(3) **Ist der Aufenthalt des Eigentümers (Erbbauberechtigten) nicht bekannt oder ist er bei Aufenthalt im Ausland nicht alsbald erreichbar und hat er keinen Vertreter bestellt, so genügt statt der Anzeige an ihn die Anzeige an den unmittelbaren Besitzer.**

1. Das **Recht,** an eine Nachbarwand **anzubauen,** besteht nur, wenn die 1 Einzelheiten der geplanten Mitbenutzung dem Eigentümer bzw. Erbbauberechtigten des zuerst bebauten Grundstücks mindestens zwei Monate vor Beginn der Bauarbeiten angezeigt worden sind. Die Anzeige muss alle Daten und Berechnungen mitteilen, die der Eigentümer der Nachbarwand benötigt, um die Einwirkungen auf die Nachbarwand durch den geplanten Anbau zu prüfen. Am zweckmäßigsten sind die Baupläne und -zeichnungen zu übersenden, aus denen sich Art und Umfang des Bauvorhabens ergeben. Vor Fristablauf darf mit dem Anbau nicht begonnen werden, wenn nichts anderes vereinbart wird. Vorbereitende Arbeiten auf dem eigenen Grundstück sind jedoch zulässig. Die Anzeige ist kein Rechtsgeschäft. Sie gehört vielmehr zu den geschäftsähnlichen Handlungen, auf die die Vorschriften des BGB über Rechtsgeschäfte entsprechend anwendbar sind (*Hodes/Dehner,* § 24 Rdn. 2).

2. Die **Anzeige** ist formlos gültig; sie muss nicht schriftlich erfolgen.   2

3. Die Frist wird nach §§ 187 ff BGB berechnet. Wegen des Zugangs ei- 3 ner schriftlichen Anzeige vgl. § 130 BGB. Die Wirksamkeit der Anzeige erfordert Geschäftsfähigkeit.

Die Anzeige ist grundsätzlich an den Eigentümer bzw. Erbbauberechtigten 4 zu richten. Absatz 3 schränkt die Anzeigepflicht unter besonderen Voraussetzungen ein. Der Nachbar, der sich auf diese Ausnahmevorschrift beruft, ist dafür beweispflichtig, dass ihre Voraussetzungen vorgelegen haben.

5 **4.** Etwaige **Einwendungen** sollen unverzüglich erhoben werden, d.h.
ohne schuldhaftes Zögern. Werden Einwendungen verspätet erhoben, muss
der Anbauende ggf. etwaige Schäden, die sich hieraus ergeben, tragen. Es
kann auch eine Verwirkung seiner Rechte eintreten.

§ 9 Abbruch an der Nachbarwand

**Der geplante Abbruch eines der beiden Gebäude, denen die Nach-
barwand dient, ist dem Nachbarn anzuzeigen; § 8 gilt entsprechend.**

§ 8 betrifft sowohl den Abbruch des angebauten Gebäudes als auch des
zuerst errichteten. Nach *Lehmann* (§ 9 Anm. 1), ist diese Vorschrift auch anwendbar, wenn nur ein Teil eines Gebäudes, z.B. das oberste Stockwerk,
abgebrochen werden soll. Keine Anzeigepflicht dürfte bestehen, wenn nur
einzelne Bauteile entfernt werden, die keinen Bezug zur Nachbarwand haben.

§ 10 Unterhaltung der Nachbarwand

(1) **Bis zum Anbau fallen die Unterhaltungskosten der Nachbarwand
dem Eigentümer des zuerst bebauten Grundstücks allein zur Last.**

(2) [1]**Nach dem Anbau sind die Unterhaltungskosten für den gemeinsam genutzten Teil der Wand von beiden Nachbarn zu gleichen Teilen
zu tragen.** [2]**In den Fällen des § 7 Abs. 3 ermäßigt oder erhöht sich der
Anteil des Anbauenden an den Unterhaltungskosten entsprechend der
Anbauvergütung.**

(3) [1]**Wird eines der beiden Gebäude abgebrochen und nicht neu errichtet, so hat der Eigentümer des abgebrochenen Gebäudes die Außenfläche des bisher gemeinsam genutzten Teiles der Wand in einen für
eine Außenwand geeigneten Zustand zu versetzen.** [2]**Bedarf die Wand
gelegentlich des Gebäudeabbruches noch weiterer Instandsetzung, so
sind die Kosten dafür gemäß Absatz 2 gemeinsam zu tragen.** [3]**Die
künftige Unterhaltung der Wand obliegt dem Eigentümer des bestehen
gebliebenen Gebäudes.**

1 **1.** Die Unterhaltungskosten der Nachbarwand hat **bis zum Anbau** der
Erbauer der Wand zu tragen, in dessen Alleineigentum sie steht, Abs. 1
(*Dehner,* B § 8 V 1). § 922 Satz 2 BGB, wonach die Unterhaltungskosten
auch schon jetzt von beiden Nachbarn zu tragen wären, ist nicht anwendbar.
Das ergibt sich, wenn man der u.a. von Dehner (vgl. oben § 3 Rdn. 10)
vertretenen Ansicht folgt, bereits daraus, dass die Nachbarwand vor dem Anbau nicht als Grenzeinrichtung angesehen wird und § 922 BGB nur auf
Grenzeinrichtungen anwendbar ist. Aber auch wenn man wie der BGH
die Nachbarwand bereits vor dem Anbau als Grenzeinrichtung ansieht, ist
§ 922 Satz 2 BGB nach h.M. nicht anwendbar, da das Gesetz in §§ 921,
922 BGB vom Miteigentum der beteiligten Nachbarn ausgeht. Ist das wie

hier ausnahmsweise nicht der Fall, besteht keine anteilige Unterhaltungspflicht (*Bassenge* in *Palandt,* § 921 Rdn. 7; *Zimmermann-Steinke,* Vor § 7
Anm. 3 A b; *Bassenge/Olivet,* § 8 Rdn. 2). Abs. 1 stimmt daher mit der bun-
desrechtlichen Regelung überein.

Aus dem Umstand, dass der Erbauer der Wand die Unterhaltungskosten
allein zu tragen hat, folgt jedoch nicht, dass der Eigentümer des Nachbargrundstücks gegen ihn einen Anspruch auf Unterhaltung der Wand hat
(*Bassenge/Olivet,* § 8 Rdn. 1; *Bassenge* in *Palandt,* § 921 Rdn. 7).

3. Nach **erfolgtem Anbau** haben die beteiligten Grundstückseigentümer **2**
gemäß Abs. 2 die Unterhaltungskosten des gemeinsam genutzten Teils der
Wand grundsätzlich zu gleichen Teilen zu tragen, allerdings unter Berücksichtigung des § 7 Abs. 3, Abs. 2 S. 2. Vgl. auch *Bassenge* in *Palandt,* § 921
Rdn. 11. Das gilt auch für solche Unterhaltungskosten, die nur auf Grund
der − zulässigen − Benutzung durch einen Nachbarn entstanden sind (*OLG
Karlsruhe* MDR 1971, 1011). Hat der Nachbar die Nachbarwand in vollem
Umfang zum Anbau benutzt, so hat er in Zukunft die Hälfte der Unterhaltungskosten zu tragen. Ist nur teilweise angebaut worden, so hat er die Hälfte
der Unterhaltungskosten nur hinsichtlich des für den Anbau in Anspruch genommenen Mauerteils zu tragen (*Dehner,* B § 7 VI Fußnote 103 a). Die übrigen Kosten hat der Eigentümer des größeren Gebäudes allein zu tragen.
S. *OLG Karlsruhe* NJW-RR 1990, 1164. Das gilt auch bzgl. des Unterhal-
tungsaufwandes für Bestandteile der Mauer, die nicht Gegenstand der gemeinsamen Nutzungsberechtigung sind, z. B. wenn der Innenputz erneuert
werden muss (*OLG Düsseldorf* OLGZ 92, 198).

Diese Regelung entspricht ebenfalls § 922 BGB. Nicht geregelt ist, wer die **3**
Arbeiten ausführen muss. Das ergibt sich aus § 744 I BGB (*Bassenge/Olivet,* § 8
Rdn. 3). Es ist also grundsätzlich gemeinschaftlich zu unterhalten. Jedoch ist
jeder Miteigentümer gem. § 744 Abs. 2 BGB berechtigt, die zur Erhaltung
notwendigen Maßnahmen ohne Zustimmung des anderen zu treffen.

Nur die Kosten, die durch eine bestimmungsgemäße Benutzung der **4**
Wand entstanden sind, müssen gemeinsam getragen werden. War die Benutzung unzulässig oder hat ein Nachbar die Kosten durch eine übermäßige und
nicht sachgerechte, schädigende Nutzung verursacht, so hat er die hierdurch
anfallenden Kosten allein zu tragen (*BGHZ* 78, 399; *Dehner,* B § 7 VI). War
die Mauer schon vor dem Anbau mangelhaft und ausbesserungsbedürftig, hat
der bisherige Alleineigentümer die Kosten insoweit allein zu tragen (*OLG
Celle* NJW 1958, 226).

3. Die Kosten der Beseitigung der Nachbarwand bei Gefahr tragen beide
Eigentümer (*Bassenge* in *Palandt,* § 922 Rdn. 3).

4. Beim **Abbruch** eines Gebäudes, das mit einem anderen eine gemein- **5**
same Nachbarwand hat, können sich vielfältige Probleme ergeben, wenn das
abgerissene Gebäude nicht oder nicht sofort wieder aufgebaut wird. Häufig
wird die Isolierung gegen Feuchtigkeit nicht ausreichen. In den meisten

Bundesländern enthalten die Nachbarrechtsgesetze keine Regelungen, wer die entsprechenden Sicherungsmaßnahmen vorzunehmen und die entstehenden Kosten zu tragen hat. Die Rechtsprechung ging aber darin, die Kosten dem aufzubürden, der die Nachbarwand ersatzlos abgebrochen hat (vgl. *BGH* WM 1981, 249; NJW 1989, 2541; *LG Heidelberg* DWW 1985, 182). In Niedersachsen bestimmt Abs. 3 im Anschluss an diese Rechtsprechung ausdrücklich, dass der Eigentümer des abgebrochenen Gebäudes die Außenfläche des bisher gemeinsam genutzten Teils der Wand in einen Zustand zu versetzen hat, der für eine Außenwand geeignet ist. Die nicht verputzte Wand ist in diesem Bereich, soweit notwendig, zu verputzen oder in anderer Weise gegen Feuchtigkeit zu isolieren. Löcher und Schlitze sind zu schließen. Etwas anderes gilt bezüglich des Instandsetzungsbedarfes, der unabhängig vom Abbruch des Gebäudes ohnehin bestanden hat. Hier gilt die Verpflichtung zur gemeinsamen Kostentragung, Abs. 3 S. 2, jedoch auch hier nur bezüglich des bisher gemeinsam genutzten Teils der Wand.

Die künftige Unterhaltung obliegt dem Eigentümer des bestehen gebliebenen Gebäudes (Abs. 3 S. 3).

6   Die **Nutzung** der Nachbarwand bis zum Anbau z.B. durch Anbringen von Werbetafeln steht bis zum Anbau ausschließlich ihrem Erbauer zu, es sei denn, die Beteiligten hätten etwas anderes vertraglich vereinbart (vgl. hierzu *Dröschel-Glaser*, § 12 Rdn. 13; *Bassenge* in *Palandt*, § 921 Rdn. 7; *Bassenge/Olivet*, § 4 Rdn. 14 sowie *BGH* DB 1975, 1843). Allerdings wird durch das Anbringen von Werbetafeln zusätzlicher Luftraum über dem Nachbargrundstück in Anspruch genommen. Das ist grundsätzlich nur unter den Voraussetzungen von § 905 Satz 2 BGB zulässig. Zur öffentlich-rechtlichen Zulässigkeit von Werbeanlagen siehe *OVG NRW* BauR 1989, 447; NVwZ 1993, 89. Im Rahmen des Anliegergebrauchs dürfen sie ggf. geringfügig in den Verkehrsraum hineinragen (vgl. *Sauthoff*, Rdn. 637). Auch Baustellenschilder können Werbeanlagen sein.

§ 11 Beseitigen der Nachbarwand vor dem Anbau

(1) [1]**Der Eigentümer des zuerst bebauten Grundstücks darf die Nachbarwand nur mit Einwilligung des Nachbarn beseitigen. [2]Die Absicht, die Nachbarwand zu beseitigen, muß dem Nachbarn schriftlich erklärt werden. [3]Die Einwilligung gilt als erteilt, wenn der Nachbar dieser Erklärung nicht innerhalb von zwei Monaten schriftlich widerspricht. [4]Für die Erklärung gilt § 8 Abs. 3 entsprechend.**

(2) **Die Einwilligung gilt trotz Widerspruchs als erteilt, wenn**
1. **der Nachbar nicht innerhalb von sechs Monaten nach Empfang der Erklärung einen Bauantrag zur Errichtung eines Anbaus einreicht oder die bauaufsichtliche Zustimmung hierfür beantragt oder, falls das Vorhaben weder einer Baugenehmigung noch einer bauaufsichtlichen Zustimmung bedarf, die erforderlichen Unterlagen einreicht,**
2. **die Versagung der für die Errichtung eines Anbaus erforderlichen Baugenehmigung oder bauaufsichtlichen Zustimmung nicht mehr angefochten werden kann oder**

3. **nicht innerhalb eines Jahres nach Eintritt der Unanfechtbarkeit der Baugenehmigung oder der bauaufsichtlichen Zustimmung oder, falls das Vorhaben weder einer Baugenehmigung noch einer bauaufsichtlichen Zustimmung bedarf, nach Vorliegen der Bestätigung der Gemeinde nach § 69 a Abs. 5 Satz 1 der Niedersächsischen Bauordnung mit der Errichtung eines Anbaus begonnen wird.**

(3) [1]**Beseitigt der Erstbauende die Nachbarwand rechtswidrig ganz oder teilweise, so kann der anbauberechtigte Nachbar auch ohne Verschulden des Erstbauenden Schadensersatz verlangen.** [2]**Der Anspruch wird fällig, wenn das spätere Bauwerk im Rohbau hergestellt ist.**

1. Die Nachbarwand steht bis zum Anbau durch den Nachbarn im Allein- 1
eigentum des Erbauers. Daraus würde an sich folgen, dass er sie auch wieder beseitigen kann. Die Nachbarrechtsgesetze anderer Länder enthalten auch entsprechende Bestimmungen. Niedersachsen ist dem nicht gefolgt. Hier ist gem. Abs. 1 die Beseitigung nur zulässig, wenn der andere Grundstücksnachbar in die Beseitigung einwilligt. Die Einwilligung ist formlos wirksam.

2. Die Absicht, die Nachbarwand vor einem Anbau zu beseitigen, ist dem 2
anderen Grundstückseigentümer **anzuzeigen,** und zwar schriftlich, Abs. 1 S. 2. Eine nur mündlich abgegebene Erklärung ist grundsätzlich unwirksam, es sei denn, die Berufung auf die mangelnde Schriftform würde einen Verstoß gegen Treu und Glauben (§ 242 BGB) darstellen, vgl. hierzu § 12 Rdn. 1). Nicht geregelt ist, ob eine Anzeige auch dann notwendig ist, wenn der Nachbar seine Einwilligung bereits erteilt hat.

Ein Widerspruch gegen die Entfernung der Nachbarwand kommt praktisch nur in Betracht, wenn der Platz neben der Wand noch frei ist und noch angebaut werden kann. Steht dort bereits eine Grenzwand, so wäre ein Widerspruch rechtsmißbräuchlich, es sei denn der Abbruch der Grenzwand wäre beabsichtigt (*Lehmann,* § 11 Anm. 2).

Adressat der Anzeige ist der Nachbar. S. § 1. § 8 Abs. 3 gilt entsprechend, § 11 Abs. 1 S. 4.

3. Das Gesetz **fingiert** die Erteilung einer **Einwilligung** in zwei Fall- 3
gruppen:
a) Gem. Abs. 1 S. 3 gilt die Einwilligung als erteilt, wenn dem Nachbarn die Absicht, die Nachbarwand zu entfernen, wirksam gem. S. 2 mitgeteilt worden ist und dieser nicht innerhalb von zwei Monaten der Anzeige schriftlich widerspricht.
b) Trotz wirksam erklärten Widerspruchs gilt die Einwilligung gem. § 11 **Abs. 2** in der mit Wirkung vom 1. 10. 2006 geänderten Fassung in folgenden Fällen als erteilt:
aa) Wenn der Nachbar **nicht** innerhalb von 6 Monaten nach Empfang der Erklärung nach Abs. 1 S. 2
– einen Bauantrag zur Errichtung des Anbaus einreicht oder die bauaufsichtliche Zustimmung hierfür beantragt, Abs. 2 Nr. 1, 1. Fall. Der Antrag auf Genehmigung ist bei der Gemeinde einzureichen.

Diese wird von der Bauaufsichtsbehörde erteilt, §§ 71, 73 NBauO. Die bauaufsichtliche Zustimmung betrifft Bauvorhaben des Bundes oder des Landes. Vgl. § 82 NbauO. Dieser letztere Teil ist neu eingefügt, der erste nur unwesentlich umformuliert worden. Oder
– falls das Vorhaben weder einer Genehmigung noch Zustimmung bedarf, er die erforderlichen Unterlagen einreicht, Abs. 2 Nr. 1, 2. Fall. Dieser Teil ist neu. Baumaßnahmen bedürfen gem. § 68 Abs. 1 einer Baugenehmigung, wenn sich aus § 68 Abs. 1 (Vorliegen einer Erlaubnis nach § 14 Geräte- und Produktionssicherheitsgesetz) und §§ 69, 70, 82 und 84 NBauO nichts anderes ergibt.
c) wenn die Versagung der für den Anbau erforderlichen Baugenehmigung oder der bauaufsichtlichen Zustimmung nicht mehr angefochten werden kann, Nr. 2. Das ist dann der Fall, wenn der Bescheid bestandskräftig geworden ist, weil Widerspruchs- oder Klagefristen versäumt oder eine etwaige Klage rechtskräftig abgewiesen worden ist; neu ist insoweit die Nichtanfechtbarkeit der Versagung der Zustimmung. Oder
d) wenn nicht innerhalb eines Jahres mit dem Anbau begonnen worden ist, nachdem
    aa) die Baugenehmigung oder die bauaufsichtliche Zustimmung unanfechtbar geworden ist oder
    bb) wenn das Vorhaben weder einer Baugenehmigung noch einer bauaufsichtlichen Zustimmung bedarf, die Bestätigung der Gemeinde nach § 69 a Abs. 5 Satz 1 NBauO vorliegt, Nr. 3.
Bis zum 1. 10. 2006 wurde hier nur das Nichtgebrauchmachen von einer Baugenehmigung aufgeführt.

4   **4.** Hat der Eigentümer die Nachbarwand ganz oder teilweise beseitigt, obwohl er hierzu nicht berechtigt war, ist er dem Nachbarn zum vollen **Schadensersatz** verpflichtet (Abs. 3). Die Verpflichtung zum Schadensersatz setzt kein Verschulden des Erstbauenden oder seiner etwaigen Hilfsperson voraus. Der Umfang des Schadensersatzanspruches richtet sich nach § 249 BGB. Ein Anspruch auf Wiederherstellung der Wand besteht nicht (*Bassenge/Olivet*, § 9 Rdn. 8).

5   Der Nachbar ist kostenmäßig so zu stellen, als ob er bei der späteren Errichtung seiner baulichen Anlage an eine Nahbarwand angebaut hätte. Er hat danach Anspruch auf Ersatz der Kosten für die Errichtung der nun notwendig gewordenen eigenen Grenzwand – abzüglich des Betrages, den er aufgrund von § 7 Abs. 2 ff hätte zahlen müssen – sowie auf Entschädigung dafür, dass er für die Errichtung der Grenzwand eine zusätzliche Fläche seines eigenen Grundstücks in Anspruch nehmen muss; die Nachbarwand steht nämlich nur zum Teil, in der Regel zur Hälfte, auf dem Grundstück des Nachbarn, während die nunmehr errichtete zweite Wand ganz auf seinem Grundstück gebaut werden muss. Ihm geht entsprechender Innenraum verloren (*Lehmann,* § 11 Anm. 8). Der Anspruch wird bei der Fertigstellung des Rohbaus des späteren Gebäudes fällig. S. hierzu § 7 Rdn. 12. Kein Schadensersatzanspruch besteht,

wenn der Nachbar sein Grundstück überhaupt nicht bebaut oder jedenfalls nicht angebaut hätte oder ein Anbau nicht zulässig gewesen wäre.

5. Die dreijährige Verjährungsfrist gem. § 2 n.F. in Verb. mit § 199 6 Abs. 1 BGB beginnt frühestens mit der Fertigstellung des späteren Bauwerks im Rohbau, da der Schadensersatzanspruch gemäß Abs. 3 Satz 2 erst in diesem Augenblick fällig wird. S. im übrigen § 2.

§ 12 Erhöhen der Nachbarwand

(1) ¹Jeder Nachbar darf die Nachbarwand auf seine Kosten erhöhen, wenn der andere Nachbar schriftlich einwilligt; bei der Erhöhung sind die allgemein anerkannten Regeln der Baukunst zu beachten. ²Die Einwilligung muß erteilt werden, wenn keine oder nur geringfügige Beeinträchtigungen des eigenen Grundstücks zu erwarten sind. ³Für den hinzugefügten oberen Teil der Nachbarwand gelten die Vorschriften des § 5 Abs. 1 und der §§ 7 bis 11.

(2) Der höher Bauende darf – soweit erforderlich – auf das Nachbardach einschließlich des Dachtragwerkes einwirken; er hat auf seine Kosten das Nachbardach mit der erhöhten Nachbarwand ordnungsgemäß zu verbinden.

(3) Wird die Nachbarwand nicht in voller Dicke erhöht, so ist die Erhöhung, wenn die Nachbarn nichts anderes vereinbart haben, auf der Mitte der Wand zu errichten.

1. Die Erhöhung der Nachbarwand ist mit schriftlicher Einwilligung des 1 Nachbarn zulässig. Gemäß § 126 Abs. 1 BGB muss die Urkunde von dem Aussteller eigenhändig durch Namensunterschrift oder mittels notariell beglaubigten Handzeichens unterzeichnet werden. Das Erfordernis der Eigenhändigkeit bedeutet, dass mechanische oder faksimilierte Unterschriften sowie Übermittlung der Einwilligung durch Fernschreiber, Telefax oder Telegramme nicht genügen (*BGHZ* 24, 298; 121, 224; *Heinrichs* in *Palandt,* § 126 Rdn. 7, 11). Nach §§ 126 Abs. 3, 126a BGB, in Kraft getreten am 1. 8. 2001, kann eine Unterschrift unter bestimmten Voraussetzungen auch in elektronischer Form erfolgen. Vgl. hierzu *Heinrichs* in *Palandt,* § 126 Rdn. 12a, § 126a Rdn. 1ff). Es genügt die Unterschrift mit dem Familiennamen ohne Hinzufügung eines Vornamens. Andererseits reicht die Unterschrift nur mit dem Vornamen nicht aus, abgesehen bei bestimmten Personengruppen wie z.B. dem Hochadel oder kirchlichen Würdenträgern (*BGH* NJW 2003, 1120). Ein Bevollmächtigter darf mit dem Namen des Vollmachtgebers unterzeichnen, denn eigenhändig bedeutet nicht, dass der Aussteller mit eigenem Namen zeichnen muss (*BGH* 45, 195). Unterschreibt er mit eigenem Namen, muss das Vertretungsverhältnis durch einen entsprechenden Zusatz in der Urkunde zum Ausdruck kommen. Die schriftliche Form kann durch die notarielle Beurkundung ersetzt werden (§ 126 Abs. 4 BGB). Entsprechendes gilt für einen gerichtlichen Vergleich (§ 127a BGB).

Die nicht formgerechte Einwilligung ist nichtig (§ 125 BGB). Sie kann aber gleichwohl gem. § 242 BGB als wirksam behandelt werden, wenn es nach den gesamten Umständen mit Treu und Glauben unvereinbar wäre, die Abrede am Formmangel scheitern zu lassen. Haben beide Parteien den Formmangel gekannt, ist § 242 BGB unanwendbar (*Heinrichs* in *Palandt*, 125 Rdn. 19). Wer den Nachbarn arglistig von der Wahrung der Schriftform abgehalten hat, darf sich auf den Formmangel nicht berufen. Vgl. hierzu *Heinrichs* in *Palandt*, § 125 Rdn. 22.

Die allgemein anerkannten Regeln der Baukunst sind zu beachten; insbesondere dürfen Wand und Fundamente nicht überlastet werden. Die Verantwortung hierfür trifft denjenigen, der die Nachbarwand erhöht. Wird die Nachbarwand durch die beabsichtigte Erhöhung gefährdet, so hat sie zu unterbleiben.

Die Einwilligung muss erteilt werden, wenn für das eigene Grundstück keine oder nur geringfügige Beeinträchtigungen zu erwarten sind, Abs. 1 S. 2. Ob eine wesentliche Beeinträchtigung zu befürchten ist, richtet sich nach den Umständen des Einzelfalles. Geringfügige Beeinträchtigungen sind regelmäßig Putzschäden sowie eine unvermeidliche Lärmbelästigung (*Zimmermann/Steinke*, § 15 Anm. 2). Eine Erhöhung, die den Regeln der Baukunst sowie dem öffentlichen Baurecht entspricht, wird in der Regel unbedenklich sein. Ist die zu erwartende Beeinträchtigung nicht als geringfügig anzusehen, braucht der Nachbar die Einwilligung nicht zu erteilen, er kann es aber.

2   2. Für den hinzugefügten oberen Teil der Nachbarwand gelten folgende Vorschriften entsprechend:

§ 5 Abs. 1 (Beschaffenheit der Nachbarwand), § 7 (Anbaurecht, Anbauvergütung), § 8 (Anzeige des Anbaus), § 9 (Abbruch des erhöhten Teils); § 10 (Unterhaltungskosten) und § 11 (Beseitigungsrecht).

3   3. Das **Recht auf Erhöhung** steht nicht nur ihrem Erbauer, sondern auch dem Grundstücksnachbarn zu. Er kann die Nachbarwand auch vor dem Anbau erhöhen, wenn er demnächst an die erhöhte Nachbarwand anbauen will (*Dröschel/Glaser*, § 15 Rdn. 3; *Hodes/Dehner*, § 6 Rdn. 1).

Die Erhöhung kann in voller Dicke, aber auch in geringerer Stärke vorgenommen werden (*Hodes/Dehner*, § 6 Rdn. 1), sofern die Parteien nichts Abweichendes vereinbart haben; ferner ist es zulässig, nur einen Teil der Wand zu erhöhen. Zu beachten ist, dass auch der erhöhte Teil der Nachbarwand beiden Nachbarn in gleicher Weise dienen soll. Deshalb wird in der Regel nur eine Erhöhung in voller Dicke in Betracht kommen (*Dehner*, B § 10 I 2 e). An die Erhöhung kann gem. Abs. 1 in Verb. mit § 7 angebaut werden. Wegen der Vergütung s. § 7 Abs. 3 ff.

4   4. Wird die Wand nicht in voller Dicke erhöht, so ist diese gem. Abs. 3 mittig vorzunehmen, um beiden Nachbarn den gleichen Raum beim Anbau an die Erhöhung einzuräumen. Das ergibt sich im Übrigen aber auch aus der Rechtsnatur der Nachbarwand (*BGH* NJW 1970, 97). Abweichende Vereinbarungen sind zulässig.

Wird hingegen die Erhöhung nicht auf die Mitte der vorhandenen Wand, 5
sondern auf den äußeren Rand gesetzt und zum Nachbargrundstück hin
bündig hochgezogen, kann von einem gleichmäßigen Vorteil keine Rede
sein. Der zusätzliche Raum, den sich der Bauende hierdurch schafft, geht
seinem Nachbarn, falls er an die Erhöhung anbaut, verloren (*BGH NJW*
1970, 97). In diesem Falle hat er die Rechte aus § 7 Abs. 4.

5. Nach Abs. 2 darf der **höher Bauende** soweit erforderlich auf das Nach- 6
bardach einschließlich des Tragwerkes einwirken. Er muss das Nachbardach
auf eigene Kosten ordnungsgemäß mit der Nachbarwand verbinden. Insbesondere darf an der Anschlussstelle keine Feuchtigkeit eindringen können.

6. Bezüglich der **Eigentumsverhältnisse** an der erhöhten Nachbarwand 7
gilt nach der Rechtsprechung des BGH folgendes:
- Erfolgt die Erhöhung vor dem Anbau durch den Nachbarn, so steht die
  ganze Nachbarwand einschließlich der Erhöhung im Alleineigentum ihres
  Erbauers, und zwar ohne Rücksicht darauf, wer die Erhöhung vorgenommen hat.
- Wird die Nachbarwand nach erfolgtem Anbau erhöht, so erstreckt sich das
  an der Nachbarwand bestehende Miteigentum des Erbauers der Wand
  und des Nachbarn auf die Erhöhung. Es ändert sich lediglich die Quote
  des Miteigentums zugunsten desjenigen, der die Nachbarwand erhöht hat.
- Wird an die bereits erhöhte Nachbarwand angebaut, verliert der Erbauer
  der Wand sein Alleineigentum; es entsteht Miteigentum nach Bruchteilen.
  Bei vollem Anbau, auch an die Erhöhung, entsteht Miteigentum je zur
  Hälfte, in anderen Fällen entsprechend dem Verhältnis der zum Anbau
  benutzten Fläche zur Gesamtfläche der Nachbarwand. Vgl. hierzu *Dehner,*
  B § 10 II 1, *Hodes/Dehner,* § 6 Rdn. 3.

§ 13 Verstärken der Nachbarwand

**¹Jeder Nachbar darf die Nachbarwand auf seinem Grundstück ver-
stärken, soweit es nach den allgemein anerkannten Regeln der Baukunst
zulässig ist. ²Die Absicht der Verstärkung ist zwei Monate vor Beginn
der Bauarbeiten anzuzeigen; § 8 gilt entsprechend.**

1. Die Verstärkung der Nachbarwand ist ohne Zustimmung des Nachbarn 1
jederzeit, d. h. auch nach einem Anbau durch den Nachbarn, zulässig, soweit
die Verstärkung auf dem eigenen Grundstück vorgenommen wird; eine
Verstärkung auf dem Nachbargrundstück setzt die Einwilligung des Nachbarn voraus, da in dessen Grundeigentum eingegriffen wird.

Unter **Verstärken** einer Wand versteht man Maßnahmen, die dazu die- 2
nen, die Tragfähigkeit der Wand oder ihre Schall- und Wärmedämmung
zu erhöhen. Eine Verstärkung im Sinne von § 13 liegt jedoch nicht schon
dann vor, wenn neben der Nachbarwand eine weitere Wand errichtet
wird; vielmehr muss zwischen der Verstärkung und der Nachbarwand eine

feste Verbindung bestehen (vgl. *Lehmann,* § 13 Anm. 1; *Hodes/Dehner,* § 7 Rdn. 1). Insoweit darf auch in den Besitz des Nachbarn eingegriffen werden (vgl. hierzu *Lehmann,* § 13 Anm. 3). Die Verstärkung muss nach den allgemein anerkannten Regeln der Baukunst zulässig sein.

3 2. Die Kosten der Verstärkung hat derjenige zu tragen, der sie vornimmt, es sei denn, es handelt sich um eine notwendige Unterhaltungsmaßnahme. Ein evtl. Ausgleich im Falle des Anbaus an die verstärkte Wand erfolgt gem. § 7 Abs. 2 ff.

§ 8 ist entsprechend anwendbar. Das Recht zur Verstärkung der Nachbarwand besteht deshalb nur, wenn die entsprechende Absicht den in § 8 genannten Personen angezeigt worden ist. Vor Fristablauf darf mit den Arbeiten nicht begonnen werden. S. im Übrigen § 8.

Für Schäden, die in Ausübung des Rechtes gemäß § 13 entstehen, haftet der Eigentümer bzw. Erbbauberechtigte gemäß § 14 ohne Rücksicht auf ein Verschulden. Vgl. im Übrigen Anm. zu § 14.

4 3. Die **Eigentumsverhältnisse** an der Verstärkung bzw. an der verstärkten Nachbarwand richten sich nach den allgemeinen Regeln des BGB. Erfolgt die Verstärkung vor dem Anbau, so steht die gesamte Wand im Alleineigentum ihres Erbauers ohne Rücksicht darauf, wer die Verstärkung vorgenommen hat. Bei einer Verstärkung der Wand nach dem Anbau erstreckt sich nach der Rechtsprechung des *BGH* das an der Wand bestehende Miteigentum der beteiligten Grundstückseigentümer auch auf die Verstärkung. Die Quote desjenigen, der die Verstärkung vorgenommen hat, erhöht sich jedoch entsprechend. Vgl. auch § 7 Rdn. 3, 5 sowie *Hodes/Dehner,* § 7 Rdn. 3; *Dehner,* B § 10 II 2b cc. A. A. *Bassenge/Olivet,* § 10 Rdn. 11 mit der Begründung, dass die Miteigentumsquote unabhängig davon sei, ob die Wand mittig auf der Grenze stehe.

§ 14 Schadensersatz

(1) [1]**Schaden, der durch Ausübung des Rechtes nach § 13 dem Eigentümer des anderen Grundstücks oder den Nutzungsberechtigten entsteht, ist auch ohne Verschulden zu ersetzen.** [2]**Hat der Geschädigte den Schaden mitverursacht, so hängt die Ersatzpflicht sowie der Umfang der Ersatzleistung von den Umständen ab, insbesondere davon, inwieweit der Schaden vorwiegend von dem einen oder anderen Teil verursacht worden ist.**

(2) **Auf Verlangen ist Sicherheit in Höhe des möglichen Schadens zu leisten, wenn mit einem Schaden von mehr als 3000 Euro zu rechnen ist; in einem solchen Falle darf das Recht erst nach Leistung der Sicherheit ausgeübt werden.**

1 1. Schäden, die bei der Ausübung des Rechts nach § 13 entstehen, sind zu **ersetzen,** ohne dass es auf ein Verschulden ankommt. Der Umfang des Anspruchs richtet sich nach allgemeinen Regeln (§ 249 BGB). Gem. § 252

BGB ist auch ein entgangener Gewinn zu ersetzen. Eine Mitverursachung des Schadens durch den Geschädigten kann gemäß Abs. 1 S. 2, § 254 BGB zur Verringerung des Ersatzanspruches führen. Es sind nur Schäden zu ersetzen, die in Ausübung des Rechts und nicht nur bei Gelegenheit entstehen und mit der Ausübung in keinem Zusammenhang stehen.

2. Schadensersatzpflichtig ist der Eigentümer, Erbbau- oder Nutzungsbe- 2
rechtigte, der das Recht ausübt. Dabei ist es unerheblich, ob sie selbst gehandelt oder sich der Hilfe anderer Personen bedient haben. Anspruchsberechtigt sind der Eigentümer bzw. Erbbauberechtigte und die Nutzungsberechtigten, soweit ihnen ein Schaden entstanden ist. Andere Personen können ihre Ansprüche nur auf § 823 BGB stützen. Diese Anspruchsgrundlage setzt Verschulden voraus.

3. Auf Verlangen ist Sicherheit in Höhe des voraussichtlichen Schadens- 3
betrages zu leisten, wenn mit einem höheren Schaden als 3000 Euro zu rechnen ist. Dann darf das Recht erst nach Leistung der Sicherheit ausgeübt werden. Anspruchsberechtigt sind der Eigentümer bzw. der Erbbauberechtigte, ein Nutzungsberechtigter nur dann, wenn der Schaden ihn zu treffen droht. Vgl. *Hodes/Dehner,* § 29 Rdn. 1.

§ 15 Erneuerung einer Nachbarwand

¹Wird eine Nachbarwand, neben der ein später errichtetes Bauwerk steht, abgebrochen und durch eine neue Wand ersetzt, so darf die neue Wand über die Grenze hinaus auf der alten Stelle errichtet werden. ²Soll die neue Nachbarwand in Bauart oder Bemessung von der früheren abweichen, so sind die §§ 12 bis 14 entsprechend anzuwenden.

1. Diese Vorschrift regelt den besonderen Fall, dass eine Nachbarwand, an 1
die nicht angebaut worden ist, sondern neben der ein Gebäude mit einer eigenständigen Wand errichtet worden ist, von ihrem Eigentümer abgebrochen wird und dieser nunmehr wieder eine Nachbarwand errichten will. § 15 gewährt ihm in diesem Fall das Recht, die Nachbarwand an der alten Stelle neu zu errichten. Das Nachbargrundstück darf im bisherigen Umfang in Anspruch genommen werden. Die Wand muss zum Anbau geeignet sein. Ein erneutes Einvernehmen ist nicht erforderlich. Auch eine Anzeigepflicht besteht nicht.

2. Soll die Wand in abgeänderter Form errichtet werden, sind gem. S. 2 2
§§ 12 bis 14 entsprechend anzuwenden. Eine Erhöhung ist demnach nur mit schriftlicher Einwilligung des Nachbarn zulässig, eine Verstärkung auf dem eigenen Grundstück hingegen ohne.
Stellt die neue Wand keine Nachbarwand mehr dar, weil sie z.B. nicht zum Anbau geeignet ist, darf sie nur mit schriftlicher Einwilligung des Nachbarn unter in Anspruchnahme seines Grundstücks errichtet werden. Erteilt dieser sein Einverständnis nicht, kann nur eine Grenzwand errichtet werden.

Dritter Abschnitt. Grenzwand

§ 16 Errichtung einer Grenzwand

(1) [1]Wer an der Grenze zweier Grundstücke, jedoch ganz auf seinem Grundstück, eine Wand errichten will (Grenzwand), hat dem Nachbarn die Bauart und Bemessung der beabsichtigten Wand anzuzeigen. [2]§ 8 Abs. 2 und 3 ist entsprechend anzuwenden. [3]Als Grenzwand gilt auch eine neben einer Nachbarwand oder neben einem Überbau geplante Wand.

(2) [1]Der Nachbar kann innerhalb eines Monats nach Zugang der Anzeige verlangen, die Grenzwand so zu gründen, daß zusätzliche Baumaßnahmen vermieden werden, wenn er später neben der Grenzwand ein Bauwerk errichtet oder erweitert. [2]Mit den Arbeiten darf, wenn nichts anderes vereinbart wird, erst nach Ablauf der Frist begonnen werden.

(3) [1]Die durch das Verlangen nach Absatz 2 entstehenden Mehrkosten sind zu erstatten. [2]In Höhe der voraussichtlich erwachsenden Mehrkosten ist auf Verlangen des Bauherrn binnen zwei Wochen Vorschuß zu leisten. [3]Der Anspruch auf die besondere Gründung erlischt, wenn der Vorschuß nicht fristgerecht geleistet wird.

(4) Soweit der Bauherr die besondere Gründung innerhalb von fünf Jahren seit der Errichtung auch zum Vorteil seines Bauwerks ausnutzt, beschränkt sich die Erstattungspflicht des Nachbarn auf den angemessenen Kostenanteil; darüber hinaus gezahlte Kosten können zurückgefordert werden.

1   **1.** Bundesrechtliche Vorschriften, die das Errichten einer Grenzwand regeln, gibt es nicht. Von der Nachbarwand unterscheidet sich die Grenzwand dadurch, dass sie an der Grenze, aber ganz auf dem **Grundstück des Erbauers** steht und das Nachbargrundstück nicht in Anspruch nimmt. Ein ganz geringfügiger Abstand zur Grenze kann dabei außer Betracht bleiben (*Bassenge/Olivet*, § 11 Rdn. 3; *Hülbusch/Bauer/Schlick*, § 13 Rdn. 4). Offen gelassen vom *BGH* bei einem Grenzabstand von 0,60 m (*BGH* NJW 1997, 2595). Eine Einwilligung des Nachbarn in den Bau einer Grenzwand ist nicht erforderlich, da sein Grundstück anders als bei der Nachbarwand nicht in Anspruch genommen wird. Allerdings ist der Bau anzuzeigen, s. Rdn. 3.

Kraft ausdrücklicher gesetzlicher Regelung ist in Niedersachsen Grenzwand auch eine solche Wand, die neben einer Nachbarwand oder einem Überbau, also in einem geringem Abstand zur eigenen Grenze errichtet wird, Abs. 1 S. 2.

Wegen der Errichtung einer Wand über die Grenze, ohne dass die Vorschriften über die Nachbarwand anwendbar sind, s. § 22.

Öffentlich-rechtlich ist zu beachten, ob die einschlägigen Vorschriften die Errichtung des Gebäudes unmittelbar an der Grenze zulassen oder ob eine Abstandsfläche von der Bebauung freizuhalten ist. Vgl. hierzu z.B. § 61 sowie §§ 7ff NBauO (§ 61 Rdn 11 ff) sowie etwaige Bebauungspläne.

2. Da sie nicht von der Grenze durchschnitten wird, stellt die Grenzwand **2** keine **Grenzeinrichtung** im Sinne von § 921 BGB dar. Daran ändert sich auch durch einen späteren Anbau nichts. Vgl. *BGH* NJW-RR 2001, 1528; ZMR 1978, 122; *OLG Frankfurt/M.* NJW 1992, 464; *Bassenge* in *Palandt,* § 921 BGB Rdn. 15. Der Nachbar hat deshalb kein Nutzungsrecht, insbesondere auch kein Recht zum Anbau ohne Einwilligung des Eigentümers (vgl. § 18). Zur Rechtslage, wenn nicht der Grundstückseigentümer, sondern ein Dritter (Mieter, Pächter) die Grenzwand errichtet, s. *Dehner,* B § 8 a II 2 e.

Wird eine Grenzwand als Teil eines Gebäudes ganz auf dem dem anderen Nachbarn gehörenden Grundstück errichtet, so liegt ein Überbau i.S. § 912 BGB vor, der grundsätzlich nur beim Vorliegen dieser Vorschrift geduldet zu werden braucht (*Bassenge* in *Palandt,* § 921 BGB Rdn. 14). In Niedersachsen sind in diesem Falle gem. § 22 aber die Vorschriften über die Grenzwand anzuwenden.

Die Grenzwand steht vor dem Anbau durch den Nachbarn wie das Grundstück, auf dem sie errichtet worden ist, im **Alleineigentum** des Grundstückseigentümers, der sie erbaut hat (§ 93 Abs. 1 BGB). Hieran ändert sich auch nichts, wenn sie ohne Zutun des Grundstückseigentümers talabwärts driftet und die Mauer auf das Nachbargrundstück verschoben wird (*OLG Frankfurt/M.* NJW-RR 1992, 464). Er kann sie deshalb bis zum Anbau ganz oder teilweise beseitigen, sofern die Nachbarn nichts Abweichendes vereinbart haben. Ein Nutzungsrecht steht dem anderen Nachbarn nicht zu. Vgl. hierzu *Hülbusch/Bauer/Schlick,* § 14 Rdn. 11. Der Eigentümer hat auch das alleinige Nutzungsrecht, z.B. als Werbefläche. Baut der Nachbar an die Grenzwand an, so ändert sich die Eigentumslage nicht; der Erbauer der Wand bleibt Alleineigentümer (*BGH* NJW 1964, 1221 = *BGHZ* 41 S. 177; *Glaser-Dröschel,* Das Nachbarrecht in der Praxis, S. 342; *Bassenge* in *Palandt,* § 921 Rdn. 15). Anderer Ansicht *Hodes/Dehner,* § 8 Rdn. 5, der annimmt, dass sich durch den Anbau des Nachbarn an die Grenzwand des ersterbauten Gebäudes das Alleineigentum in Miteigentum der beteiligten Eigentümer umwandelt. Über die Unterhaltungskosten der Grenzwand vgl. § 18 Rdn. 6.

3. Die Absicht, eine Grenzwand zu errichten, ist dem Nachbarn schriftlich **3** anzuzeigen, Abs. 1 S. 1. In der Anzeige sind Bauart und Bemessung anzugeben. Dazu gehört auch die Angabe der Gründungstiefe und etwaiger Sicherungsmaßnahmen (vgl. *Lehmann,* § 16 Anm. 5). Diese Verpflichtung besteht auch dann, wenn auf dem Nachbargrundstück bereits ein Gebäude an der Grenze errichtet worden ist. Die Anzeige soll nicht nur den Anspruch auf eine besondere Gründung nach Abs. 2 sichern, sondern den anderen Nachbarn in die Lage versetzen zu prüfen, ob sein Gebäude durch die beabsichtigten Baumaßnahmen gefährdet werden kann (vgl. *Schäfer,* § 21 NRW, Rdn. 4). **Adressat** der Anzeige ist der Nachbar, also der Eigentümer bzw. Erbbauberechtigte des Nachbargrundstücks. § 8 Abs. 2 und 3 sind entsprechend anwendbar.

4   **4.** Wenn ein Gebäude unmittelbar neben einem bereits fertig gestellten errichtet werden soll, können sich besondere Gründungsprobleme ergeben. Ggf. muss die erste Wand abgesichert oder unterfangen werden, damit das Gebäude nicht die erforderliche Stütze verliert, vgl. hierzu § 909 BGB sowie § 18 NBauO.

Diese **zusätzlichen Baumaßnahmen** und die damit regelmäßig entstehenden zusätzlichen Kosten will das Gesetz vermeiden, indem es dem Nachbarn das Recht gibt, innerhalb eines Monats nach Zugang der Anzeige gem. Abs. 1 eine besondere Gründung der Grenzwand zu verlangen, Abs. 2. Der Erbauer der Grenzwand ist auf Grund von § 16 Abs. 2 nur zu Maßnahmen verpflichtet, welche die Errichtung einer zweiten Wand neben der Grenzwand ermöglichen. Besondere Parteivereinbarungen gehen vor. Insbesondere können die Nachbarn auch **vereinbaren,** dass die zuerst erbaute Wand so tief und tragend gebaut wird, dass der andere Nachbar technisch nicht nur eine zweite Grenzwand neben der ersten errichten, sondern sogar an die erste Wand anbauen kann. Vgl. dazu § 18. Einen gesetzlichen Anspruch anzubauen hat er jedoch nicht.

5   **5.** Mit dem Bau der Grenzwand darf erst **nach Ablauf der Frist** in Abs. 2 begonnen werden (Abs. 2 S. 2), sofern der Nachbar keinem früheren Baubeginn zugestimmt hat. Das Gesetz schreibt dies – im Gegensatz zu anderen Ländern – ausdrücklich vor.

Ein früherer Beginn ist rechtswidrig und könnte ggf. durch Erlass einer einstweiligen Verfügung unterbunden werden. Entsprechendes gilt, wenn die Anzeige gänzlich unterlassen wird.

Verweigert der Bauherr die besondere Gründung der Grenzwand, obwohl die Voraussetzungen des § 16 Abs. 2 vorliegen, macht er sich, sofern ihm ein Verschulden (§ 276 BGB) zur Last fällt, gemäß §§ 280, 249 BGB schadensersatzpflichtig (*Dröschel/Glaser,* § 21 Rdn. 10; *Hülbusch/Bauer/Schlick,* § 13 Rdn. 17). Er kann aber auch auf Vornahme der besonderen Gründung verklagt werden. Der Beginn oder die Fortsetzung der Arbeiten ohne die Vornahme der besonderen Gründung kann ggf. durch eine einstweilige Verfügung verhindert werden (vgl. *Bassenge/Olivet,* § 12 Rdn. 4; *Lehmann,* § 16 Anm. 6).

6   **6.** Die **schuldhafte Verletzung** der Anzeigepflicht begründet einen Schadensersatzanspruch. Der Nachbar ist so zu stellen, als ob die Anzeige ordnungsgemäß erfolgt sei. Zu ersetzen sind außer den reinen Baumehrkosten die Aufwendungen für zusätzliche Stützungs- oder Unterfangungsmaßnahmen sowie zusätzliche Architekten- und Statikerkosten. Abzusetzen sind die Kosten, die nach Abs. 3 ohnehin zu zahlen gewesen wären. Auch eine

unvollständige oder unrichtige Anzeige kann Schadensersatzansprüche aus-
lösen (*Dröschel/Glaser,* § 21 Rdn. 8; *Zimmermann/Steinke,* § 21 Anm. 4).

7. Die **Mehrkosten** für die besondere Gründung (Baukosten, Architek- 7
ten- und Statikerkosten) sind gem. Abs. 3 zu erstatten. Die Wahl des Bauunternehmers steht dem Bauherrn frei. Zu erstatten sind die tatsächlich
angefallenen Kosten. Der Nachbar kann nicht einwenden, ein anderer Un-
ternehmer hätte billiger gearbeitet, es sei denn, die Kosten wären zu seinen
Ungunsten übersetzt. Einen festen Zahlungstermin sieht das Gesetz nicht
vor. S. hierzu Rdn. 10. Es empfiehlt sich deshalb, einen Vorschuss zu verlangen.
   In Höhe der voraussichtlichen Mehrkosten ist auf Verlangen binnen zwei 8
Wochen Vorschuss zu leisten. Wird dieser nicht rechtzeitig gezahlt, kann er
zwar nicht eingeklagt werden, jedoch erlischt der Anspruch auf besondere
Gründung. Der Anspruch auf Leistung eines Vorschusses kann nicht dadurch
abgewendet werden, dass Sicherheitsleistung angeboten wird.

   8. Nutzt der Erstbauende die besondere Gründung auch für sein Gebäude 9
aus, indem er ein größeres oder höheres Gebäude als ursprünglich geplant
errichtet oder sein Gebäude unterkellert, weil er die Gründung der Grenzwand ohnehin auf Verlangen des Nachbarn herstellen muss, so **ermäßigt**
sich der ihm aufgrund von Absatz 3 zustehende Anspruch auf einen angemessenen Kostenanteil. Dient die besondere Gründung beiden Grundstücksnachbarn in gleicher Weise, besteht keine Erstattungspflicht. Bereits
erbrachte Leistungen können zurückgefordert werden, auch wenn der Erstbauende die besondere Gründung der Nachbarwand erst später ausnutzt. Zu
berücksichtigen sind allerdings nur Baumaßnahmen, die innerhalb von fünf
Jahren nach der Errichtung der Grenzwand erfolgen (Abs. 4).

   9. Nicht geregelt ist, wann der Anspruch auf Zahlung der Mehrkosten 10
(nicht des Vorschusses) **fällig** wird. Es gelten daher die allgemeinen Regeln.
Zumindest muss der Anspruch des Bauunternehmers gegen den Bauherrn
fällig geworden sein. Da es sich um einen Erstattungsanspruch handelt, muss
regelmäßig auch bereits gezahlt worden sein. Es empfiehlt sich daher, einen
Vorschuss zu verlangen.
   Die Unterhaltungskosten der Grenzwand bis zu einem Anbau trägt ihr Er- 11
bauer. Wegen der Zeit nach einem Anbau s. § 18 Rdn. 6.

§ 17 Veränderung oder Abbruch einer Grenzwand

¹**Wer eine Grenzwand erhöhen, verstärken oder abbrechen will, hat
die Einzelheiten dieser Baumaßnahme einen Monat vor Beginn der Arbeiten dem Nachbarn anzuzeigen. ²§ 8 ist entsprechend anzuwenden.**

Der Erbauer der Grenzwand darf diese als ihr Alleineigentümer bis zu einem Anbau (vgl. dazu § 18) nach Belieben erhöhen, verstärken oder abbre-

chen, soweit das Baurecht dem nicht entgegensteht Um seinen Nachbarn in die Lage zu versetzen, sich darauf einzustellen und evtl. Vorkehrungen zu treffen, sieht das Gesetz eine Anzeigepflicht vor. Die Anzeigefrist beträgt einen Monat vor Beginn der Arbeiten. Im Übrigen verweist § 17 wegen der Anzeige auf § 8. Auf die dortigen Anmerkungen wird deshalb Bezug genommen.

§ 18 Anbau an eine Grenzwand

(1) [1]Der Nachbar darf an eine Grenzwand nur anbauen (§ 5 Abs. 1 Satz 3), wenn der Eigentümer einwilligt. [2]Bei dem Anbau sind die allgemein anerkannten Regeln der Baukunst zu beachten.

(2) [1]Der anbauende Nachbar hat dem Eigentümer der Grenzwand eine Vergütung zu zahlen, soweit er sich nicht schon nach § 16 Abs. 3 an den Errichtungskosten beteiligt hat. [2]Auf diese Vergütung findet § 7 Abs. 2, 3 und 5 entsprechende Anwendung. [3]Die Vergütung erhöht sich um den Wert des Bodens, den der Anbauende gemäß § 5 Abs. 2 bei Errichtung einer Nachbarwand hätte zur Verfügung stellen müssen.

(3) Für die Unterhaltungskosten der Grenzwand gilt § 10 entsprechend.

1   1. Wegen des **Begriffes** „Anbau" verweist Abs. 1 auf § 5 Abs. 1 S. 3. Deshalb sei auf die dortigen Anmerkungen sowie § 7 Rdn. 5 verwiesen. Der Anbau an die Grenzwand, die im Alleineigentum des Erbauers steht, ist nur mit dessen Einwilligung zulässig. Ein Anspruch auf Erteilung der Einwilligung besteht nicht. Die Einwilligung ist formlos gültig. Der Anbau muss öffentlich-rechtlich zulässig sein; insbesondere darf das Baurecht keinen Grenzabstand vorschreiben. Die allgemein anerkannten Regeln der Baukunst sind zu beachten.

2   2. Bei einer Gesamtrechtsnachfolge (z. B. durch Erbschaft, §§ 1967, 1922 BGB) wirkt die einmal erteilte Einwilligung für und gegen den Rechtsnachfolger, da er voll in die Rechtsstellung des Voreigentümers eintritt. Bei Sonderrechtsnachfolge (z. B. Kauf) wirkt die vom Voreigentümer erteilte Einwilligung grundsätzlich nicht weiter (*BGH* NJW 1977, 1447). Ist im Zeitpunkt der Sonderrechtsnachfolge aber bereits angebaut worden, ist auch der Sonderrechtsnachfolger zur weiteren Duldung im Rahmen der von seinem Vorgänger erteilten Einwilligung verpflichtet (*Bassenge/Olivet*, § 13 Rdn. 1 mit ausführlicher Begründung; *OLG Köln* DWW 1975, 164; s. aber auch oben *BGH*). Die Duldungspflicht besteht ferner immer dann weiter, wenn eine entsprechende Grunddienstbarkeit eingetragen ist. Vgl. auch *Bassenge* in *Palandt*, § 921 Rdn. 15.

3   3. Wird ohne die erforderliche Einwilligung angebaut, kann der Eigentümer gem. § 1004 BGB grundsätzlich die **Beseitigung des Anbaus** verlangen (vgl. *Bassenge* in *Palandt*, § 921 BGB Rdn. 15). Im Streitfall muss der

Anbauende beweisen, dass ihm der Anbau gestattet worden ist (*Dehner, B* § 8 a I). Hat der Nachbar die Grenzwand ohne die Einwilligung des Eigentümers – unrechtmäßig – zum Anbau benutzt und muss der Eigentümer aufgrund besonderer Umstände in Hinblick auf den Anbau von einem beabsichtigten Abriss der Grenzwand absehen, kann ihm aufgrund des nachbarrechtlichen Gemeinschaftsverhältnisses ein Anspruch auf Schadloshaltung in Geld zustehen (*BGH* ZMR 1978, 122).

Da der Erbauer auch nach dem Anbau durch den Nachbarn Alleineigen- **4** tümer der Grenzwand bleibt, ist der Nachbar ohne besondere Gestattung nicht berechtigt, die Grenzwand zu **erhöhen** (*BGH* NJW 1964, 1221). Demgemäß verweist § 18 **nicht** auf § 12 Abs. 1 S. 2. Ebenso nicht auf § 13 (Verstärken der Wand) und § 14 (Schadensersatz bei Ausübung der Rechte aus § 13). Nur der Erbauer der Wand darf diese verstärken, der andere Eigentümer nur, wenn ihm das gestattet worden ist.

3. Gem. Abs. 2 ist im Falle des Anbaus eine **Vergütung** zu zahlen, soweit **5** der Anbauende sich nicht schon gem. § 16 Abs. 3 an den Errichtungskosten beteiligt hat. Auf diese Vergütung finden folgende Vorschriften entsprechend Anwendung: § 7 Abs. 2, 3 und 5. Auf die Erläuterungen zu diesen Vorschriften wird verwiesen.

4. Die **Unterhaltungskosten** der Grenzwand trägt bis zum Anbau ihr **6** Erbauer als Alleineigentümer (Abs. 3 in Verb. mit § 10 Abs. 1). Eine generelle Unterhaltungspflicht gegenüber dem Nachbarn besteht jedoch nicht (vgl. *Bassenge/Olivet*, § 13 Rdn. 4).

Nach dem Anbau fallen sie beiden Grundstückseigentümern zu gleichen Teilen zur Last, jedoch nur, soweit es sich um den gemeinsam genutzten Teil der Wand handelt. Im Regelfall sind die Kosten insoweit je zur Hälfte zu tragen. Etwas anderes gilt, wenn die Wand besonders gebaut oder bemessen ist, sofern das nur für eines der beiden Gebäude notwendig war. In diesem Fall erhöht oder vermindert sich der jeweilige Anteil (Abs. 3, § 10 Abs. 2). Abweichende Vereinbarungen sind zulässig. Zur Unterhaltung gehören alle Maßnahmen, die notwendig sind, die Wand in einem baulich einwandfreien Zustand zu erhalten oder eingetretene Schäden zu reparieren.

Zur Mitwirkungspflicht bei der Unterhaltung nach dem Anbau vgl. *Bassenge/Olivet*, § 13 Rdn. 4.

5. Wird ein Gebäude, an dessen Grenzwand ein anderes Gebäude ange- **7** baut war, unter Bestehen lassen der Grenzwand abgebrochen und besteht die Gefahr von Feuchtigkeitsschäden, so hat derjenige die **Schutzmaßnahmen** zu treffen, der sein Gebäude abgebrochen hat, da § 10 Abs. 3 entsprechend anwendbar ist, § 18 Abs. 3. S. *auch OLG Frankfurt/M.* (OLZG 82, 353). Stehen zwei Grenzwände ohne Anbau nur unmittelbar nebeneinander, so haftet derjenige, der sein Gebäude entfernt, nicht dafür, dass hierdurch die andere Grenzwand unverputzt freiliegt und Schaden nimmt (*OLG Köln* NJW-RR 1987, 529: vgl. auch *OLG Hamm* NJW-RR 1991, 851).

§ 19 Anschluß bei zwei Grenzwänden

(1) [1]**Wer eine Grenzwand neben einer schon vorhandenen Grenzwand errichtet, muß sein Bauwerk an das zuerst errichtete Bauwerk auf seine Kosten anschließen, soweit dies nach den allgemein anerkannten Regeln der Baukunst erforderlich oder für die Baugestaltung zweckmäßig ist.** [2]**Er hat den Anschluß auf seine Kosten zu unterhalten.**

(2) **Die Einzelheiten des beabsichtigten Anschlusses sind in der in § 16 Abs. 1 vorgeschriebenen Anzeige dem Eigentümer des zuerst bebauten Grundstücks mitzuteilen.**

(3) **Werden die Grenzwände gleichzeitig errichtet, so tragen die Nachbarn die Kosten des Anschlusses und seiner Unterhaltung zu gleichen Teilen.**

1   **1.** Der Eigentümer benötigt zur Errichtung einer Grenzwand grundsätzlich nicht die Einwilligung des Nachbarn. Anders als bei dem Bau einer Nachbarwand kann er demnach nicht damit rechnen, dass der Nachbar später anbauen und einen Teil der Kosten tragen werde. Deshalb ist der Nachbar, wenn er nicht anbaut, sondern auch seinerseits eine Grenzwand errichtet, nicht zur Zahlung einer Entschädigung verpflichtet. Im Interesse einer ordentlichen Baugestaltung oder nach den allgemein anerkannten Regeln der Baukunst kann er jedoch in diesem Falle verpflichtet sein, sein Bauwerk an das zuerst errichtete Bauwerk anzuschließen, damit Schäden im Bereich des Zwischenraumes ausgeschlossen werden oder wenn das für die Baugestaltung zweckmäßig ist. Ein solcher Anschluss ist kein Anbau i. S. von § 18. Die hierdurch entstehenden Kosten hat der Bauherr der zweiten Grenzwand zu tragen. Das gilt auch bzgl. der Kosten der Unterhaltung des Anschlusses, Abs. 1.

2   **2.** Absatz 1 ist nicht anwendbar, wenn die zweite bauliche Anlage nicht unmittelbar an die Grenze gebaut wird, z. B. etwa nur die Dachtraufe bis zur Grenze reicht (*Hodes/Dehner,* § 9 Rdn. 3). Beide Gebäude müssen unmittelbar an der Grenze stehen. S. aber auch *Lehmann,* § 19 Anm. 5. Ein ganz geringfügiger Abstand hat allerdings außer Betracht zu bleiben. Nicht anwendbar ist Absatz 1 ferner dann, wenn beide Gebäude gleichzeitig errichtet werden, s. hierzu Abs. 3, oder das zweite mit dem ersten, wenn auch nur teilweise, konstruktiv verbunden wird, d. h. an dieses angebaut wird (*Zimmermann/Steinke,* § 22 Anm. 1).

3   **3.** Die Einzelheiten des beabsichtigten Anschlusses sind in der in § 16 Abs. 1 vorgeschriebenen Anzeige dem Eigentümer des zuerst bebauten Grundstücks mitzuteilen. Die Angaben müssen erkennen lassen, ob der Anschluss den Anforderungen des Abs. 1 genügt.

4   **4.** Werden beide Gebäude gleichzeitig errichtet, tragen die Nachbarn die Kosten des Anschlusses und der Unterhaltung zu gleichen Teilen, Abs. 3. Sie haben den Anschluss gemeinsam herzustellen, zu unterhalten und die Kosten gemeinsam zu tragen.

Wegen des Unterfangens der Grenzwand s. § 20.

§ 20 Unterfangen einer Grenzwand

(1) Der Nachbar darf eine Grenzwand nur unterfangen, wenn

1. **dies zur Ausführung seines Bauvorhabens nach den allgemein anerkannten Regeln der Baukunst unumgänglich ist oder nur mit unzumutbar hohen Kosten vermieden werden könnte und**
2. **keine erhebliche Schädigung des zuerst errichteten Gebäudes zu besorgen ist.**

(2) Für Anzeigepflicht und Schadensersatz gelten die §§ 8 und 14 entsprechend.

1. Die Errichtung einer Wand neben einer Grenzwand schafft vielfach **1** Probleme, wenn die zweite Wand tiefer gegründet wird als die erste. § 909 BGB verbietet eine Vertiefung, wenn durch sie der Boden des Nachbargrundstücks die erforderliche Stütze verliert, es sei denn, dass für eine genügende anderweitige Befestigung gesorgt ist. Die erforderlichen Sicherheitsmaßnahmen richten sich nach den augenblicklichen besonderen Verhältnissen des Nachbargrundstücks (*RG* JW 1925, 2239). Die hierbei auftretenden Schwierigkeiten sollen durch den Anspruch auf eine besondere Gründung der ersten Grenzwand gemäß § 20 des Gesetzes von vornherein ausgeschaltet werden. Muss die zweite Wand tiefer als die zuerst errichtete Grenzwand gegründet werden, ist es in vielen Fällen bautechnisch zweckmäßig und auch am billigsten, die Fundamente der ersten Anlage zu unterfangen. Da hierbei auf das Nachbargrundstück eingewirkt wird, war das bisher nur zulässig, wenn der Grundstückseigentümer sich damit einverstanden erklärte (vgl. *BGH* NJW 1997, 2595, 2596). Eine Verpflichtung zur Erteilung der Einwilligung besteht nach dem BGB grundsätzlich nicht. Sie kann sich allenfalls in besonders gelagerten Fällen aus dem nachbarrechtlichen Gemeinschaftsverhältnis ergeben. Im Übrigen war das Unterfangen unzulässig und rechtswidrig und machte bei Verschulden schadensersatzpflichtig (*BGH* NJW 1970, 608). Das galt auch bezüglich einer chemischen Verfestigung (*OLG Düsseldorf* MDR 1974, 137).

2. Diesen Schwierigkeiten beugt § 20 vor, wonach der Eigentümer in **2** zwei Fällen verpflichtet ist, das **Unterfangen einer Grenzwand** zu dulden: a) Das **Unterfangen** der Grenzwand muss nach den allgemein anerkannten Regeln der Baukunst **unumgänglich** sein (Abs. 1 Nr. 1, 1. Alternative). Stehen andere, weniger eingreifende Maßnahmen zur Verfügung, insbesondere solche, bei denen nicht auf das Nachbargrundstück eingewirkt werden muss, so sind diese zu wählen (ebenso *BGH* NJW 1997, 2595, 2596, *Dröschel/Glaser,* § 22 Rdn. 4). Anderer Ansicht sind *Zimmermann/Steinke,* § 22 Anm. 4, wonach die Auswahl der bautechnisch möglichen und öffentlich-rechtlich zulässigen Maßnahmen dem Bauwilligen überlassen bleiben soll. Gegen diese Ansicht spricht aber, dass es sich bei § 20 um eine Ausnahmevorschrift handelt, die eng auszulegen ist. Außerdem widerspricht sie dem Grundsatz, der dem Nachbarrechtsgesetz zugrunde liegt, dass nämlich in die Rechte des Nachbarn nur im unumgänglich notwendigen Umfang eingegriffen werden soll und darf.

b) Das Unterfangen könnte nur mit **unzumutbar hohen Kosten** vermieden werden, Nr. 1, 2. Alternative. Stehen andere, weniger eingreifende Maßnahmen zur Verfügung, so sind diese zu wählen, wenn die Mehrkosten nicht unzumutbar hoch sind. Die Differenz muss so erheblich sein, dass die andere Ausführungsart nicht mehr als wirtschaftlich vertretbar angesehen werden kann; geringe Unterschiede reichen nicht aus.

In keinem Fall darf **eine erhebliche Schädigung** des zuerst errichteten Gebäudes zu besorgen sein, Nr. 2. Das ist insbesondere der Fall, wenn dieses auch bei ordnungsgemäßer Ausführung in seiner eigenen Standsicherheit erheblich gefährdet werden würde, z. B. weil der Zustand der Wand schlecht ist. Die DIN 4123 ist zu beachten. Besondere Gründungssituationen können es erforderlich machen, einen Bodensachverständigen hinzuzuziehen (*OLG Hamm* OLG-Report Hamm 1993, 192). Einfache Putzschäden sind hinzunehmen (*Lehmann,* § 20 Anm. 5).

3   **3.** Weiterhin kommt der Fall in Betracht, dass der Nachbar die Grenzwand durch Anbau nutzen will, die bisherige Gründung der Grenzwand aber den zusätzlichen Anforderungen des Anbaus nicht genügt. Dieser Fall wird vom Gesetz nicht geregelt. Da der Erbauer einer Grenzwand – anders als bei der Nachbarwand – nicht zur Duldung des Anbaus verpflichtet ist, kann er auch nicht verpflichtet sein, einen Anbau zu ermöglichen. Er ist daher aufgrund von § 20 lediglich zu Maßnahmen verpflichtet, welche die Errichtung einer zweiten Grenzwand ermöglichen. Abweichende Parteivereinbarungen sind aber möglich.

4   **4.** Die §§ 8 (Anzeige) und 14 (Schadensersatz) sind entsprechend anwendbar. Gem. Abs. 2 i. V. m. mit § 8 ist die Absicht, die Grenzwand zu unterfangen, mindestens zwei Monate zuvor anzuzeigen. Wegen des Inhaltes der Anzeige vgl. § 8 nebst Anmerkungen. Mit den Arbeiten darf erst nach Fristablauf begonnen werden, wenn nicht anderes vereinbart wird.

5   Werden die Arbeiten nicht ordnungsgemäß und entsprechend den anerkannten Regeln der Baukunst durchgeführt und treten infolgedessen an der zuerst errichteten Grenzwand und an dem Gebäude des Nachbarn Schäden auf, so ist der Eigentümer der zweiten baulichen Anlage gemäß Absatz 2 in Verbindung mit § 14 verpflichtet, den in Ausübung des Rechtes nach Absatz 1 entstandenen Schaden zu ersetzen. Dieser Ersatzanspruch setzt kein Verschulden voraus; Ansprüche können daher auch bei an sich ordnungsgemäßer Ausführung der Arbeiten entstehen. Er umfasst auch eine merkantile Wertminderung (*BGH* NJW 1977, 2595, 2596). Schäden, die nur gelegentlich der Ausübung des Rechtes verursacht werden, werden von § 14 nicht erfasst. Für sie gelten §§ 823 ff BGB. Vgl. § 14 Rdn. 1.

Ggf. ist Sicherheit zu leisten, §§ 20 Abs. 3, 14 Abs. 2.

§ 21 Einseitige Grenzwand

Darf nur auf einer Seite unmittelbar an eine gemeinsame Grenze gebaut werden, so hat der Nachbar kleinere, nicht zum Betreten be-

stimmte Bauteile, die in den Luftraum seines Grundstücks übergreifen, zu dulden, wenn sie die Benutzung seines Grundstücks nicht oder nur geringfügig beeinträchtigen.

1. Nach § 905 BGB erstreckt sich das Herrschaftsrecht des Grundstücks- **1** eigentümers auf den Luftraum über der Erdoberfläche. Er kann deshalb Einwirkungen Dritter auf sein Grundstück auch insoweit verbieten. § 905 Satz 2 BGB schränkt dieses Recht nur insofern ein, als der Eigentümer Einwirkungen zu dulden hat, die in solcher Höhe vorgenommen werden, dass er an ihrer Ausschließung kein Interesse hat. Geschützt sind dabei alle schutzwürdigen materiellen und immateriellen Interessen (vgl. hierzu *Bassenge* in *Palandt,* § 905 BGB Rdn. 2). Im Interesse einer geordneten Baugestaltung sieht § 21 weitere Ausnahmen für auf das Nachbargrundstück übergreifende Bauteile einer Grenzwand vor.

Gegen die Wirksamkeit dieser Regelung werden Bedenken erhoben. Sie **2** verstoße gegen Bundesrecht, da ein Überbau vorliege und dieser in § 912 BGB abschließend geregelt sei. Vgl. *Roth* in *Staudinger,* § 912 BGB Rdn. 21; *Dehner,* § 24 I 2g. Der Kritik ist zuzustimmen. Eine Entscheidung des Verfassungsgerichts ist bisher nicht ergangen.

2. Die übergreifenden Bauteile sind vom Eigentümer bzw. Erbbauberechtigten nach § 21 unter folgenden Voraussetzungen zu dulden:

a) Es darf nach öffentlichem Recht nur auf einem Grundstück bis an die **3** gemeinsame Grenze gebaut werden. Darf auch auf dem Grundstück des Eigentümers an die Grenze gebaut werden, besteht für diesen keine Duldungspflicht. Andernfalls würde der Erstbauende ungerechtfertigt bevorzugt mit der möglichen Folge, dass wegen der übergreifenden Bauteile die Errichtung einer zweiten Grenzwand erschwert oder verhindert würde. Ändert sich nachträglich die Rechtslage oder wird dem Nachbarn durch einen Dispens die Errichtung eines Gebäudes an der Grundstücksgrenze ebenfalls gestattet, so sind die vom Erstbauenden angebrachten übergreifenden Bauteile zu entfernen, soweit das der Neubau des Nachbarn erfordert (*Zimmermann/Steinke,* § 23 Anm. 1 a).

b) Es müssen kleinere Bauteile sein, die nicht zum Betreten bestimmt sind. **4** Daher sind Balkone oder sonstige zum Betreten bestimmte Bauteile unzulässig. Erlaubt sind Dachrinnen, Dachvorsprünge, Simse und sonstige kleine Mauervorsprünge. Warenautomaten und Anlagen der Außenwerbung (Plakatwände, Leuchtschriften) sind keine übergreifenden Bauteile i. S. dieser Vorschrift (*Bassenge/Olivet,* § 15 Rdn. 5).

c) Die Bauteile müssen in den Luftraum ragen und dürfen die Benutzung des **5** anderen Grundstücks nicht oder nur geringfügig beeinträchtigen. Ob das der Fall ist, hängt von den Umständen des Einzelfalles ab, insbesondere von der bereits bestehenden oder beabsichtigten Bebauung sowie der Nutzung des Grundstücks. Die Beeinträchtigungen müssen nicht notwendig vermögensrechtlicher Natur sein, es genügen auch begründete immaterielle Nachteile, z. B. eine Sichtbehinderung (*BGH* LM § 906 BGB Nr. 6).

Alle vorstehend aufgeführten Voraussetzungen müssen vorliegen. Liegt auch nur eine nicht vor, besteht das Recht nicht (*BGH* WM 1979, 644). Die Beweislast liegt bei dem, der das Recht in Anspruch nimmt.

6   **3.** Übergreifende Bauteile, die unter den Voraussetzungen von § 21 angebracht worden sind, sind rechtmäßig. Sie sind ohne Einwilligung des Eigentümers des Grundstücks, in dessen Luftraum sie ragen, zulässig und stellen keinen Überbau im Sinne von § 912 BGB dar. Eine Überbaurente kann nicht verlangt werden (*Bassenge/Olivet,* § 15 Rdn. 7; *Postier,* § 19 Anm. 2).

7   Liegen die Voraussetzungen von § 21 nicht vor, besteht eine Duldungspflicht nur, wenn § 912 Abs. 1 oder § 905 S. 2 BGB eingreifen. Vgl. *BGH* DB 1968, 799.

§ 22 Über die Grenze gebaute Wand

[1] **Die Bestimmungen über die Grenzwand gelten auch für eine über die Grenze hinausreichende Wand, wenn die Vorschriften über die Nachbarwand nicht anwendbar sind.** [2] **Stimmt der Erbauer einer solchen Wand auf Wunsch des Nachbarn einem Anbau zu, so gelten die Vorschriften über die Nachbarwand.**

Wird eine Wand über die Grenze gebaut, ohne dass sie eine Nachbarwand i. S. von §§ 3 ff ist, weil ihr z. B. die Zweckbestimmung des § 3 oder die Zustimmung des Nachbarn fehlt, sind die Vorschriften über die Grenzwand (§§ 16 ff) entsprechend anwendbar. Wird nachträglich an eine solche Wand einvernehmlich angebaut, wird sie rechtlich als Nachbarwand behandelt. Von dann an sind §§ 3 ff anwendbar.

Vierter Abschnitt. Fenster- und Lichtrecht

Vorbemerkungen

1. Unter dem **Fensterrecht** versteht man die privatrechtlichen Bestim- **1** mungen, die regeln, ob und wie der Grundstückseigentümer Fenster anlegen darf. Als **Lichtrecht** bezeichnet man die Gesamtheit der privatrechtlichen Normen, die den Schutz bestehender Fenster gegen Eingriffe durch die Nachbarn regeln, insbesondere durch Bebauung (vgl. *Dehner,* B § 25). Das BGB enthält in §§ 903 ff keine Regelung des Fenster- und Lichtrechtes. Der Grundstückseigentümer ist daher nach Bundesrecht in der Regel nicht verpflichtet, von einem Bauvorhaben abzusehen, weil er dadurch dem Nachbargrundstück Licht entziehen könnte (*BGH* MDR 1951, 726; *OLG Hamburg* MDR 1963, 135). Aus dem nachbarlichen Gemeinschaftsverhältnis und der sich hieraus ergebenden Pflicht zur gegenseitigen Rücksichtnahme ist jedoch in Einzelfällen dem Grundstückseigentümer von der Rechtsprechung die Verpflichtung auferlegt worden, Beeinträchtigungen zu unterlassen, sofern das nach den Umständen als zumutbar erschien (vgl. *BGH* BB 1953 S. 373). S. aber auch *Wenzel* NJW 2005, 241.

Zu beachten sind auch §§ 7 ff BauO, die u. a. Grenzabstände mit nachbarschützender Wirkung vorschreiben. S. § 61 Rdn. 11 ff.

2. Wegen der Rechtslage vor Inkrafttreten des NachbarrechtsG s. *Leh-* **2** *mann,* Vor § 23. Wegen der Überleitung bestehender Rechte s. §§ 25 und 63 ff.

§ 23 Umfang und Inhalt

(1) [1]**In oder an der Außenwand eines Gebäudes, die parallel oder in einem Winkel bis zu 75° zur Grenze des Nachbargrundstücks verläuft, dürfen Fenster oder Türen, die von der Grenze einen geringeren Abstand als 2,5 m haben sollen, nur mit Einwilligung des Nachbarn angebracht werden.** [2]**Das gleiche gilt für Balkone und Terrassen.**

(2) **Von einem Fenster, dem der Nachbar zugestimmt hat, müssen er und seine Rechtsnachfolger mit später errichteten Gebäuden mindestens 2,5 m Abstand einhalten.**

1. Absatz 1 regelt das **Fensterrecht** (vgl. Vorbemerkung 1). **Fenster** sind **1** Lichtöffnungen jeder Art; unerheblich ist, ob sie zum Be- oder Entlüften geeignet sind oder Ausblicksmöglichkeiten nach draußen gewähren (*BGH* MDR 1960, 914). Entscheidend ist die Lichtdurchlässigkeit. Deshalb sind auch durch **Glasbausteine** verschlossene Maueröffnungen Fenster (*BGH* aaO). Gem. § 24 Nr. 1 sind jedoch lichtdurchlässige, aber undurchsichtige und Schall dämmende Bauteile ohne Einwilligung zulässig.

2   Dem Fenster gleichgestellt sind Türen jeder Art – nicht nur Glastüren – sowie Balkone und Terrassen. Hierzu gehören ferner Sitzplätze unter einem Dachüberstand (*OLG Hamm*, U. v. 17. 2. 1994 – 5 U 194/93), Veranden und Altane, nicht hingegen KFZ-Abstellplätze (*Hodes/Dehner*, § 11 Rdn. 2; *OLG Celle* Nds.Rpfl. 1972, 306). Als Fenster sind auch Lüftungsklappen anzusehen, wenn sie im geöffneten Zustand einem Fenster gleichkommen (*Lehmann*, § 23 Anm. 3). Auch Kelleröffnungen sind Fenster, wenn sie einen Ausblick auf ein Nachbargrundstück gestatten (*BGH* NJW 1971, 2071). Über den Begriff Terrasse vgl. *OLG Celle* Nds.Rpfl. 1972, 306; *OLG Hamm* aaO sowie *LG Verden* Nds.Rpfl. 1976, 116. Eine **Terrasse** ist eine künstlich erstellte Bodenerhöhung, die – wie ein Freisitz oder ein überdachter Sitzplatz – zum Verweilen von Menschen bestimmt ist. Ein lediglich gepflasterter, aber nicht erhöhter Grundstücksteil ist keine Terrasse (*Dehner*, B § 25 H I 7). **Türen** sind Öffnungen im Mauerwerk oder sonstigen Wänden, die dem Durchgehen von Menschen oder Tieren dienen, ebenso Tore in Ein- und Ausfahrten (*Dehner*, B § 25 H I 1 b). Ausreichend ist auch, dass sie zum Durchreichen von Gegenständen oder auch nur zum Lüften bestimmt sind. **Balkone** sind zum Betreten bestimmte Flächen, die an den Außenseiten vorspringen. Dabei ist unerheblich, ob diese ohne Auflagerung vor die Gebäudeflucht kragen oder auf Stützen vor der Außenwand ruhen (*OVG Lüneburg* BauR 2001, 937; offen gelassen *OVG Nordrhein-Westfalen* BauR 2001, 767). Loggien sind keine Balkone, sie sind aber wie Lichtöffnungen zu behandeln (*Dehner*, B § 25 H I 7).

3   **2. Erfasst** werden nur Fenster, Türen usw. in oder an Außenwänden von Gebäuden, die parallel oder in einem Winkel bis zu 75° zur Grenze des Nachbargrundstücks verlaufen. Keine Außenwand ist das Dach eines Gebäudes. Nicht anwendbar ist § 23 auf Fenster in Nachbarwänden; diese verlaufen weder parallel noch in einem Winkel zur Grundstücksgrenze, da sie – meistens halbscheidig – auf der Grundstücksgrenze stehen (§ 73 *Hodes/Dehner*, § 11 Fußn. 78). Daher insoweit unrichtig *LG Arnsberg* MDR 1976, 490 mit Anm. *Schopp*. Ausgenommen von der Erfordernis einer Einwilligung sind gem. § 24 Nr. 2 ferner Außenwände an oder neben öffentlichen Straßen, öffentlichen Wegen und öffentlichen Plätzen (öffentlichen Straßen) sowie an oder neben Gewässern von mehr als 2,5 m Breite. Bei aneinander gebauten Häusern dürfen, wenn die seitliche Grundstücksgrenze senkrecht oder annähernd senkrecht zur Baufluchtlinie verläuft, Balkone und Terrassen an der Rückwand des Gebäudes bis dicht an die seitliche Grundstücksgrenze heranreichen (*OLG Celle* Nds.Rpfl. 1972, 38), soweit das Baurecht das zulässt.

Außenwände sind sowohl tragende als auch nicht tragende Wände, die von außen sichtbar sind und eine Gebäudeseite abschließen. Vgl. auch *Reichel/Schulte*, Kap. 3 Rdn. 44; VGH *München* BauR 1986, 431; *OVG Münster* NVwZ-RR 1991, 527; BauR 1993, 581; *OLG Hamm* U. v. 17. 2. 1994 5 U 194/93; *OVG Bautzen* NVwZ 1995, 189.

3. Der Mindestabstand beträgt 2,50 m; er gewährt in der Regel einen **4** ausreichenden Lichteinfall. Ob dieser im Einzelfall besteht, ist nachbarrechtlich unerheblich. Der Abstand ist waagerecht von grenznächsten Punkt der anzulegenden Lichtöffnung aus rechtwinklig zur Grenze zu messen. Auf den Abstand der Wand oder der Mauer selbst, in oder an der sich die Einrichtung befindet, kommt es bei Absatz 1 nicht an. Ebenso nicht auf vorspringende Gesimse, Fensterbänke oder Blumenkästen (*Bassenge/Olivet,* § 22 Rdn. 6). *A.A. Lehmann,* § 23 Anm. 15, der bei Fenster und Türen auf den Abstand der Wand abstellt, in dem sich die Lichtöffnung befindet.

Bei Terrassen ist der Abstand nur von der zum Betreten bestimmten Ter- **5** rassenfläche aus zu messen, nicht aber vom Fußpunkt einer evtl. Böschung oder Stützmauer (*OLG Celle* Nds.Rpfl. 1972, 306; *LG Lüneburg* Nds.Rpfl. 1977, 125). Für diese ist jedoch ggf. § 26 zu beachten. S. ferner § 12 a NBauO.

4. Die vorgeschriebenen Abstände dürfen nur mit **Einwilligung** des **6** Nachbarn unterschritten werden. Die Einwilligung ist formlos gültig. Grundsätzlich steht es dem Eigentümer bzw. Erbbauberechtigten frei, die Einwilligung zu erteilen. Eine Verpflichtung, die Einwilligung bei lediglich geringfügigen Beeinträchtigungen zu erteilen, sieht das Gesetz nicht vor. Eine baubehördliche Genehmigung des Fensters oder der baulichen Anlage kann die Zustimmung des Nachbarn nicht ersetzen.

Die vom Nachbarn erteilte Einwilligung wirkt nicht nur gemäß §§ 1922, **7** 1967 BGB gegenüber dem Gesamtrechtsnachfolger, sondern auch gegen den Einzelrechtsnachfolger (Käufer), sofern das Fenster bei Eintritt der Rechtsnachfolge bereits angelegt war; ausreichend ist die Fertigstellung des Fensters im Rohbau. Der aufgrund der Einwilligung geschaffene Zustand ist rechtmäßig und offenkundig, so dass er auch vom Rechtsnachfolger hingenommen werden muss (*Lehmann,* § 23 Anm. 10; *Dröschel/Glaser* § 4 Rdn. 10; *Hülbusch/Bauer/Schlick,* § 34 Rdn. 18; siehe auch § 1 Rdn. 30, 31). Die Einwilligung gilt, sofern nichts Abweichendes vereinbart worden ist, nur für das ursprünglich angelegte Fenster, nicht für Ersatzbauten. Wie hier: *Bassenge/Olivet,* § 22 Rdn. 8; *OLG Braunschweig* NdsRpfl. 1991, 49. S. auch § 25 Abs. 2.

5. Absatz 2 regelt das so genannte **Lichtrecht** für vorhandene Fenster. Es **8** will den Grundstückseigentümer vor einer unzumutbaren Beeinträchtigung des Lichteinfalls in Fenster schützen (*BGH* WM 1979 S. 897 = MDR 1979 S. 1009). Verglaste Türen werden wie Fenster behandelt (*Lehmann,* § 23 Anm. 12). Geschützt sind nur Fenster, die mit **Einwilligung** des Nachbarn angebracht worden sind. Nach *OLG Saarbrücken* (ZMR 1996, 141) und ihm folgend *Bauer/Hülbusch/Schlick/Rottmüller,* § 34 Anm. 10, § 35 Anm. 1, und *Saarl. OLG* (ZMR 1996, 141) soll dann aber auch ein Lichtrecht trotz Einwilligung nicht entstehen, wenn eine Einwilligung – wie im Falle des § 24 – entbehrlich gewesen wäre. Allerdings kann je nach Inhalt der Erklärung die Einwilligung dahin ausgelegt werden, dass die Einrichtung in ähnlicher Weise geschützt sein soll. Ein solches Recht gilt allerdings, wenn es nicht z. B. durch eine Grunddienstbarkeit gesichert ist, nur zwischen den Parteien der Vereinbarung und ihren Gesamtrechtsnachfolgern (Erben, §§ 1922, 1967 BGB), nicht aber für Einzelrechtsnachfolger, z. B. Käufern. Vgl. hierzu *Bauer/Hülbusch/Schlick/Rottmüller*, § 35 Anm. 1; *Hülbusch/Bauer/Schlick*, § 35 Rdn. 2.

Im Normalfall erfolgt die Beeinträchtigung durch ein später errichtetes Gebäude. Nur diese Fallgestaltung ist in Abs. 2 ausdrücklich geregelt worden. Abs. 2 ist aber entsprechend auch auf Anlagen anzuwenden, die wie Gebäude den Lichteinfall auf Dauer beeinträchtigen können, z. B. auf Eisenträger, die Teil einer nicht nur vorübergehend errichteten ortsfesten Krananlage sind (*BGH* MDR 1979, 1009), oder eine Mauer (*BGH* NJW 1992, 2569).

Abweichende Vereinbarungen sind zulässig. Die Pflicht gilt auch für Rechtsnachfolger.

9   **6.** Fenster, Türen usw., die ohne Einwilligung des Nachbarn nicht den vorgeschriebenen Abstand haben, sind auf Verlangen zu beseitigen, sofern nicht §§ 24 und 25 eingreifen. Auf eine konkrete Beeinträchtigung kommt es nicht an. Das Verlangen darf nicht rechtsmissbräuchlich sen. Im Falle des Absatzes 1 ist der Antrag auf Beseitigung der rechtswidrigen Einrichtung, im Falle des Absatzes 2 auf Beseitigung oder Zurücksetzung des Gebäudes zu richten. Die Vollstreckung erfolgt gemäß § 887 ZPO.

Zu beachten sind ferner §§ 7 ff, 11 NBauO.

§ 24 Ausnahmen

Eine Einwilligung nach § 23 Abs. 1 ist nicht erforderlich
1. **für lichtdurchlässige Bauteile, wenn sie undurchsichtig und schalldämmend sind,**
2. **für Außenwände an oder neben öffentlichen Straßen, öffentlichen Wegen und öffentlichen Plätzen (öffentlichen Straßen) sowie an oder neben Gewässern von mehr als 2,5 m Breite.**

1   **1.** Diese Vorschrift enthält zwei Ausnahmetatbestände. Mit **lichtdurchlässigen Bauteilen** brauchen auch ohne Einwilligung des Nachbarn Abstände nach § 23 Abs. 1 nicht eingehalten zu werden, wenn sie undurchsichtig und schalldämmend sind (Nr. 1). Beide Voraussetzungen müssen vorliegen. Dazu zählen in der Regel Glasbausteine. Wegen des Erfordernisses Schalldämmung s. auch § 21 NBauO.

Die Bauteile dürfen über Nr. 1 hinaus auch nicht zum Öffnen eingerichtet sein, da sie im geöffneten Zustand einem geöffneten Fenster gleichkommen (*Lehmann*, § 24 Anm. 1).

2   **2.** Abstände brauchen ferner – privatrechtlich – nicht eingehalten zu werden bei Außenwänden an oder neben öffentlichen Straßen, öffentlichen Wegen und öffentlichen Plätzen (Straßen) sowie Gewässern von mehr als 2,5 m Breite. § 23 Abs. 1 gilt nicht gegenüber Einrichtungen auf den oben genannten Flächen. Insoweit sieht das Gesetz die bestehenden öffentlich-rechtlichen Bestimmungen als ausreichend an. In Betracht kommen hier unter anderem § 24 StrG, das Landeswassergesetz sowie § 9 BFernStrG. **Öffentliche Straßen** sind die Straßen, Wege und Plätze, die dem öffent- **3** lichen Verkehr gewidmet sind (§ 2 NStrG). Die Widmung erfolgt gemäß § 6 StrG bzw. FStrG. Privatwege, auf denen der Eigentümer den öffentlichen Verkehr lediglich duldet, ohne dass eine Widmung erfolgt ist, sind keine öffentlichen Verkehrsflächen. S. hierzu *Sauthoff* Rdn. 21. Öffentliche **Grünflächen** werden nicht genannt. Sie fallen daher nicht unter diese Ausnahmeregelung. **Gewässer** im Sinne von Nr. 2 sind alle stehenden und fließenden oberirdischen Gewässer, und zwar ohne Rücksicht darauf, ob sie im öffentlichen oder privaten Eigentum stehen und ob sie dem Gemeingebrauch offen stehen, da das Gesetz insoweit keinen Unterschied macht. S. weiterhin § 25.

§ 25 Ausschluß des Beseitigungsanspruchs

(1) **Der Anspruch auf Beseitigung einer Einrichtung nach § 23 Abs. 1, die einen geringeren als den dort vorgeschriebenen Grenzabstand hat, ist ausgeschlossen,**
1. **wenn die Einrichtung bei Inkrafttreten dieses Gesetzes vorhanden ist und ihr Grenzabstand sowie ihre sonstige Beschaffenheit dem bisherigen Recht entspricht oder**
2. **wenn der Nachbar nicht spätestens im zweiten Kalenderjahr nach dem Anbringen der Einrichtung Klage auf Beseitigung erhoben hat; die Frist endet frühestens zwei Jahre nach Inkrafttreten dieses Gesetzes.**

(2) **Wird das Gebäude, an dem sich die Einrichtungen befanden, durch ein neues Gebäude ersetzt, so gelten die §§ 23 und 24.**

1. § 25 schließt im Interesse des Rechtsfriedens einen nach diesem Gesetz **1** an sich bestehenden Beseitigungsanspruch in zwei Fällen aus:
a) wenn die Einrichtung bei Inkrafttreten des Gesetzes (1. 1. 1968) vorhanden war und sie bzgl. des Grenzabstandes und ihrer sonstigen Beschaffenheit dem bisherigen Recht entspricht. Es gilt insoweit der Grundsatz, was rechtmäßig ist, bleibt auch rechtmäßig; oder wenn
b) nicht spätestens im zweiten Kalenderjahr nach dem Anbringen der Einrichtung Klage auf Beseitigung erhoben wird, wobei die Frist frühestens zwei Jahre nach Inkrafttreten dieses Gesetzes (1. 1. 1968) endete. Nach Fristablauf wird der bestehende Rechtszustand rechtmäßig; die vorhandenen Bauteile brauchen nicht mehr entfernt zu werden, auch wenn sie schon nach dem bisherigen Landesrecht rechtswidrig waren. Die Frist wird gewahrt, wenn die Klageschrift vor Fristablauf bei Gericht eingegangen ist, sofern die Zustellung „demnächst" erfolgt (§ 167 ZPO). Vgl. hierzu *Thomas/Putzo*, § 167 ZPO Rdn. 10 ff. Da die Zustellung an den Beklagten grundsätzlich nur erfolgt, wenn der Kläger den Gebührenvorschuss zahlt, muss dieser alsbald entrichtet werden.

2   Bei § 25 handelt es sich um Ausschlussfristen, nicht um eine Frage der Verjährung. Der Fristablauf ist daher von Amts wegen zu beachten.

3   **2.** § 25 bezieht sich nur auf § 23 Abs. 1. Für § 23 Abs. 2 kommen daher nur die Verjährungsvorschriften des BGB in Betracht. Zu deren Anwendbarkeit vgl. *Bassenge* in *Palandt,* § 1004 BGB Rdn. 45. Ein sachlicher Grund für diese unterschiedliche Behandlung ist nicht ersichtlich.

4   **3.** Wird das Gebäude, an dem sich die Einrichtungen befinden, die wegen des Fristablaufs zu dulden sind, durch ein neues ersetzt, so sind nunmehr wieder die §§ 24, 25 anzuwenden, Abs. 2. Die Ausschlussfrist aus § 25 beginnt von neuem.

Fünfter Abschnitt. Bodenerhöhungen

Vorbemerkungen

Das BGB regelt in § 909 nur die Rechtsfragen, die bei einer Vertiefung **1**
auf dem Nachbargrundstück auftreten; auf andere Maßnahmen ist § 909
BGB auch nicht entsprechend anwendbar (*BGH BB* 1965, 105; 1974, 54;
Roth in *Staudinger,* § 909 BGB Rdn. 10). Das gilt auch für Erhöhungen, sofern sie nicht dazu führen, dass sich durch den Druck des aufgeschütteten
Materials der Untergrund selbst senkt (vgl. hierzu *BGH NJW* 1971, 935;
1965, 2099; *Roth* in *Staudinger,* § 909 BGB Rdn. 12; *Bassenge* in *Palandt,*
§ 909 Rdn. 1, 3; *Glaser/Dröschel* S. 205). **Bodenerhöhungen, Aufschich-
tungen oder ähnliche Anlagen** mussten daher vom Nachbarn grundsätzlich geduldet werden, anders nur, wenn es sich um Anlagen handelte, von
denen mit Sicherheit unzulässige Einwirkungen auf das Nachbargrundstück
zu erwarten waren (§ 907 BGB), wie z. b. Grenzüberschreitungen oder eine
Veränderung des Grundwasserspiegels (*RGZ* 155, 158). Die Klage ist in
diesem Falle auf Unterlassung der Herstellung oder auf Beseitigung der Anlage zu richten. Eine bloße Bodenerhöhung stellt jedoch keine „Anlage“ i. S.
von § 907 BGB dar (vgl. hierzu *BGH WM* 1973, 1421; *NJW* 1976, 1840,
1841; *WM* 1980, 656). Entspricht die Anlage bezüglich ihres Grenzabstandes
oder sonstiger einschlägiger Schutzmaßregeln den landesgesetzlichen Vorschriften, kann die Beseitigung nach dem BGB erst verlangt werden, wenn
die unzulässige Beeinträchtigung tatsächlich hervortritt. Das bedeutet, dass
in diesen Fällen ein vorbeugender Rechtsschutz nicht gegeben ist (*Bassenge*
in *Palandt,* § 907 Rdn. 1). Zu diesen landesrechtlichen Vorschriften gehört § 26. Sein Zweck ist es, die mit Bodenerhöhungen häufig verbundenen
Beeinträchtigungen zu verhüten oder ihre Auswirkungen wenigstens zu mil-
dern.

§ 26 Bodenerhöhungen

[1] **Wer den Boden seines Grundstücks über die Oberfläche des Nachbargrundstücks erhöht, muß einen solchen Grenzabstand einhalten oder
solche Vorkehrungen treffen und unterhalten, daß eine Schädigung des
Nachbargrundstücks durch Bodenbewegungen ausgeschlossen ist.** [2] **Die
Verpflichtung geht auf den Rechtsnachfolger über.**

1. Notwendig ist eine **von Menschen vorgenommene Maßnahme,** **1**
die auf eine Erhöhung abzielt; Erhöhungen durch unbeeinflusste Naturkräfte
(z. B. durch einen Bergrutsch) sind nicht ausreichend (*BGH NJW* 1980,
2580; 2581 für den umgekehrten Fall der Vertiefung); dass ein menschliches
Tun vorausgesetzt wird, ergibt auch der Wortlaut.

Nicht jede Erhöhung fällt unter § 26, sondern nur diejenige, die dazu führt, dass das Niveau des Grundstücks das des Nachbargrundstücks übersteigt. Eine Erhöhung der Bodenfläche auf das Niveau des Nachbargrundstücks ist daher zulässig. Nach dem Urteil des *BGH* vom 21. 2. 1980 (WM 1980, 656, 657) greift die Vorschrift auch dann ein, wenn ein aufgrund seiner natürlichen Beschaffenheit schon höher liegendes Grundstück zusätzlich erhöht wird. Der Grundstückseigentümer, der sein Grundstück so auffüllt, dass es ein Gefälle von nur 2% zum Nachbargrundstück aufweist und die Geländeoberfläche an der Grenze nicht höher ist als das Nachbargrundstück, nimmt keine Bodenerhöhung vor (*OLG Düsseldorf* NJW-RR 1992, 912; *Dehner,* B § 20 Fußn. 78). Zulässig ist es, dass ein Grundstückseigentümer Erdreich an Gebäuden entlang anfüllt, die an der Grenze zu seinem Grundstück stehen. Wird jedoch durch das aufgefüllte Erdreich Druck auf das Gebäude ausgeübt, so kann der Nachbar gemäß § 1004 BGB die Beseitigung der Störung verlangen, wenn sich z. B. infolge des Druckes die Mauer nach innen wölbt (*LG Kassel* Rd L 1969, 72). Erhöhungen im Sinne dieser Vorschrift sind Abraum- oder Schutthalden, künstliche Hügel und sonstige Bodenaufschüttungen, durch die das Niveau des Grundstücks erhöht wird. Zu den Bodenaufschüttungen gehören ggf. auch Terrassen mit Böschungen (*Lehmann,* § 26 Anm. 2).

2   Zweifelhaft ist, ob § 26 auch auf Bodenerhöhungen anzuwenden ist, die **nicht auf Dauer angelegt** sind. *Lehmann* (§ 26 Anm. 2 und 3) vertritt die Ansicht, dass diese Vorschrift nur für dauerhafte Bodenerhöhungen gelte, da bei einer nur vorübergehenden Bodenaufschüttung die Grundstücksoberfläche selbst nicht erhöht werde, sondern lediglich Bodenmaterial auf der unverändert bleibenden Grundstücksoberfläche gelagert werde. Demgegenüber ist darauf hinzuweisen, dass das Gesetz in § 26 dauernde und vorübergehende Bodenerhöhungen nicht unterscheidet. Die von vorübergehenden Erhöhungen ausgehenden Gefahren werden zudem häufig erheblich größer sein als die von Daueranlagen ausgehenden. Deshalb findet § 26 auch auf vorübergehende Bodenerhöhungen Anwendung (*Zimmermann-Steinke,* § 30 Anm. 2; *Bassenge/Olivet,* § 25 Rdn. 2). Unerheblich ist ferner, ob das Erdreich, das für die Erhöhung benutzt wird, neu auf das Grundstück gebracht wird oder ob es dadurch gewonnen wird, dass ein höher liegendes Stück des Grundstücks abgetragen wird (*Dehner,* B § 20 V 2, Fußnote 65).

3   **2.** Das Gesetz zählt die in Betracht kommenden **Schädigungen** nicht abschließend auf. Auch der Absturz von Boden sowie Bodenpressungen werden erfasst. § 26 bezieht jedoch nicht solche Schäden ein, die dadurch entstehen, dass infolge der Erhöhung Niederschlagswasser (ohne Abschwemmen des Bodens) auf das Nachbargrundstück abfließt. Siehe dazu §§ 38 ff sowie *OLG Hamm* VersR 1985, 648. Zum Verhältnis zu § 39 Abs. 2 s. *OLG Celle* (OLGR 2000, 275).

4   Welche Maßnahmen im Einzelnen zu treffen sind, um eine Schädigung des Nachbarn auszuschließen, schreibt das Gesetz nicht vor, da diese weitgehend von den Umständen des Einzelfalles abhängen. In der Wahl der Maß-

nahmen ist der Nachbar frei, sofern durch sie der Zweck erreicht werden kann. Er kann mit der Bodenerhöhung einen Abstand zum Nachbargrundstück einhalten, der verhindert, dass bei einem Abbröckeln oder Abrutschen der erhöhten Bodenfläche Erdreich auf das Nachbargrundstück gelangt, oder sonstige Vorkehrungen treffen. Der Abstand muss demnach so groß sein, dass sich auf ihm durch das allmähliche Abbröckeln oder Abschwemmen eine natürliche und standsichere Böschung bilden kann, ohne das die Oberfläche des Nachbargrundstücks für die Grundfläche der Böschung in Anspruch genommen wird. Die Breite dieses Schutzstreifens hängt ab von der Art des Bodens, seiner Beschaffenheit sowie von dem Ausmaß der Erhöhung. Hierfür gibt es bestimmte Erfahrungswerte. Ist ein solcher ausreichender Abstand eingehalten, sind keine weiteren Maßnahmen erforderlich. Reicht der Abstand nicht aus, dass sich eine natürliche Böschung bilden kann, so sind zusätzliche Maßnahmen zu treffen. In Betracht kommt eine Absicherung durch Stützmauern, Bretter und Pfähle, die durch Geflechte aus Zweigen oder Kunststoffmatten verbunden werden können, ferner durch Böschungen, die durch Grasabdeckungen besonders befestigt werden können.

Die notwendige Befestigung braucht nicht vor Beginn der Erhöhungsar-   **5** beiten fertig gestellt zu sein; beides kann regelmäßig nebeneinander hergehen, sofern nicht aufgrund besonderer Umstände bereits bei Durchführung der Erhöhung Gefahren eintreten können. Welche Art der Befestigung gewählt wird, ist unerheblich. Der Nachbar hat keinen Anspruch auf eine bestimmte Maßnahme. Er kann deshalb weder eine besonders schöne noch eine besonders dauerhafte Ausführung der Befestigung verlangen. Dem Eigentümer steht es frei, ob er die Sicherung durch einen ausreichenden Abstand oder durch eine Befestigung wählt. Auch außergewöhnliche Umstände sind zu berücksichtigen (*Bassenge/Olivet,* § 25 Rdn. 3). Zeigt sich, dass die gewählte Befestigung nicht oder nicht mehr ausreicht, so ist sie zu erneuern oder durch eine andere zu ersetzen. Zur Verpflichtung, die Anlage zu unterhalten, gehört, dass diese regelmäßig überprüft wird. Sämtliche Vorkehrungen dürfen nur auf dem Grundstück vorgenommen werden, dessen Oberfläche erhöht worden ist. Vgl. hierzu auch *Dehner,* B § 20 V 2 Fußnote 78 a sowie *BGH* NJW-RR 1997, 16; NJW 1997, 2595. Unter den Voraussetzungen der §§ 47 ff. dürfen die erforderlichen Arbeiten ggf. aber vom Nachbargrundstück aus vorgenommen werden.

3. Die Verpflichtungen obliegen dem **jeweiligen Eigentümer** (*OLG*   **6** *Düsseldorf* OLG-Report 1992, 174). Sie gehen auf den Einzel- und Gesamtrechtsnachfolger über (Satz 2). Seit dem 1. 1. 2002 beträgt die regelmäßige Verjährungsfrist drei Jahre. Der Fristbeginn ergibt sich aus § 199 BGB n. F. Übergangsregelungen enthält Art. 229 § 6 EGBGB. Nach neuem Recht kann die Verjährungsfrist durch Parteivereinbarung auch verlängert werden. Vgl. hierzu ausführlich *Mansel* in NJW 2002, 89. Zur Rechtsstellung des anwartschaftsberechtigten Käufers eines Grundstücks vgl. *BGH* NJW 1991, 2019, *Paulus,* JZ 1993, 555, sowie § 1 Rdn. 3.

Kommt der Nachbar seiner Verpflichtung nicht nach, erfolgt die Vollstreckung im Falle der Verurteilung gemäß § 887 ZPO. Vgl. hierzu *OLG Hamm,* MDR 1983, 850 und 1984, 591; *OLG Frankfurt/M.* NJW-RR 1989, 59.

7   **4.** Im Gegensatz zu anderen Nachbarrechtsgesetzen schreibt das vorliegende Gesetz **keine besonderen Grenzabstände** für Erhöhungen gegenüber landwirtschaftlich genutzten Nachbargrundstücken vor.

8   **5.** Aufgrund von § **26** kann der Nachbar vom Grundstückseigentümer verlangen, dass dieser mit der Erhöhung einen ausreichenden Abstand einhält oder sonstige Maßnahmen i. S. von § 26 trifft, wobei er jedoch keinen Anspruch auf eine bestimmte Maßnahme hat, es sei denn, dass nach den gesamten Umständen nur eine Erfolg versprechend ist. Ferner dann, wenn weitere Maßnahmen zwar möglich sind, vernünftigerweise aber nicht ernsthaft in Betracht gezogen werden können (*BGH* NJW 2004, 1035). In den anderen Fällen muss es dem Beklagten überlassen bleiben, auf welche Weise er Abhilfe schaffen will (*Bassenge* in *Palandt,* § 1004 BGB Rdn. 51; vgl. hierzu *BGHZ* 67, 252 = NJW 1977, 146; *BGHZ* 120, 239; *Dehner,* B § 38 II 2a). Bei gewerblichen Anlagen, die nach § 4 BImSchG genehmigt sind, ist § 14 BImSchG zu beachten.

Stellt die erhöhte Erdoberfläche eine gefahrdrohende Anlage im Sinne von § 907 BGB dar (vgl. hierüber Vorb. zu § 26 Rdn. 1 sowie *Dehner,* B § 17 II 1) und entspricht sie nicht den Vorschriften dieses Gesetzes oder sonstigen Schutzvorschriften (vgl. hierzu *Bayer/Lindner/Grziwotz,* S. 113), kann der Nachbar gemäß § 1004 BGB in Verbindung mit § 907 BGB auf Unterlassung der Herstellung oder auf Beseitigung klagen (vgl. auch Vorbemerkungen). Entspricht sie den Vorschriften dieses Gesetzes, liegen aber gleichwohl die Voraussetzungen von § 907 BGB vor, ist eine vorbeugende Unterlassungsklage ausgeschlossen (§ 907 Satz 2 BGB). Es kann dann nur auf Beseitigung geklagt werden, wenn die Beeinträchtigung tatsächlich hervorgetreten ist (*Bassenge* in *Palandt,* § 907 BGB Rdn. 1; *Glaser/Dröschel,* S. 200).

9   **6.** § 26 ist ein **Schutzgesetz i. S. von § 823 Abs. 2 BGB.** Bei einem schuldhaften Verstoß kann Schadensersatz verlangt werden. Außerdem kann ein nachbarrechtlicher Ausgleichsanspruch in Betracht kommen, wenn die Beeinträchtigung aus besonderen Gründen nicht abwehrbar ist, vgl. *Bassenge* in *Palandt,* § 906 Rdn. 35.

10   **7.** Zu beachten sind ggf. §§ 38 ff. Bei Aufschüttungen größeren Umfangs sind gem. § 29 S. 3 BauGB §§ 30 bis 37 BauGB entsprechend anzuwenden, vgl. hierzu *Battis/Krautzberger/Löhr,* § 29 Rdn. 21 ff.

Sechster Abschnitt. Einfriedung

Vormerkungen

1. Das Gesetz enthält keine Definition des Begriffs **Einfriedung.** Nach 1
allgemeiner Auffassung ist eine Einfriedung eine Anlage, die ein Grundstück
gegenüber Nachbargrundstücken, Wegen, Straßen oder sonstigen Flächen
abgrenzt und/oder es vor unbefugtem Betreten schützt. Sie dient auch dazu
– wenn z. B. eine Mauer gewählt wird –, das Grundstück vor Beeinträchtigungen, die vom Nachbargrundstück ausgehen, zu schützen (*BGH* NJW-
RR 1997, 16). Einfriedungen sind demnach Zäune, Mauern, lebende Hecken sowie Sichtschutzwände (a. A. wohl *OLG Hamm,* Urteil v. 20. 12.
2001 – 5 U 115/01). *Bassenge/Olivet,* § 28 Rdn. 18, halten Sichtschutzzäune
nicht für Einfriedungen, wenn ihr einziger Zweck der Sichtschutz ist. Sichtschutzzäune müssen aber, um ihren Zweck überhaupt erfüllen zu können,
eine gewisse Höhe und Ausdehnung haben. Damit grenzen sie das Grundstück ab und schützen vor Beeinträchtigungen. Sie sind deshalb grundsätzlich
an § 28 zu messen. Vgl. auch *OVG NRW* BauR 2005, 1431; 2004, 656.

Auch ein Elektrozaun kann eine Einfriedung sein, selbst wenn das Grundstück nicht mehr als Weide benutzt wird. Vgl. hierzu *Hodes/Dehner,* § 14
Rdn. 1. Zum Begriff der Einfriedung im Baurecht vgl. *Wolff,* BauR 2001,
1046. Die Einfriedung steht auf, entlang oder in einem Abstand von der
Grundstücksgrenze. Siehe hierzu §§ 30, 31 die dortigen Anmerkungen.

2. Fraglich ist, in welchem Umfang Vorschriften über Einfriedungen auch 2
auf **Stützmauern** anzuwenden sind, die auf oder an einer Grundstücksgrenze stehen. Die Nachbarrechtsgesetze enthalten insoweit keine Regelungen.
Unanwendbar sind die Regelungen über Einfriedungen auf Stützmauern
aber jedenfalls dann, wenn auf der einen Seite das Erdreich bis unmittelbar
an die Krone der Mauer oder nur unwesentlich niedriger aufgefüllt worden
ist. In diesem Fall grenzt sie das höhere Grundstück nicht im oben ausge-
führten Sinn ab. Außerdem müsste ggf. auf die Stützmauer noch ein weiterer
Zaun errichtet werden, um das Abstürzen von Personen zu vermeiden. Die
Vorschriften der Nachbarrechtsgesetze über die Beschaffenheit der Einfriedungen und die Einhaltung von Grenzabständen sind auf solche Mauern
nicht anzuwenden. Vgl. auch *BGH* NJW-RR 1997, 16.

Stützmauern können gleichwohl nicht nach Belieben errichtet werden. 3
Die NBauO (s. Anhang II) enthält in § 12a Vorschriften, die nachbarschüt-
zend sind und aus denen der Nachbar bei Rechtsverletzungen gem. § 1004
BGB Abwehransprüche und gem. § 823 Abs. 2 BGB Schadensersatzansprüche herleiten kann. Siehe insbesondere Abs. 1, Abs. 2 Nr. 3 und Abs. 3. Eine
weitere Einschränkung ergibt sich aus der Definition der Stützmauer. Eine

Stützmauer liegt nur vor, wenn und soweit sie zur Abstützung des natürlichen Geländeverlaufs erforderlich ist. Diese Grenze wird überschritten, wenn z. B. einem gärtnerisch genutzten Grundstück durch unnötige Aufschüttungen ein anderes Profil gegeben und dadurch die Abstützung erforderlich wird (*OVG Münster* BauR 1990, 342). Eine Mauer, die ihre Funktion als Stützwand erst durch die nachfolgende Aufschüttung erhält, fällt nicht unter den Begriff der Stützwand i. S. der BauO (*OVG Münster* NJW 1985, 2827; Urteil des *OLG Hamm* vom 8. 6. 1996 5 U 32/95).

4   Derartige Mauern fallen unter § 12a Abs. 1 BauO, wenn von ihnen Wirkungen wie von Gebäuden ausgehen. Maßgeblich ist hierbei das Maß des Herausragens aus der Erdoberfläche, des Bauvolumens sowie die Höhe der Anlage (*Hoppenberg* in *Hoppenberg/de Witt,* Kap. H. Rdn. 345). Vgl. hierzu *OVG Münster* BauR 1990, 341: Aufschüttung in etwa 2m Entfernung von der Grenze, die über mehrere Meter über 2m höher als die natürliche Geländeoberfläche ist und dann sanft abfällt; *OLG Hamm* aaO: 8m lange Winkelsteinmauer über 1m Höhe; *LG Gießen* NJW-RR 1995, 271; bis zu 1,10 m hohe und über 25 m lange Stützmauer. S. hierzu die Übersichten bei *Hoppenberg* in *Hoppenberg/de Witt,* Kap. H Rdn. 345, *Reichel/Schulte,* Kap. 3 Rdn. 48.

Zu beachten ist, dass § 12a NBauO privatrechtlich keinen Vorrang gegenüber §§ 27 ff hat, von § 28 Abs. 3 NNachbG abgesehen.

5   3. Das BGB enthält keine Vorschriften, die die Einfriedung von Grundstücken regeln. Danach kann jeder sein Grundstück einfrieden oder davon absehen. Bestehende Einfriedungen durften entfernt werden. Etwas anderes gilt aber, wenn eine Einfriedung auf der Grenze steht, d.h. unter Inanspruchnahme des Nachbargrundstücks errichtet worden ist. Dann kann eine Grenzeinrichtung vorliegen, die durch §§ 921, 922 BGB gegen einseitige Veränderungen geschützt ist. Vgl. hierzu § 28 Rdn. 8.

Durch Art. 124 EGBGB ist den Ländern aber das Recht eingeräumt worden, entsprechende Vorschriften zu erlassen. Das Land Niedersachsen hat hiervon Gebrauch gemacht, allerdings nur in begrenztem Umfang.

6   4. Daneben können sich Einfriedungspflichten aus öffentlich-rechtlichen Vorschriften, z. B. **Gemeindesatzungen** sowie § 15 NBauO ergeben. Siehe auch das StrG sowie das BFernStrG.

§ 27   Einfriedungspflicht

(1) **Grenzen bebaute oder gewerblich genutzte Grundstücke aneinander, so kann jeder Eigentümer eines solchen Grundstücks, sofern durch Einzelvereinbarung nichts anderes bestimmt ist, von den Nachbarn die Einfriedung nach folgenden Regeln verlangen:**
1. Wenn Grundstücke unmittelbar nebeneinander an derselben Straße oder an demselben Wege liegen, so hat jeder Eigentümer an der Grenze zum rechten Nachbargrundstück einzufrieden. Rechtes Nachbargrundstück ist dasjenige, das von der Straße (dem Wege) aus be-

trachtet rechts liegt. Dies gilt auch für Eckgrundstücke, auch für solche, die an drei Straßen oder Wege grenzen. 2. Liegt ein Grundstück zwischen zwei Straßen oder Wegen, so ist dasjenige Grundstück rechtes Nachbargrundstück im Sinne von Nr. 1 Satz 2, welches an derjenigen Straße (demjenigen Wege) rechts liegt, an der (dem) sich der Haupteingang des Grundstückes befindet. Durch Verlegung des Haupteingangs wird die Einfriedungspflicht ohne Zustimmung des Nachbarn nicht verändert. Für Eckgrundstücke gilt Nr. 1 ohne Rücksicht auf die Lage des Haupteingangs. 3. Wenn an einer Grenze gemäß Nr. 2 in Verbindung mit Nr. 1 beide Nachbarn einzufrieden haben, so haben sie gemeinsam einzufrieden. 4. An Grenzen, auf die weder Nr. 1 noch Nr. 2 dieses Absatzes anwendbar ist, insbesondere an beiderseits rückwärtigen Grenzen, ist gemeinsam einzufrieden. 5. Soweit die Grenzen mit Gebäuden besetzt sind, besteht keine Einfriedungspflicht.

(2) ¹Soweit in einem Teil eines Ortes Einfriedungen nicht üblich sind, besteht keine Einfriedungspflicht. ²§ 29 Abs. 2 bleibt unberührt.

1. Die Einfriedungspflicht gilt nach Abs. 1 nur für bebaute oder gewerb- **1** lich genutzte Grundstücke. Zur Bebauung zählen auch Baracken und Wochenendhäuser (vgl. § 61 Rdn. 2). Ist nur eines der angrenzenden Grundstücke bebaut oder gewerblich genutzt und das andere nicht, besteht keine Einfriedungspflicht nach § 27, evtl. aber eine nach § 29 Abs. 2. Bebaut ist ein Grundstück nicht schon dann, wenn die Fundamente für ein Gebäude gelegt sind; erforderlich ist wenigstens die Erstellung im Rohbau (*Hodes/ Dehner*, § 14 Fußn. 35).

Öffentliche Straßen, Grünanlagen und Gewässer sind regelmäßig nicht bebaut, allerdings können in einem Park Gebäude stehen und Gewässer z. B. im Rahmen eines Fischereibetriebes gewerblich genutzt (s. Rdn. 2) sein.

Ein Gewerbe ist eine auf Dauer angelegte selbständige Tätigkeit, die auf **2** Gewinn abzielt, selbst wenn im Einzelfall der Betrieb mit Verlust arbeitet, ausgenommen die so genannten freien Berufe wie Rechtsanwälte, Ärzte, Architekten usw. und die bloße Verwaltung und Nutzung eigenen Vermögens (*BVerwG NVwZ* 1993, 775). Eine gewerbliche Nutzung liegt aber vor, wenn das Grundstück zum Betrieb von Privatsanatorien, privaten Theatern, Zirkusunternehmen sowie Privatschulen genutzt wird (vgl. hierzu *Baumbach/ Hopt*, HGB, § 1 Rdn. 20). Ausreichend ist auch die Verwendung eines Grundstücks als Lagerplatz im Rahmen eines Gewerbebetriebes oder als Campingplatz. Auch die Nutzung durch Garagen kann hierunter fallen (*Hodes/Dehner*, § 14 Fußn. 36).

2. Parteivereinbarungen haben Vorrang. Eine solche Vereinbarung kann **3** die Einfriedungspflicht abweichend regeln oder sie abbedingen. Rechtsnachfolger sind an diese Vereinbarungen mit Ausnahme von Erben oder sonstigen Gesamtrechtsnachfolgern (vgl. 1967, 1922 BGB) nicht gebunden. Im Übrigen genießen einverständlich auf der Grenze errichtete Einfriedungen ggf. Bestandsschutz gem. §§ 921, 922 BGB (Grenzeinrichtung). In diesen Fällen wirkt die Zustimmung auch gegenüber Einzelrechtsnachfolgern (*Bassenge* in *Palandt*, § 921 Rdn. 2).

4   **3.** Eine Einfriedungspflicht nach § 27 besteht ferner dann nicht, wenn in einem Teil des Ortes Einfriedungen nicht üblich sind. § 29 Abs. 2 bleibt unberührt. Zur Ortsüblichkeit s. § 28 Rdn. 4.

5   **4.** Wie und durch welchen Nachbarn eine Einfriedung zu errichten ist, bestimmt Abs. 1 Nr. 1 bis 5. Es gilt der Grundsatz der **Rechtseinfriedung** (Abs. 1 Nr. 1 und 2): Im Regelfall hat der Eigentümer die Grenze zum rechten Nachbargrundstück einzufrieden, während er seinerseits von seinem linken Nachbarn die Errichtung einer Einfriedung verlangen kann. Sinn dieser Regelung ist, dass immer nur ein Nachbar für einen bestimmten Einfriedungsabschnitt verantwortlich ist. Wegen der Einzelheiten vgl. die folgenden Anmerkungen. Wer die Kosten der Errichtung und Unterhaltung zu tragen hat, regeln §§ 34, 35.

6   **5.** Nach **Abs. 1 Nr. 1** Satz 1 ist die Grenze zum rechten Nachbarn einzufrieden, wenn die Grundstücke **unmittelbar nebeneinander an derselben Straße** oder demselben Weg liegen. Wann das der Fall ist, lässt sich am besten anhand von Abbildungen verdeutlichen:

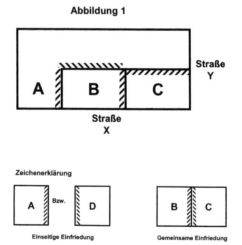

Abbildung 1

Zeichenerklärung

Einseitige Einfriedung   Gemeinsame Einfriedung

In **Abbildung 1** liegen zwar die Grundstücke A, B und C nebeneinander an derselben Straße. Obwohl auch A und C eine gemeinsame Grenze haben, liegen jedoch nur A und B **unmittelbar** nebeneinander an derselben Straße. Nur die Einfriedungspflicht an der Grenze zwischen A und B (bzw. B und C) richten sich daher nach Abs. 1 Nr. 1, während sich die Grenze zwischen A und C nach Abs. 1 Nr. 4 richtet. Dazu Rdn. 12.

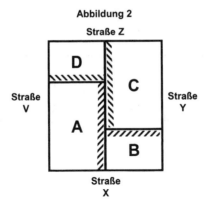

Abbildung 2
Straße Z

In **Abbildung 2** liegen die Grundstücke A und C unmittelbar nebeneinander, jedoch nicht an derselben Straße oder demselben Weg, so dass insoweit nicht Abs. 1 Nr. 1 sondern Nr. 4 anzuwenden ist.

Wege können hier auch Privatwege und Notwege sein. Es muss sich nicht um öffentliche Wege handeln (*Lehmann,* § 27 Rdn. 7).

Auch Eckgrundstücke haben immer ein rechtes Nachbargrundstück. Eckgrundstücke liegen immer an mindestens zwei Straßen. Wenn in einer dieser Straßen rechts ein Grundstück angrenzt, so ist dieses das rechte Nachbargrundstück.

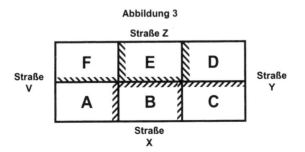

Abbildung 3   7
Straße Z

In **Abbildung 3** hat das Grundstück C an der X-Straße kein rechtes Nachbargrundstück. Da es aber gleichzeitig an der Y-Straße liegt, grenzt dort rechts das Grundstück D an. D ist daher das rechte Nachbargrundstück von C. C muss hier einfrieden. Ähnliches gilt für das Grundstück F. Sein rechtes Nachbargrundstück ist A.

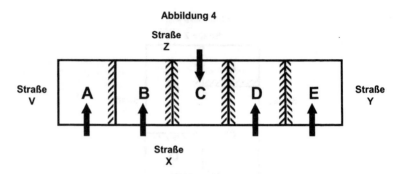

Abbildung 4

Eckgrundstücke, die an drei Straßen gelegen sind, haben ebenfalls ein rechtes Nachbargrundstück. In **Abbildung 4** liegen die Grundstücke A und E jeweils an drei Straßen. A hat an der X-Straße sein rechtes Nachbargrundstück B, E an der Z-Straße sein rechtes Nachbargrundstück D. Vgl. auch Nr. 2 S. 3 und unten Rdn. 10.

8   Einzufrieden ist an der Grenze zum **rechten Nachbargrundstück.** Dazu bestimmt Nr. 1 Satz 2 ausdrücklich, dass rechtes Nachbargrundstück immer das ist, das von der Straße aus gesehen rechts liegt, d. h. rechts von dem Grundstück, dessen Eigentümer seine Einfriedungspflicht prüft. Einzufrieden ist die gesamte, nicht nur die seitliche Grenzlinie zum rechten Nachbargrundstück, auch wenn sie in einem Knick verläuft. S. dazu die Abbildung 1 für die Grenze zwischen A und B; insbesondere unterfällt die rückwärtige Grenze von B nicht Abs. 1 Nr. 4. Vgl. auch *Lehmann,* § 27 Rdn. 10.

9   **6. Abs. 1 Nr. 2** regelt den Fall, dass ein Grundstück **zwischen zwei Straßen** liegt. Vgl. Abbildung 4 A–E. Bei der Frage, von welcher Straße aus gesehen ein Grundstück das „rechte" ist, stellt das Gesetz auf die Straße ab, an der sich der Haupteingang befindet. In Abb. 4 ist daher C das rechte Nachbargrundstück von B (von der X-Straße ausgesehen), da B hier seinen Haupteingang hat, gleichzeitig ist B das rechte Nachbargrundstück von C (von der Z-Straße aus gesehen). Hat ein Grundstück keinen Haupteingang, sondern mehrere gleichberechtigte, so ist Abs. 1 Nr. 4 anzuwenden (*Lehmann,* § 27 Rdn. 11).

10   Für Eckgrundstücke zwischen zwei Straßen gilt Nr. 1 und nicht Nr. 2, s. Nr. 2 Satz 3. Das rechte Nachbargrundstück eines Eckgrundstücks wird gem. Nr. 1 bestimmt, ohne dass es auf die Lage des Eingangs ankommt. Vgl. Rdn. 7 a. E. und Abb. 4.

11   **7. Abs. 1 Nr. 3:** Haben nach Nr. 2 in Verb. mit Nr. 1 an einer Grenze beide Nachbarn einzufrieden, so haben sie gemeinsam einzufrieden. Vgl. Abb. 4 bei den Nachbarn B und C bzw. D und E.

12   **8.** Alle Grenzen, auf welche der Grundsatz der Rechtseinfriedung nach Nr. 1 und 2 nicht anwendbar ist, sind gemeinsam einzufrieden, insbesondere

beiderseits rückwärtige Grenzen, Nr. 4. Das sind z. B. die Grenzen zwischen B und E in Abb. 3. Hierunter fallen gemeinsame Grenzen von Grundstücken, die nicht unmittelbar nebeneinander an der selben Straße liegen, wie in Abb. 2 die Grenze zwischen A und C. Erfasst werden aber auch die Fälle, in denen sich sonst für eine Grenze keine Einfriedungspflicht ergäbe, weil jedes Grundstück im Verhältnis zum anderen „linkes" Nachbargrundstück ist; so die Grenze zwischen C und D in Abb. 4.

9. Eine **Ausnahme** enthält Abs. 1 Nr. 5. Danach besteht keine Einfrie-   **13** dungspflicht, soweit die Grenzen mit Gebäuden besetzt sind. Welcher der Nachbarn diese errichtet hat, ist unerheblich. Ein geringfügiger Abstand zu Grenze kann außer Betracht bleiben. Lücken, auch zwischen zwei Gebäuden, müssen von einfriedungspflichtigen Nachbarn geschlossen werden. Wegen der weiteren Ausnahme gem. Abs. 2 s. oben Rdn. 4.

§ 28 Beschaffenheit der Einfriedung

(1) **¹Haben die Eigentümer eine Vereinbarung über die Art und Beschaffenheit der Einfriedung nicht getroffen, so kann eine ortsübliche Einfriedung verlangt werden.** **²Wenn sich für einen Teil eines Ortes keine andere Ortsübung feststellen läßt, kann ein bis zu 1,20 m hoher Zaun verlangt werden.**

(2) **¹Die Einfriedung ist – vorbehaltlich des § 30 – auf dem eigenen Grundstück zu errichten.** **²Seitliche Zaunpfosten sollen dem eigenen Grundstück zugekehrt sein.**

(3) **Darf eine Einfriedung nach der Niedersächsischen Bauordnung in einer bestimmten Höhe an der Grenze errichtet werden, so kann nicht verlangt werden, daß die Einfriedung eine geringere Höhe einhält.**

1. In erster Linie ist die Einfriedung zu errichten, auf die sich die Nach-   **1** barn geeinigt haben. Das gilt bezüglich der Höhe, aber auch für die Beschaffenheit im Übrigen. Wegen der z. T. vorrangigen Vorschriften der NBauO bzgl. der Höhe siehe unten Rdn. 13. Die Vereinbarungen sind formlos gültig.

2. Kommt es zu keiner Einigung, ist eine ortsübliche Einfriedung zu er-   **2** richten. Nach der Ortsüblichkeit richten sich Höhe und Ausführungsart (*Bassenge/Olivet*, § 31 Rdn. 2). Der Begriff der Ortsüblichkeit ist hinreichend bestimmt und lässt für den Einzelfall durchaus eine nach objektiven Kriterien mögliche Inhaltsbestimmung des Anspruchs zu (*BGH* NJW 1979, 1410).

Ortsüblich ist eine Einfriedung, wenn sie in dem zum Vergleich heranzu-   **3** ziehenden Bezirk häufiger vorkommt (Urteil des *OLG Hamm* vom 2. 4. 1984 – 5 U 210/82 –). Sehr weitgehend: *LG Hildesheim* Nds.Rpfl. 1997, 225. Entscheidend ist dabei die tatsächliche Übung. Nicht verwirklichte Planungen z. B. von Bauträgern sind unerheblich (*BGH* NJW 1992, 2569; *Dehner*, B § 9 III 4 Fußn. 6 c). Nicht notwendig, wenn auch ausreichend ist es, dass die Mehrheit der Vergleichsgrundstücke in einer bestimmten Weise eingefriedet ist. Möglich ist auch, dass mehrere Einfriedungsarten ortsüblich sind. In diesem Falle steht es dem verpflichteten Grundstückseigentümer frei, welche Einfriedungsart er wählt (*BGH* NJW 1979, 1408, 1409 a.E.; 1992, 2570; *OLG Hamm* aaO; *LG Braunschweig* Nds.Rpfl. 1969, 86; *Dehner,* B § 9 III 4; *Zimmermann/Steinke,* § 35 Anm. 2b 6). Es liegt dann eine Wahlschuld vor. Nimmt der Schuldner die Wahl im Falle seiner Verurteilung nicht vor dem Beginn der Zwangsvollstreckung vor, so kann der Anspruchsberechtigte die Zwangsvollstreckung nach seiner Wahl auf die eine oder andere Art der Einfriedung richten (§ 264 Abs. 1 BGB). Wie hier auch *OLG Hamm* 5 U 210/82. Ein Anspruch auf die Vornahme der Wahl besteht nicht.

4   Bei der Prüfung der Ortsüblichkeit ist nicht das gesamte Gebiet der Gemeinde heranzuziehen. Es reicht aus, wenn die Üblichkeit einer Einfriedung für einen bestimmten Ortsteil oder eine geschlossene Siedlung festgestellt werden kann, da es in erster Linie auf die Verhältnisse der näheren Umgebung des einzufriedenden Grundstücks ankommt. Liegt das Grundstück des einfriedungspflichtigen Eigentümers innerhalb einer in sich geschlossenen, von der weiteren Umgebung abgehobenen Siedlung, so kann sich die Prüfung, welche Einfriedung ortsüblich ist, auf dieses Gebiet beschränken (*BGH* NJW 1992, 2569). Das gilt auch für ein Haus einer Reihenhausanlage in Randlage, wenn es sich trotzdem so in die vom Bauträger erstellte Anlage einfügt, dass sich insgesamt der Eindruck einer geschlossenen Bebauung ergibt (*OLG Köln* ZMR 1993, 78; *BGH* NJW 1992, 2570). Wegen Sichtschutzzäunen s. Vorb. § 27 Rdn. 1.

5   Maßgeblich sind dabei die Verhältnisse im Zeitpunkt der letzten mündlichen Verhandlung in der Tatsacheninstanz. Deshalb kann ein Eigentümer, der von sich aus und nicht aufgrund eines Verlangens nach §§ 27 ff und ohne das Einverständnis des Nachbarn einzuholen, eine Einfriedung errichtet hat, dessen später geltend gemachten Anspruch auf Herstellung einer § 28 entsprechenden Einfriedung nicht entgegenhalten, die schon vorhandene Einrichtung sei bei ihrer Errichtung nicht ortsunüblich gewesen (*BGH* NJW 1992, 2569; kritisch *Dehner,* B § 9 Fußn. 6h). Allerdings hat der Eigentümer keinen Anspruch darauf, dass eine Einfriedung ständig den herrschenden Gewohnheiten angepasst wird (*Dehner,* B § 9 III 4). Deshalb ist der Anspruch erfüllt und untergegangen, wenn einmal gem. §§ 27 ff eine dem Gesetz oder der Parteivereinbarung entsprechende Einfriedung errichtet worden ist.

6   Die Erteilung einer Baugenehmigung für eine Einfriedung macht eine nicht ortsübliche Einfriedung nicht regelmäßig (*LG Braunschweig* Nds.Rpfl. 1969, 87). Schilfmatten, die unmittelbar an einer vorhandenen Einfriedung (z.B. an einem Jägerzaun) errichtet werden, sind als Teil der Einfriedung anzusehen und unterliegen somit den Einschränkungen von § 28 (*LG Dortmund* – 1 S 378/72; a.A. wohl *LG Duisburg* – 8 O 53/73). Wird parallel neben einem Maschendrahtzaun ein weiterer Zaun aus durchsichtigem PVC errichtet, so stellt dieser ebenfalls einen Teil der Einfriedung dar, so dass die Einfriedung auch insoweit an § 28 zu beurteilen ist. Beide Zäune stellen eine Einheit dar. So kann der Grundstückseigentümer die Beseitigung einer auf

dem Nachbargrundstück errichteten Einfriedung verlangen, wenn diese nach ihrer Beschaffenheit (eine 2 Meter hohe Mauer) das Erscheinungsbild der gem. §§ 27, 28 geforderten ortsüblichen Einfriedung (hier: eine 1 Meter hohe Hecke) erheblich stören würde (*BGH* NJW 1992, 2569). Siehe hierzu weiter *OLG Frankfurt/M.* (NJW-RR 1988, 403 – ein bis zu 2,80 m hoher Sichtblenden-Zaun im Abstand von 40 cm neben einer üblichen Grundstückseinfriedung); *OLG Düsseldorf* (MDR 1996, 848) sowie *Dehner,* B § 9 III 4. A. A. und unzutreffend *AG Aachen* WuM 1992, 620. S. ferner *LG Duisburg* (21 S 270/98), das einen Metallgitterzaun in einem Abstand von 0,50 m zu einem Jägerzaun für zulässig erachtet. Eine verrottete und nicht mehr funktionstüchtige Einfriedung genießt jedoch keinen Schutz mehr gegen optische Beeinträchtigungen durch eine unmittelbar dahinter errichtete andersartige Einfriedung (*OLG Köln* VersR 1992, 1235).

Die Ortsüblichkeit bildet nicht nur den Maßstab dafür, welche Art der Einfriedung die Nachbarn nach § 35 NachbG kostenmäßig hinnehmen müssen; sie bestimmt darüber hinaus auch die zweckgerechte und die ihnen ästhetisch zumutbare Ausgestaltung der Einfriedung (*BGH* NJW 1979, 1408; *OLG Hamm* NJW 1975, 1035). Ist deshalb auf der Grenze eine ortsübliche Einfriedung vorhanden, so kann der Nachbar auf Erhaltung des Zustandes bestehen, den die Einfriedung nach ihrem Sinn und Zweck gewährleisten muss. Auch eine bloß immaterielle erhebliche Beeinträchtigung dieser Grenzeinrichtung braucht er nicht hinzunehmen, wenn hinter einer bestehenden ortsüblichen Einfriedung eine weitere Einfriedung (z. B. Mauern, Schilfzäune, Sichtschutzwände aus Holz oder PVC usw.) errichtet wird und die davorstehende Einfriedung ihren Charakter als ortsübliche Einfriedung verliert. S. Rdn. 6. **7**

Vorhandene Einfriedungen sind u. U. aber auch dann gegen **eigenmäch- 8 tige** Veränderungen durch den anderen Nachbarn geschützt, wenn eine Einfriedungspflicht nach dem Nachbarrechtsgesetz nicht besteht und § 28 unanwendbar ist. Der Schutz kann sich aus §§ 921, 922 BGB ergeben, wenn es sich bei der Einfriedung um eine **Grenzeinrichtung** handelt. Sie muss deshalb einverständlich, d. h. mit Zustimmung des Nachbarn als Grenzeinrichtung auf der Grenze errichtet worden sein. Auf der Grenze bedeutet, dass sie der Länge nach von der Grenzlinie durchschnitten sein muss (vgl. *LG Bochum* NJW-RR 1992, 913; *OLG Frankfurt/M.* NJW-RR 1992, 464; *Bassenge* in *Palandt,* § 921 Rdn. 1). §§ 921, 922 BGB sind hingegen nicht anwendbar, wenn die Einfriedung nicht auf, sondern entlang oder in einem Abstand zur Grenze errichtet worden ist (vgl. *LG Oldenburg* WuM 1986, 283) oder ohne Zustimmung der Nachbarn errichtet oder erhalten worden ist (*OLG Düsseldorf* NJW-RR 91, 656). Dabei kann eine Hecke auch dann eine Grenzeinrichtung sein, wenn nur einige der Stämme der Hecke so gepflanzt sind, dass sie dort, wo sie aus dem Boden heraustreten, von der Grenze durchschnitten werden. Unerheblich ist dabei, ob dieser Zustand schon beim Anpflanzen der Hecke bestanden hat (*BGH* NJW 2000, 512). Eine grenzscheidende Wirkung braucht der Einrichtung nicht zuzukommen. Es reicht aus, wenn sie objektiv dem Vorteil beider Grundstücke dient (*BGH* NJW 2003, 1731). In diesem Fall wird vermutet, dass beide Nachbarn zur gemeinschaftlichen Benutzung berechtigt sind. Sie darf gem. § 922 Satz 3 BGB ohne Zustimmung des anderen Nachbarn nicht entfernt werden, solange dieser ein Interesse an ihrem Fortbestand hat (*BGH* NJW 1985, 1458). Eine derartige Einfriedung ist, soweit sie auch in ihrer äußeren Beschaffenheit auf dem Willen der Nachbarn beruht, nicht nur gegen eine Beseitigung, sondern auch gegen eigenmächtige Veränderungen hinsichtlich der äußeren Beschaffenheit und dem Erscheinungsbild geschützt. Deshalb kann der Nachbar gemäß §§ 922 Satz 3, 1004 BGB z.B. die Beseitigung eines fast 2 m hohen Bretterzaunes verlangen, der neben einem vorhandenen ca. 60 cm hohen Spriegelzaun errichtet worden ist (*BGH* NJW 1979, 1408; s. auch *OLG Frankfurt/M.* NJW-RR 1988, 403; *OLG Düsseldorf* MDR 1996, 848). Das Veränderungsverbot gilt bzgl. der gesamten Einfriedung, also auch hinsichtlich der Teile, die auf dem eigenen Grundstück stehen (*LG Gießen* NJW-RR 1995, 77). Dabei verliert der Zaun seine Eigenschaft als Grenzeinrichtung nicht ohne weiteres dadurch, dass an ihm Reparaturen vorgenommen werden (z.B. das Auswechseln von Pfosten); anders jedoch, wenn er vollständig verrottet ist (*OLG Köln* VersR 1992, 1235) oder von einem Maschendrahtzaun nur noch die Pfosten verblieben sind.

9   Zur Frage, ob ein Nachbar die Einfriedung auch ohne Zustimmung des anderen zeitgemäß umgestalten darf, s. *Bassenge/Olivet*, § 30 Rdn. 4. Auf jeden Fall muss sie weiterhin die geschuldete Beschaffenheit behalten. S. auch *Dehner*, B § 7 VI. Zum Bestandschutz von Maschendrahtzäunen vgl. *VGH Mannheim* NuR 1999, 109.

10   Auch Eiben können, obwohl sie giftig sind, als zulässige Einfriedungen in Betracht kommen (*OLG Düsseldorf* NJW 1975, 739). Siehe aber auch *OLG Köln* NJW-RR 1990, 793. Zur Eignung von teerölgetränkten Holzschwellen s. *OLG Hamburg* NJW-RR 1995, 536; *AG Burgwedel* NuR 2000, 64 (Strafbarkeit); *OLG Köln* DWW 2001, 24.

11   In zeitlicher Hinsicht kommt es für die Feststellung der Ortsüblichkeit auf den Zustand beim letzten Termin zur mündlichen Verhandlung an (*BGH* WM 1976, 571). S. aber auch *Dehner,* B § 9 III 4.

12   Lässt sich eine ortsübliche Einfriedung nicht feststellen und können sich die Nachbarn nicht einigen, ist ein bis zu 1,20 m hoher Zaun zu errichten. Dieses Maß stellt keine Mindesthöhe dar. Es darf nicht überschritten, aber unterschritten werden. In Betracht kommen Drahtzäune und Holzzäune.

13   Ausnahmen ergeben sich aus Abs. 3 in Verb. mit der NBauO. Danach ist eine Überschreitung der Höhe von Abs. 1 zulässig, wenn die Einfriedung bis zu einer bestimmten Höhe an der Grenze errichtet werden darf. S. dazu § 12a Abs. 2 NBauO.

14   Wegen der **Beschaffenheit** der Einfriedung eines Grundstücks, von dem **Störungen** ausgehen, s. § 29.

15   **2.** § 28 ist nicht anwendbar, wenn eine Einfriedungspflicht nach dem Nachbarrechtsgesetz nicht besteht. Dafür sprechen der Wortlaut der Vorschrift, die nicht als selbständige Anspruchsgrundlage formuliert ist, und ihre Stellung im Anschluss an die in §§ 27 ff niedergelegte Einfriedungspflicht (vgl.

BGH NJW 1979 S. 1408, 1409; NJW 1992, 2569; NJW-RR 1997, 16; *LG Lüneburg* Nds.Rpfl. 1989, 235; *LG Braunschweig* Nds.Rpfl. 1969, 87; *OLG Celle* Nds.Rpfl. 1975, 169; *LG Hannover* NJW-RR 1991, 405; *Bassenge/Olivet,* § 28 Rdn. 3; § 31 Rdn. 4; *Zimmermann/Steinke,* § 35 Anm. 3a; *Hodes/Dehner,* § 15 Rdn. 1; *Dehner* NJW 1975, 1972; *Dehner,* B § 9 III 4; a.A. *Lehmann,* § 28 Anm. 1, allerdings zur früheren Fassung der Vorschrift). Die Beseitigung oder Abänderung einer Einfriedung, die von einem Nachbarn errichtet worden ist, kann daher nur verlangt werden, wenn der andere Nachbar einen Anspruch auf Errichtung einer Einfriedung hat und sich dieser in der gemäß § 28 geschuldeten Form nur verwirklichen lässt, wenn die bereits bestehende Einfriedung verändert oder beseitigt wird (*BGH* NJW 1979, 1409). Der Anspruch auf Errichtung der geschuldeten Einfriedung braucht nicht mit der Klage auf Beseitigung der bestehenden Einfriedung verbunden zu werden (*BGH* NJW 1992, 2569). Kritisch hierzu *Dehner,* B § 9 Fußn. 5 d.

Fraglich ist jedoch, ob § 28 anzuwenden ist, wenn zwar für eine Grenze **16** eine Verpflichtung zur Errichtung einer Einfriedung besteht, diese jedoch von dem nicht einfriedungspflichtigen Nachbarn errichtet wird. Das *LG Braunschweig* hat diese Frage in einer Entscheidung zu § 28 Nds. NachbG (Nds.Rpfl. 1969, 87) bejaht und ausgeführt: Die Vorschrift wolle in erster Linie bestimmen, wie bei bestehender Einfriedungspflicht diese zu erfüllen sei, damit sie nicht durch unzureichende Ausführung umgangen werde. Durch sie soll aber auch erreicht werden, dass Einfriedungen der Ortsübung entsprächen. Auch dem einfriedungspflichtigen Nachbarn gegenüber erscheine es nicht gerechtfertigt, dass dieser eine Einfriedung von einer Beschaffenheit dulden müsse, die ihm selbst als Einfriedungspflichtigem ohne Zustimmung des Nachbarn nicht erlaubt sein würde. Die Vorschrift müsse daher so ausgelegt werden, dass sie jedem Nachbarn an der Grenze, an der eine Einfriedungspflicht bestehe, einen Anspruch auf Einhaltung der Ortsübung gäbe. Gegen diese Ansicht sprechen aber dieselben Gründe, die gegen eine Anwendung des § 28 in den Fällen sprechen, in denen für keinen der beteiligten Nachbarn eine Verpflichtung zur Einfriedung besteht. § 28 ist nicht als selbständige Anspruchsgrundlage formuliert und setzt einen Anspruch auf Errichtung der Einfriedung durch den betreffenden Nachbarn voraus, dessen Umfang durch § 28 lediglich näher bestimmt wird (vgl. *BGH* NJW 1979, 1408; NJW 1992, 2569; NJW-RR 1997, 16; *LG Münster –* 1 S 208/73; *LG Bielefeld* 24 S 132/76; Urteil des *LG Dortmund* vom 12. 4. 1984 – 11 S 12/84; *LG Hannover* NJW-RR 1991, 405; *Bassenge/Olivet,* § 28 Rdn. 2; *Hodes/Dehner,* § 15 Rdn. 1 mit Nachweisen aus der Rechtsprechung sowie *Dehner,* B § 9 III 4 und NJW 1975, 1972; unklar und wohl anderer Ansicht *OLG Hamm* NJW 1975, 1035).

Hat jedoch ein Nachbar bei bestehender Einfriedungspflicht freiwillig **17** eine Einfriedung errichtet, die § 28 des Gesetzes nicht entspricht, kann der andere Grundstückseigentümer unter Bezug auf §§ 27, 28 die Errichtung einer Einfriedung verlangen, die § 28 entspricht, da der Nachbar seine Verpflichtung aus §§ 27 ff durch die von ihm errichtete Einfriedung nicht erfüllt hat. Ein derartiges Verlangen darf jedoch nicht rechtsmissbräuchlich sein. Ein

Beseitigungsanspruch kann auch ausgeschlossen sein, wenn er sich nur mit unverhältnismäßigen und unzumutbaren Aufwendungen erfüllen ließe (*BGH* NJW 1979, 1410; 1992, 2570). S. auch Rdn. 15.

18 Den **Standort** der Einfriedung regeln §§ 28 Abs. 2, 30, 31.
Ist nur ein Nachbar einfriedungspflichtig (s. dazu § 27), so ist die Einfriedung auf dem eigenen Grundstück zu errichten. Sämtliche seitliche Zaunpfosten sollen dem eigenen Grundstück zugekehrt sein (§ 28 Abs. 2). Das Nachbargrundstück darf ohne besondere Genehmigung nicht in Anspruch genommen werden.

19 Sind beide Nachbarn einfriedungspflichtig, darf eine ortsübliche Einfriedung auf die Grenze gesetzt werden. S. dazu § 30.
An Grenzen zu landwirtschaftlichen Grundstücken sind ggf. gem. § 31 Grenzabstände einzuhalten.

20 Darauf, ob eine bestehende Einfriedung dem bisherigen Recht entspricht, kommt es nicht an. Für vorhandene Einfriedungen, deren Beschaffenheit nicht dem Nachbarrechtsgesetz entspricht, ist keine besondere Übergangsregelung getroffen.

§ 29 Einfriedungspflicht des Störers

(1) **Reicht eine den §§ 27 und 28 entsprechende ortsübliche Einfriedung nicht aus, um angemessenen Schutz vor unzumutbaren Beeinträchtigungen zu bieten, so hat derjenige, von dessen Grundstück die Beeinträchtigungen ausgehen, auf Verlangen des Nachbarn die Einfriedung zu verbessern, wenn dadurch die Beeinträchtigungen verhindert oder gemindert werden können.**

(2) **¹Gehen von einem bebauten oder gewerblich genutzten Grundstück unzumutbare Beeinträchtigungen aus und ergibt sich aus § 27 keine Einfriedungspflicht, so hat der Eigentümer auf Verlangen des Nachbarn eine Einfriedung zu errichten, die dem Nachbargrundstück angemessenen Schutz gewährt. ²Für unbebaute Grundstücke in Baulücken gilt das gleiche.**

1 1. § 29 regelt zwei Fallgruppen. Abs. 1 betrifft Fälle, in den eine Einfriedungspflicht gem. §§ 27, 28 besteht. Abs. 2 erfasst Grundstücksgrenzen, für die keine Einfriedungspflicht nach diesem Gesetz besteht. In beiden Fällen müssen unzumutbare Beeinträchtigungen von dem Grundstück ausgehen.

2 2. Bietet eine gemäß §§ 27, 28 vom Verpflichteten errichtete Einfriedung keinen angemessenen Schutz vor unzumutbaren Beeinträchtigungen, die von seinem Grundstück ausgehen, so hat er die Einfriedung auf Verlangen im erforderlichen Umfang zu verbessern, d.h. zu erhöhen oder zu verstärken und die hierdurch entstehenden Kosten zu tragen. Besteht eine Einfriedung noch nicht und sind Einfriedungspflichtiger und Störer identisch, so ist sie zweckmäßiger Weise von vornherein so auszuführen, dass sie den geschuldeten Schutz bietet. Sind Einfriedungspflichtiger und Störer nicht identisch, so ist zunächst die Einfriedung nach §§ 27, 28 zu errichten und sodann vom stören-

den Nachbarn entsprechend zu verbessern oder zweckmäßiger Weise gemeinsam von vornherein so auszuführen, dass sie den geschuldeten Schutz bietet.

3. Besteht eine gemeinsame Einfriedungspflicht und verlangt der Störer **3**
die Errichtung einer Einfriedung, die § 28 entspricht, so ist diese zunächst
von den Nachbarn gemeinsam zu errichten, wobei die Kosten zu gleichen
Teilen getragen werden müssen (§ 35 Abs. 1). Sodann ist die Einfriedung
vom Störer auf seine Kosten entsprechend § 29 zu verstärken oder zu erhöhen, wenn sich die Nachbarn nicht, was zu empfehlen ist, darauf einigen,
sogleich eine auch § 29 entsprechende Einfriedung zu errichten und den
Kostenanteil des Störers entsprechend höher festzusetzen.

4. Unzumutbare Beeinträchtigungen sind solche Einwirkungen, die dem **4**
Nachbarn im Hinblick auf das nachbarliche Gemeinschaftsverhältnis nicht
zugemutet werden können. Sie müssen erheblich sein. Kleinere Belästigungen müssen deshalb wechselseitig ertragen werden (*Lehmann,* § 29 Anm. 3).
Entscheidend sind die Umstände des Einzelfalls, insbesondere die Nutzung
des betroffenen Grundstücks. Unzumutbar ist das ständige Hinüberlaufen
oder Hinüberfliegen von Tieren. Weitere Voraussetzung ist, dass durch eine
Einfriedung die Beeinträchtigung verhindert oder wenigstens gemildert werden kann, da andernfalls eine Einfriedung sinnlos wäre. In vielen Fällen ist
ein absoluter Schutz unmöglich oder nur unter unzumutbaren Aufwendungen zu erreichen. Das Überfliegen der Grundstücksgrenze durch Hühner
könnte z. B. nur durch besonders hohe Einfriedungen gänzlich verhindert
werden, die einerseits sehr aufwändig und zudem aus baugestalterischen
Gründen nicht immer wünschenswert sein würden. Deshalb bestimmt § 29
Abs. 1, dass ein angemessener Schutz geschuldet ist und andererseits die Verpflichtung auch besteht, wenn eine Einfriedung die Beeinträchtigungen wenigstens mindert. Einmalige und kurzfristige Beeinträchtigungen rechtfertigen die Einfriedungspflicht nicht (*Bassenge/Olivet,* § 29 Rdn. 68, 71).
Die Störung muss vom Grundstück ausgehen. Es kommt nicht darauf an,
ob der Eigentümer sie herbeigeführt oder verschuldet hat. Nach *Bassenge/
Olivet,* § 29 Rdn. 66, muss sie aber durch die Grundstücksnutzung (bebaut
oder gewerblich genutzt) zumindest begünstigt worden sein.
Nach dem Gesetzeswortlaut muss die Beeinträchtigung bereits von dem
Grundstück ausgehen. *Hülbusch/Bauer/Schlick,* § 39 Rdn. 10, sind gleichwohl
der Auffassung, dass eine Einfriedung auch und bereits dann verlangt werden
kann, wenn die Beeinträchtigung zwar noch nicht eingetreten ist, auf dem
Nachbargrundstück aber ein Zustand unterhalten wird, der eine erstmalige
Beeinträchtigung oder die Wiederholung einer bereits „erledigten" Störung
erwarten lässt. Dafür spricht, dass auch im Rahmen des § 1004 BGB schon
bevorstehende Beeinträchtigungen Ansprüche begründen können.

5. Auch die Verpflichtung nach § 29 besteht nur, wenn der Eigentümer **5**
des Nachbargrundstücks bzw. der Erbbauberechtigte die Einfriedung verlangt. Verpflichtet ist der Eigentümer bzw. Erbbauberechtigte des Grund-

stücks, von dem die Störungen ausgehen und auf dessen Tun oder Unterlassen die Beeinträchtigungen zurückzuführen sind (siehe hierzu auch *OLG Düsseldorf* NJW-RR 1990, 1100; *Dehner,* B § 9 III 2e). Ein Verschulden ist jedoch nicht erforderlich. Die Verpflichtung zur Einfriedung entfällt, wenn der Nachbar die Störungen auf andere Weise beseitigt (*Zimmermann/Steinke,* § 33 Anm. 9). Nutzungsberechtigte (Mieter, Pächter) haben keinen eigenen Anspruch und können ein Verlangen auf Errichtung einer Einfriedung nur als Vertreter stellen, sofern sie bevollmächtigt sind. Das Verlangen ist formlos gültig und braucht nicht begründet zu werden (*Hülbusch/Bauer/Schlick,* § 39 Rdn. 13). Als anspruchsberechtigter Nachbar kommt auch der Nachbar in Betracht, dessen Grundstück nicht unmittelbar neben dem des Störers liegt, der aber durch die von diesem Grundstück ausgehenden Einwirkungen gestört wird (*Dröschel/Glaser,* § 33 Rdn. 1). Das Grundstück muss jedoch bei natürlicher Betrachtungsweise noch als benachbart angesehen werden können (*Hülbusch/Bauer/Schlick,* § 39 Rdn. 8). Je nach Art der Beeinträchtigung ist das Grundstück nicht nur an der gemeinsamen Grenze, sondern auch rückwärtig oder allseits einzufrieden.

Zur Beweislast s. *Bassenge/Olivet,* § 29 Rdn. 67.

6   6. Abs. 2 regelt den Fall, dass zwischen zwei bebauten oder gewerblich genutzten Grundstücken keine Einfriedungspflicht besteht, weil z.B. Einfriedungen nicht ortsüblich sind, von einem Grundstück aber unzumutbare Beeinträchtigungen (s. dazu oben Rdn. 4) ausgehen. Eine unbebaute Baulücke steht derartigen Grundstücken kraft ausdrücklicher Regelung gleich. Zum Begriff der Baulücke s. *Lehmann,* § 29 Anm. 13). Auf Verlangen des gestörten Nachbarn ist in diesem Falle von dem störenden Nachbarn eine Einfriedung zu errichten, die angemessenen Schutz gewährt. S. dazu oben Rdn. 4. Natürlich ist eine Einfriedung nur zu errichten, wenn durch sie die Beeinträchtigungen zumindest vermindert werden können (vgl. *Lehmann,* § 29 Anm. 7 unter Bezug auf Abs. 1).

Eine Einfriedung nach Abs. 2 ist entsprechend § 28 entlang der Grenze auf dem eigenen Grundstück zu errichten, sofern nicht gem. § 31 Grenzabstände einzuhalten sind.

7   7. Abweichende Parteivereinbarungen sind zulässig. Haben die Parteien eine Vereinbarung über die Art der Einfriedung getroffen, stellt sich aber heraus, dass diese keinen ausreichenden Schutz gewährt, so hängt es vom Inhalt der Vereinbarung ab, ob zusätzliche Maßnahmen nach § 29 geschuldet werden.

§ 30 Gemeinsame Einfriedung auf der Grenze

[1]**Haben zwei Nachbarn gemeinsam einzufrieden und will keiner von ihnen die Einfriedung ganz auf seinem Grundstück errichten, so ist jeder von ihnen berechtigt, eine ortsübliche Einfriedung auf die Grenze zu setzen; der andere Nachbar ist berechtigt, bei der Errichtung der Ein-**

friedung mitzuwirken. [2] Seitliche Zaunpfosten dürfen auf der Hälfte der Strecke dem Nachbargrundstück zugekehrt auf dieses gesetzt werden.

1. Grundsätzlich ist gem. § 28 Abs. 2 eine Einfriedung an der Grenze auf **1** dem Grundstück des zur Einfriedung verpflichteten Nachbarn zu errichten. Bei beiderseitigen Einfriedungspflicht (s. hiezu § 27) erlaubt das Gesetz, den Nachbarn die Einfriedung **auf** die Grenze zu setzen, wenn kein Nachbar sie auf seinem eigenem Grundstück errichten will.

Nicht geregelt ist der entgegengesetzte Fall, dass beide Nachbarn die Einfriedung auf ihrem Grundstück haben möchten. In entsprechender Anwendung von § 30 ist dann die Einfriedung ebenfalls auf die Grenze zu setzen.

2. In beiden Fällen dürfen die Nachbarn bei der Errichtung zusammen- **2** wirken. Dabei sind auch Eigenleistungen zulässig, um die Kosten niedrig zu halten. Seitliche Zaunpfosten dürfen auf der Hälfte der Strecke dem Nachbargrundstück zugekehrt und auf dieses gesetzt werden, S. 2. Abweichende Parteivereinbarungen sind zulässig.

Bei der Einfriedung auf der Grenze handelt es sich um eine Grenzeinrichtung, s. dazu § 36 Rdn. 1.

§ 31 Abstand von der Grenze

(1) [1] Die Einfriedung eines Grundstücks muß von der Grenze eines landwirtschaftlich genutzten Nachbargrundstücks auf Verlangen des Nachbarn 0,6 m zurückbleiben, wenn beide Grundstücke außerhalb eines im Zusammenhang bebauten Ortsteiles als Bauland ausgewiesen sind. [2] Der Geländestreifen vor der Einfriedung kann bei der Bewirtschaftung des landwirtschaftlich genutzten Grundstücks betreten und befahren werden.

(2) Die Verpflichtung nach Absatz 1 erlischt, wenn eines der beiden Grundstücke Teil eines im Zusammenhang bebauten Ortsteiles wird oder in einem Bebauungsplan als Bauland ausgwiesen wird.

1. § 31 Abs. 1 normiert das sog. Schwengelrecht. Durch den vorgeschrie- **1** benen Abstand soll die Bewirtschaftung landwirtschaftlicher Grundstücke mit Maschinen bis unmittelbar an die Grenze sichergestellt werden. Würde die Einfriedung auf oder an der Grenze errichtet, müsste ein Landstreifen entweder unbewirtschaftet liegen bleiben oder von Hand bearbeitet werden, da mit den z. T. seitlich erheblich ausladenden landwirtschaftlichen Geräten in unmittelbarer Nähe der Einfriedung nicht gearbeitet werden kann. Insbesondere bei der Arbeit mit Gespannen und Schleppern würden sich erhebliche Schwierigkeiten ergeben.

Außerdem wird das Recht zum Betreten und Befahren des Geländestreifens vor der Einfriedung begründet. Zur Entstehungsgeschichte und zum Gesetzgebungsgang s. die ausführliche Darstellung bei *Lehmann,* bei § 31 Anm. 1 ff.

Zur Rechtsnatur des Schwengelrechts s. auch *OVG Bremen* NVwZ-RR 1990, 62.

2   **2.** Der Abstand von 0,6 m muss unter folgenden Voraussetzungen eingehalten werden:
a) Beide Grundstücke müssen außerhalb eines im Zusammenhang bebauten
Ortsteils liegen. Trifft das nur für ein Grundstück zu, gilt § 31 nicht.
Der Begriff des **im Zusammenhang bebauten Ortsteils** ist aus dem
Bundesbaugesetz, jetzt Baugesetzbuch, übernommen worden. Auf die
Rechtsprechung zu § 34 BauGB kann daher zurückgegriffen werden. Danach ist ein **Ortsteil** jeder Bebauungskomplex im Gebiet einer Gemeinde,
der nach der Zahl der vorhandenen Bauten ein gewisses Gewicht besitzt
und Ausdruck einer organischen Siedlungsstruktur ist (*BVerwGE* 31, 22,
26; *Krautzberger* in *Battis/Krautzberger/Löhr,* § 34 Rdn. 7). Vgl. auch
BVerwG NVwZ-RR 1994, 555. Das erfordert nicht, dass es sich um eine
nach Art und Zweckbestimmung einheitliche Bebauung handeln muss;
ebenso wenig kommt es auf ihre Entstehungsweise oder darauf an, dass die
Bebauung einem bestimmten städtebaulichen Ordnungsbild entspricht
oder als städtebauliche Einheit in Erscheinung tritt. Vgl. hierzu *Krautzberger* in *Battis/Krautzberger/Löhr,* § 34 Rdn. 7. Ein Ortsteil im Sinne von
§ 34 BauGB braucht sich ferner nicht als Schwerpunkt der baulichen
Entwicklung eines Gemeinwesens darzustellen (*BVerwGE* 31, 22, 26 =
BayVBl. 1969, 134; *Krautzberger* in *Battis/Krautzberger/Löhr,* § 34 Rdn. 7).
b) Beide Grundstücke dürfen nicht in einem Bebauungsplan als Bauland ausgewiesen sein. Zum Bebauungsplan s. §§ 8 ff BauGB. Dieser wird gem.
§ 10 BauGB von der Gemeinde in Form einer Satzung beschlossen. Zum
Rechtsschutz s. *Battis/Krautzberger/Löhr,* § 10 Rdn. 5 ff.

3   c) Das Grundstück, zu dem der Abstand eingehalten werden soll, muss landwirtschaftlich genutzt sein. Der Begriff der **Landwirtschaft** wird grundsätzlich dadurch geprägt, dass erstens eine unmittelbare Bodennutzung be-
trieben und zweitens der Boden zur Nutzung seines Ertrages planmäßig
und eigenverantwortlich bewirtschaftet wird (*OVG Lüneburg* BauR 1987,
289). Dazu gehören insbesondere der Ackerbau, die Wiesen- und Wei-
dewirtschaft sowie die Tierhaltung. Bei der Wiesenwirtschaft werden Gras
und Klee als Viehfutter gewonnen. Tierhaltung und -zucht sind landwirtschaftliche Nutzung, wenn das Futter überwiegend auf eigenen Flächen erzeugt wird (*BVerwG* NJW 1981, 139; NVwZ-RR 1997, 590).
Deshalb ist ein Pferdezuchtbetrieb mit 48 Pferden und 17 ha Ländereien
öffentlich-rechtlich als landwirtschaftliche Nutzung angesehen worden
(*OVG Lüneburg* aaO). Ebenso *BVerwG* NVwZ 1986, 201 und 203. Eine
Tierintensivhaltung, die überhaupt nicht auf einen herkömmlichen landwirtschaftlichen Betrieb zurückgeht, stellt hingegen keinen landwirtschaftlichen Betrieb, sondern einen Gewerbebetrieb dar (*Stüer,* Der Bebauungsplan, Rdn. 144). Forstwirtschaftliche Nutzung ist keine Landwirtschaft.
Wegen des Begriffs der landwirtschaftlichen Nutzung siehe auch § 201
BauGB sowie *Battis* in *Battis/Krautzberger/Löhr,* § 201 BauGB Rdn. 3.

4   d) Es muss ein Verlangen nach Einhaltung des Abstandes gestellt worden.
Dieses ist formlos gültig. Damit der Nachbar sein Recht wahrnehmen
kann, ist die Absicht, eine Einfriedung auf, an oder in weniger als 0,6 m

Abstand von der Grenze zu errichten, zu beseitigen, durch eine andere zu ersetzen oder wesentlich zu verändern, gem. § 37 einen Monat vorher anzuzeigen. Ist die Einfriedung von mehr als ortsüblicher Höhe, ist die Anzeige bei einem Grenzabstand bis zu 1,5 m erforderlich.

3. Nicht geregelt ist der Fall, dass beide Nachbarn einfrieden wollen und für beide die Vorsausetzungen von § 30 gegeben sind. Es wäre natürlich unsinnig, wenn beide nunmehr den Abstand einhalten müssten. Zwischen den Einfriedungen würde auf beiden Gründstücken ein Geländestreifen liegen, der praktisch nicht zu bearbeiten wäre. In diesem Falle scheint es, wie bei § 30, geboten, dass die Einfriedung auf der gemeinsamen Grenze errichtet wird.   5

4. Der freizuhaltende Streifen kann bei der Bewirtschaftung des landwirt- 6 schaftlich genutzten Grundstücks betreten und befahren werden. In Betracht kommt das Befahren mit Schleppern und anderem landwirtschaftlichem Gerät.
Eine Vergütung für die Benutzung des anderen Grundstücks sieht das Gesetz nicht vor.

5. Unklar ist, ob etwaige Schäden zu ersetzen sind. Insoweit enthält das 7 Gesetz keine Regelungen. Man wird daher davon ausgehen können, dass die durch die normale Nutzung entstehenden Beeinträchtigungen entschädigungslos hingenommen werden müssen. Etwas anderes muss aber für solche Schäden gelten, die durch unsachgemäßen Gebrauch entstehen und gegen den das Nachbarrecht beherrschenden Grundsatz verstoßen, den anderen Nachbarn nur im Rahmen des Notwendigen zu beeinträchtigen.

6. Die Verpflichtung aus Abs. 1 erlischt, wenn eines der beiden Grundstü- 8 cke Teil eines im Zusammenhang bebauten Ortsteils wird oder in einem Bebauungsplan als Bauland ausgewiesen wird, Abs. 2. Die Einfriedung kann nunmehr an die Grenze gesetzt werden. Nach *Lehmann,* § 31 Anm. 16, erlischt das Schwengelrecht z.B. auch dann, wenn das Nachbargrundstück seine Eigenschaft als landwirtschaftlich genutztes Grundstücks verliert, in dem es z.B. mit einer Ausnahmegenehmigung bebaut oder gewerblich genutzt oder Ödland wird.

§ 32 *(mit Wirkung vom 1. 5. 1986 außer Kraft getreten)*

§ 33 Ausschluß von Beseitigungsansprüchen

(1) [1]**Der Anspruch auf Beseitigung einer Einfriedung, die einen geringeren als den in § 31 vorgeschriebenen Grenzabstand hat, ist ausgeschlossen,**
1. wenn die Einfriedung bei Inkrafttreten dieses Gesetzes vorhanden ist und ihr Grenzabstand dem bisherigen Recht entspricht, oder

2. wenn der Nachbar nicht spätestens im zweiten Kalenderjahr nach Errichtung der Einfriedung Klage auf Beseitigung erhoben hat.
²**Der Ausschluß gilt nicht, wenn die Einfriedung durch eine andere ersetzt wird.**
(2) Absatz 1 ist entsprechend anzuwenden, wenn eine Einfriedung die Grenze überschreitet, ohne daß dies nach § 30 statthaft ist.

1   1. Abs. 1 Nr. 1 enthält eine Übergangsregelung für Einfriedungen, die bei Inkrafttreten dieses Gesetzes (1. 1. 1968) vorhanden waren. Diese nach altem Recht **rechtmäßigen Einfriedungen** bleiben rechtmäßig. Ihre Beseitigung kann daher nicht verlangt werden, auch wenn sie den Abstandsvorschriften dieses Gesetzes nicht entsprechen. Werden sie jedoch durch eine andere ersetzt, entstehen etwaige Ansprüche von neuem. S. Rdn. 4.

2   2. Die Regelung in Nr. 1 hat wegen des weiteren Ausschlusstatbestandes in Nr. 2 infolge des Zeitablaufes ihre Bedeutung verloren. Nach Nr. 2 muss eine **Klage** auf Beseitigung einer Einfriedung wegen Nichteinhaltens des vorgeschriebenen Abstandes spätestens im zweiten Kalenderjahr nach Errichtung der Einfriedung erhoben, d. h. rechtshängig gemacht werden, andernfalls ist der Anspruch ausgeschlossen. Der Fristablauf ist von Amts wegen und nicht nur auf eine Einrede hin zu beachten. Die Vorschriften über die Hemmung und Unterbrechung der Verjährung sind auf diese Ausschlussfrist nur zum Teil anwendbar (vgl. *Heinrichs* in *Palandt,* Überbl. Rdn. 13, 14 vor § 194 BGB, § 206 BGB Rdn. 3). Wegen der Klageerhebung s. § 54 Rdn. 3.

3   Von dieser **Ausschlussfrist** werden Einfriedungen erfasst, die bei Inkrafttreten des Gesetzes bereits bestanden haben und die weder dem alten noch dem neuen Recht entsprechen; ferner nachträglich errichtete, die den jetzigen Abstandsvorschriften nicht entsprechen. Sie sind mit Fristablauf als rechtmäßig anzusehen.

4   3. Werden jedoch Einfriedungen, die den Abstand nicht einhalten, durch neue ersetzt, entsteht erneut ein Anspruch auf Einhaltung des Abstandes bzw. auf Beseitigung oder Zurücksetzen der Einfriedung, Abs. 1 S. 2. Dieser Anspruch unterliegt seinerseits wieder der Ausschlussfrist gemäß Nr. 2. Von der Ersetzung einer Einfriedung durch eine neue ist ihre Reparatur zu unterscheiden. Diese ist zulässig; Absatz 2 ist auf sie nicht anwendbar. Eine Reparatur liegt jedoch nicht vor, wenn eine Einfriedung im Laufe der Zeit so schlecht geworden ist, dass sie ihre Funktionsfähigkeit verloren hat. Wird eine solche Einfriedung durch umfangreiche Arbeiten in ihrer Gebrauchsfähigkeit wieder hergestellt, so liegt im Ergebnis keine Reparatur, sondern eine Ersetzung vor, auf die Absatz 1 S. 2 anzuwenden ist. Siehe hierzu auch *VGH Mannheim* (VwBl. BW 1990, 267; NuR 1999, 109) – kein Bestandschutz für einen Maschendrahtzaun, wenn das Drahtgeflecht erneuert, die Pfosten aber belassen werden. Etwas anderes gilt jedoch, wenn durch ständige Pflege und rechtzeitige Reparaturen der bauliche Zustand einer Ein-

friedung stets einwandfrei ist, auch wenn hierbei im Laufe der Jahre die Einfriedung in ihrem Bestand völlig erneuert wird (a. A. *Hodes/Dehner,* § 16
Rdn. 4, der in diesen Fällen auf die normale Haltbarkeit oder Brauchbarkeit
einer Einfriedung abstellen will und, sobald dieser Zeitpunkt überschritten
ist, dem Nachbarn einen Anspruch auf Einhaltung des Abstandes zubilligt;
ebenso *Zimmermann/Steinke,* § 36 Anm. 7; *Dröschel/Glaser,* § 36 Rdn. 15;
wie hier *Lehmann,* § 33 Anm. 2). Von der Ersetzung einer Einfriedung durch
eine neue ist der Fall zu unterscheiden, dass jemand verpflichtet ist, den früheren Zustand wieder herzustellen, weil er sich schadensersatzpflichtig gemacht hat. Das bedeutet auch, dass sie wieder an der alten Stelle errichtet
werden darf (vgl. *Hodes/Dehner,* § 16 Fußn. 63).

4. Nach Abs. 2 gilt Abs. 2 entsprechend, wenn eine Einfriedung die 5
Grenze überschreitet, ohne dass dieses nach § 30 (gemeinsame Einfriedung
auf der Grenze bei gemeinsamer Einfriedungspflicht) statthaft ist. Hier soll
ebenfalls i. S. des Rechtsfriedens nach Ablauf der Frist des Abs. 1 Nr. 2 der
tatsächliche Zustand für die Dauer seines Bestehens als rechtmäßig behandelt
werden. Ähnliches gilt für Einfriedungen, deren Standort dem früheren
Recht entspricht. Für Ersatzeinfriedungen gilt dann wieder der gesetzliche,
ggf. der vereinbarte Standort.

5. Fraglich ist, ob § 33 über seinen Wortlaut hinaus nicht nur Beseiti- 6
gungsansprüche ausschließt, die auf einem gesetzwidrigen Standort beruhen,
sondern auch solche, die ihren Grund in ihrer sonstigen Beschaffenheit
(fehlende Ortsüblichkeit, Verstoß gegen Parteivereinbarungen) haben. Das
ist nach dem klaren Wortlaut nicht der Fall. Es kommen daher nur allgemeine Erlöschensgründe, z. B. Verwirkung, in Betracht. S. dazu *Lehmann,* § 33
Anm. 5. Die dort vorgeschlagene Verwirkungsfrist scheint aber kurz bemessen.

§ 34 Kosten

[1]Wer zur Einfriedung allein verpflichtet ist, hat die Kosten der Errichtung und der Unterhaltung der Einfriedung zu tragen. [2]Dies gilt
auch, wenn die Einfriedung teilweise oder ganz auf dem Nachbargrundstück steht.

1. Das BGB trifft keine Regelung darüber, wer die Kosten für die Er- 1
richtung von Einfriedungen zu tragen hat. §§ 921, 922 BGB bestimmen lediglich, wem die Kosten bestehender Einfriedungen zur Last fallen, sofern sie
eine Grenzeinrichtung im Sinn dieser Vorschriften darstellen.

2. Wer allein verpflichtet ist, eine Einfriedung zu errichten, ist selbstver- 2
ständlich auch verpflichtet, die hierbei entstehenden **Errichtungs-** und
Unterhaltungskosten allein zu tragen (*Hodes/Dehner,* § 17 Rdn. 1). Diesen

allgemeinen Grundsatz spricht § 34 noch einmal ausdrücklich aus. Entsprechendes gilt, wenn ein Grundstückseigentümer eine Einfriedung von sich aus ohne rechtliche Verpflichtung errichtet hat. Auch in diesem Fall hat er die Errichtungskosten allein zu tragen (*Dehner*, B § 9 II 2a). Die Kostenregelung gilt auch dann, wenn die Einfriedung teilweise oder ganz auf dem Nachbargrundstück steht, S. 2. Allerdings kann sich in diesen Fällen eine gemeinsame Unterhaltungspflicht aus §§ 921, 922 BGB ergeben, wenn die Einfriedung **auf** der Grenze errichtet worden ist und sich der Nachbar mit der Einfriedung nachträglich, und sei es auch nur schlüssig, einverstanden erklärt hat (*Dehner* aaO.). Dann tritt auch eine Änderung der Eigentumslage ein mit der Folge, dass der Erbauer der Einfriedung einen Anspruch auf Wertersatz haben kann (*Dehner*, B § 9 II 2a).

3. S. auch § 35.

§ 35 Errichtungskosten in besonderen Fällen

(1) **Haben zwei Nachbarn gemeinsam einzufrieden, so tragen sie – vorbehaltlich des Absatzes 4 – die Kosten je zur Hälfte.**

(2) **Entsteht die beiderseitige Einfriedungspflicht erst nach Errichtung der Einfriedung, so ist ein Beitrag zu den Errichtungskosten in Höhe des halben Zeitwertes der Einfriedung zu zahlen.**

(3) **Wird im Falle des § 27 Abs. 1 Nr. 1 oder Nr. 2 das linke Nachbargrundstück erst später bebaut oder gewerblich genutzt, so hat der linke Nachbar eine vom Erstbauenden an der gemeinsamen Grenze errichtete Einfriedung zum Zeitwert zu übernehmen.**

(4) [1]**Der Berechnung sind die tatsächlichen Aufwendungen einschließlich der Eigenleistungen zugrunde zu legen, in der Regel jedoch nur die Kosten einer ortsüblichen Einfriedung.** [2]**Höhere Kosten sind nur zu berücksichtigen, wenn eine aufwendigere Einfriedungsart erforderlich war; war die besondere Einfriedungsart nur für eines der beiden Grundstücke erforderlich, so treffen die Mehrkosten den Eigentümer dieses Grundstücks.**

(5) **Diese Vorschriften gelten auch, wenn die Einfriedung ganz auf einem der beiden Grundstücke errichtet ist.**

1   **1.** Sind beide beteiligten Grundstückseigentümer zur gemeinsamen Errichtung verpflichtet, so haben sie die Errichtungskosten grundsätzlich zu gleichen Teilen zu tragen (§ 35 Abs. 1). Vgl. aber unten Rdn. 4. Etwaige Eigenleistungen sind zu berücksichtigen. Die Verpflichtung zur Kostentragung entspricht der Mitwirkungspflicht bei der Errichtung. Sämtliche Tatbestandsmerkmale der Verpflichtung zur gemeinsamen Einfriedung müssen erfüllt sein. Ist das nicht der Fall oder hat einer der Nachbarn die Einfriedung errichtet, ohne dass der dazu Berechtigte dies verlangt hat, ist § 35 Absatz 1 nicht anwendbar. Wer nach § 27 Absatz 1 selbst einfriedungspflichtig ist, muss sich an den Kosten einer gesetzmäßigen Einfriedung auch dann beteili-

gen, wenn vom Nachbargrundstück unzumutbare Beeinträchtigungen ausgehen (*OLG Düsseldorf* NJW-RR 1990, 1100). Vgl. § 29 Rdn. 2, 3. Wegen der Berechnung der Höhe der Kosten s. unten Rdn. 4.

2. Entsteht die beiderseitige Einfriedungspflicht erst nachträglich, also **2** nach Errichtung der Einfriedung, sieht das Gesetz in Abs. 2 aus Billigkeitsgründen eine Beteiligung an den Errichtungskosten vor. Das ist z.b. der Fall, wenn bei einer rückwärtigen Einfriedung ein Nachbar von sich aus eine Einfriedung errichtet hat und nunmehr auch das angrenzende Grundstück bebaut oder gewerblich genutzt wird. In diesem Fall ist ein Beitrag zu den Errichtungskosten in Höhe des halben Zeitwerts zu zahlen. Wegen der Ermittlung des Zeitwertes s. Rdn. 5.

3. Abs. 3 betrifft den Fall, dass eine einseitige Einfriedungspflicht erst **3** später entsteht, weil nunmehr die Voraussetzungen von § 27 Abs. 1 Nr. 1 und 2 entstanden sind (Bebauung oder gewerbliche Nutzung) oder Einfriedungen ortsüblich geworden sind, aber der andere Nachbar bereits von sich aus eine Einfriedung errichtet hatte. In diesem Fall hat der allein einfriedungspflichtige Nachbar den an der Grenze errichteten Zaun zum Zeitwert (s. Rdn. 5) zu übernehmen. Das findet seine Rechtfertigung in dem Gedanken, dass er von einer entsprechenden Verpflichtung befreit worden ist. Obwohl das Gesetz das nicht ausdrücklich anordnet, kann das aber nur dann gelten, wenn die vorhandene Einfriedung die gesetzliche Beschaffenheit hat, da nur dann die Verpflichtung nicht entsteht. Anders, wenn die Parteien die Einfriedung als geschuldet gelten lassen, was auch stillschweigend geschehen kann. Nach *Lehmann,* § 35 Anm. 6, gilt Abs. 3 auch im Falle des § 29 Abs. 2.

4. Die Berechnung der Kosten in Abs. 1 erfolgt gem. Abs. 4. Eigen- **4** leistungen sind mit den ortsüblichen, für die Art der Arbeiten angemessenen Stundensätzen zu bewerten. Obergrenze sind jedoch die Kosten, die bei einer ortsüblichen Einfriedung entstanden wären. Wird eine aufwändigere Einfriedungsart gewählt, die nur für ein Grundstück erforderlich ist, hat der Eigentümer dieses Grundstücks die zusätzlichen Kosten zu tragen. Nur wenn die besondere Einfriedungsart auch für das andere Grundstück erforderlich war, werden auch die Mehrkosten geteilt. Diese Regelung gilt auch dann, wenn die Einfriedung ganz auf einem Grundstück steht, Abs. 5.

5. In Abs. 2 und 3 wird auf den **Zeitwert** abgestellt. Das ist der Wert **5** eines Gutes z. Zt. der Wertermittlung. Auf die tatsächlichen Kosten kommt es daher unmittelbar nicht an. Sie können jedoch einen Anhaltspunkt für die Schätzung bieten, insbesondere wenn zwischen Errichtung und Schätzung ein geringer Zeitraum liegt. Mehrkosten, die nur im Hinblick auf ein Grundstück entstanden sind, sind entsprechend Abs. 4 S. 2 zu behandeln.

§ 36 Benutzung und Unterhaltung der gemeinschaftlichen Einfriedung

(1) ¹**Haben die Nachbarn die Errichtungskosten einer Einfriedung gemeinsam zu tragen oder hat ein Nachbar dem anderen später einen Beitrag zu den Errichtungskosten zu zahlen, so sind beide Nachbarn zur Benutzung der Einfriedung gemeinschaftlich berechtigt.** ²**Für die gemeinschaftliche Benutzung und Unterhaltung gilt § 922 BGB.**

(2) **Dies gilt auch, wenn die Einfriedung ganz auf einem der beiden Grundstücke errichtet ist.**

1   **1.** Haben die Nachbarn die Errichtungskosten der Einfriedung gemeinsam zu tragen , vgl. § 35 Abs. 1, oder hat ein Nachbar dem anderen später einen Beitrag zu den Errichtungskosten zu zahlen, vgl. § 35 Abs. 2, so sind beide gemeinschaftlich zur Benutzung der Einfriedung berechtigt. Maßgeblich ist insoweit die gesetzliche Regelung (*Lehmann*, § 36 Anm. 3).

2   Für die gemeinschaftliche Benutzung und Unterhaltung verweist Abs. 1 S. 2 auf § 922 BGB. Diese Vorschrift bestimmt, dass die Unterhaltungskosten zu gleichen Teilen zu tragen sind. Wegen der Verwaltung verweist § 922 S. 4 BGB auf die Vorschriften über die Gemeinschaft. Sie obliegt beiden Nachbarn. Wegen des Umfangs der Nutzung s. Rdn. 3.

3   **2.** § 36 Abs. 2 erweitert den Anwendungsbereich von Abs. 1. Demnach ist diese Vorschrift und damit auch § 922 BGB auch dann anzuwenden, wenn die Einfriedung ganz auf einem der beiden Grundstücke errichtet ist, also keine Grenzeinrichtung i. S. von § 922 BGB darstellt. Zu diesem Begriff s. *BGH* NJW 2003, 1731 sowie § 28 Rdn. 8.

3. Die **Benutzung** der Einfriedung steht, unter den obigen Voraussetzungen, beiden Nachbarn gemeinschaftlich zu, Abs. 1. Jeder Grundstückseigentümer kann die ganze Einfriedung benutzen, auch soweit sie ihm nicht gehört, nicht aber das anliegende Grundstück. Die Nutzung muss sich im Rahmen der Beschaffenheit halten (*Bassenge* in *Palandt,* § 922 BGB Rdn. 2). Bei Beeinträchtigung des Nutzungsrechts des anderen Beteiligten können sich – auch vorbeugende – Abwehransprüche aus § 1004 BGB ergeben (*BGH* NJW 2003, 1731, 1732). Zu Ansprüchen, wenn ein Nachbar die Einfriedung beschädigt, s. *BGH* NJW 2000, 512 sowie *Bassenge* in *Palandt,* § 922 Rdn. 4.

§ 37 Anzeigepflicht

(1) ¹**Die Absicht, eine Einfriedung auf oder an der Grenze oder in weniger als 0,6 m Abstand von der Grenze zu errichten, zu beseitigen, durch eine andere zu ersetzen oder wesentlich zu verändern, ist dem Nachbarn einen Monat vorher anzuzeigen.** ²**Bei einer Einfriedung von mehr als ortsüblicher Höhe ist die Anzeige bei einem Grenzabstand bis zu 1,5 m erforderlich.**

(2) **Die Anzeigepflicht besteht auch dann, wenn der Nachbar weder die Einfriedung verlangen kann noch zu den Kosten beizutragen braucht.**
(3) **Im übrigen ist § 8 entsprechend anzuwenden.**

1. Soll eine Einfriedung auf oder an oder in weniger als 0,60 m Abstand **1** zur Grenze errichtet, beseitigt, durch eine andere ersetzt oder wesentlich verändert werden, so ist das einen Monat zuvor anzuzeigen. Die Anzeige ist formlos gültig. Zu Beweiszwecken empfiehlt sich aber die Schriftform.

Die Anzeige muss alle Angaben enthalten, die es dem Nachbarn ermögli- **2** chen, sich auf die Sachlage einzustellen und ggf. Vorkehrungen zu treffen. Anzugeben ist deshalb die Beschaffenheit und der Standort, bei Veränderungen oder Beseitigung die beabsichtigten Maßnahmen. Auch der Zeitpunkt ist anzugeben.

Handelt es sich bezüglich der Höhe um eine nicht ortsübliche Einfrie- **3** dung, ist die Anzeige auch erforderlich, wenn der Grenzabstand bis zu 1,50 m beträgt.

Die Anzeigepflicht ist unabhängig davon, ob der andere Nachbar einen Anspruch auf die Errichtung der Einfriedung hat oder zu den Kosten beizutragen hat, Abs. 2. Vor Fristablauf darf mit den Arbeiten nicht begonnen werden. §§ 8 I 2 ist entsprechend anzuwenden. Etwaige Einwendungen z. B. nach § 31, sollen unverzüglich erhoben werden.

2. Adressaten der Anzeigen sind der Eigentümer bzw. der Erbbauberech- **4** tigte des Grundstücks. Im Übrigen gilt auch § 8 Abs. 3 entsprechend.

Siebenter Abschnitt. Wasserrechtliches Nachbarrecht

§ 38 Veränderung des Grundwassers

(1) Der Eigentümer eines Grundstücks und die Nutzungsberechtigten dürfen auf den Untergrund des Grundstücks nicht in einer Weise einwirken, daß der Grundwasserspiegel steigt oder sinkt oder die physikalische, chemische oder biologische Beschaffenheit des Grundwassers verändert wird, wenn dadurch die Benutzung eines anderen Grundstücks erheblich beeinträchtigt wird.

(2) Dies gilt nicht für Einwirkungen auf das Grundwasser
1. auf Grund einer Bewilligung nach dem Niedersächsischen Wassergesetz oder auf Grund eines alten Rechtes oder einer alten Befugnis, die in § 32 des Niedersächsischen Wassergesetzes aufrechterhalten sind, oder
2. durch einen Gewässerausbau, für den ein Planfeststellungsverfahren nach dem Niedersächsischen Wassergesetz durchgeführt worden ist, oder
3. durch eine Maßnahme, für die auf Grund des Bundesfernstraßengesetzes, des Niedersächsischen Straßengesetzes oder anderer Gesetze ein Planungsverfahren durchgeführt worden ist, oder
4. auf Grund eines bergrechtlichen Betriebsplanes.

(3) Beeinträchtigungen des Grundwassers als Folge einer erlaubnisfreien Benutzung nach § 136 Abs. 1 und 2 des Niedersächsischen Wassergesetzes müssen die Nachbarn ohne Entschädigung dulden.

(4) § 64 des Niedersächsischen Wassergesetzes bleibt unberührt.

1   **1.** Der Begriff Grundwasser ist weit zu verstehen. Bei diesem handelt es sich um das unterirdische Wasser in der Sättigungszone, das in unmittelbarer Berührung mit dem Boden oder dem Untergrund steht (§ 1 Abs. 1 S. 1 Nr. 2 WHG). Unerheblich ist die Herkunft des unterirdischen Wassers. Zum Grundwasser gehören demnach das aus oberirdischen Gewässern infiltrierte Wasser, Wasser in Hohlräumen sowie durch Aufstauen verändertes. Es verliert seine Eigenschaft durch künstliches Einfassen. S. hierzu, auch wegen weiterer Einzelheiten, *Breuer*, Rdn. 152, 138.

2   **2.** Abs. 1 schließt an das allgemeine Verbot in § 3 Abs. 2 Nr. 3 WHG an und spricht ein Verbot aus, in bestimmter Weise auf das Grundwasser einzuwirken, wenn dadurch die Benutzung des anderen Grundstücks erheblich beeinträchtigt wird. Als solche Beeinträchtigungen kommen das Versiegen oder unbenutzbar Werden von Brunnen sowie das Eindringen von Feuchtigkeit in Betracht. Geschützt ist nicht nur das unmittelbar angrenzende Grundstück, sondern auch andere, weiter entfernte (*Bassenge/Olivet*, § 27 Rdn. 4).

Verboten ist zunächst, auf den Untergrund des Bodens in einer Weise einzuwirken, dass der Grundwasserspiegel steigt oder sinkt, sofern die Benutzung des anderen Grundstücks erheblich beeinträchtigt wird. Solche Maßnahmen können sein: Sand- und Kiesbaggerungen, das Ausheben des Grundstücks, das Abpumpen von Grundwasser, das Verfüllen von Gruben.

Auch die Veränderung der physikalischen, chemischen oder biologischen 3 Beschaffenheit des Grundwassers ist verboten, soweit die Benutzung des anderen Grundstücks erheblich beeinträchtigt wird. Dazu zählen die unsachgemäße Ablagerung von gefährlichen Stoffen im Einzugsbereich vom Grundwasser, z. B. Chemikalien, Kunstdünger, Streusalz. S. hierzu auch *Breuer,* Rdn. 249, 250, 252. Wegen des Ausbringens von Gülle und Dünger s. die BDüngerVO.

3. Abs. 2 enthält eine Reihe von Ausnahmen für die Einwirkungen auf 4 das Grundwasser.
a) Einwirkungen aufgrund einer Bewilligung nach dem NWG. S. dazu §§ 13 ff NWG;
b) aufgrund eines alten Rechts oder einer alten Befugnis, soweit in § 32 NWG aufrechterhalten. Diese Vorschrift enthält u. a. Übergangsregelungen für bestimmte Gebiete und Zeiträume;
c) Einwirkungen durch einen Gewässerausbau, für den ein Planfeststellungsverfahren nach dem NWG durchgeführt worden ist. Zum Begriff des Gewässerausbaus s. §§ 119 NWG, 31 Abs. 2 S. 1 WHG sowie *Breuer,* Rdn. 957 ff. Zur Planfeststellung vgl. §§ 119 ff NWG;
d) Maßnahmen, für die auf Grund des BFernStrG, des NWG oder anderer Gesetze ein Planungsverfahren durchgeführt worden ist. Vgl. § 128 NWG;
e) Einwirkungen auf Grund eines bergrechtlichen Betriebsplanes.

4. Eine weitere Ausnahme enthält Abs. 3 für die erlaubnisfreie Entnahme 5 von Grundwasser im Rahmen von § 136 Abs. 1 und 2 NWG.

Nach § 136 Abs. 1 NWG ist eine Erlaubnis oder Bewilligung nicht erforderlich für das Entnehmen, Zutagefördern, Zutageleiten oder Ableiten von Grundwasser
1. für den Haushalt, für den landwirtschaftlichen Hofbetrieb, das Tränken von Vieh außerhalb des Hofbetriebes oder in geringen Mengen zu einem vorübergehenden Zweck,
2. zum Zwecke der gewöhnlichen Bodenentwässerung landwirtschaftlich, forstwirtschaftlich oder gärtnerisch genutzter Grundstücke.

Nach § 136 Abs. 2 NWG ist es ferner bewilligungs- oder erlaubnisfrei, wenn das Entnehmen, Zutagefördern, Zutageleiten oder Ableiten in geringen Mengen für den Gartenbau geschieht.

Eine Entschädigung erfolgt in all diesen Fällen nicht (§ 38 Abs. 3).

Zum Begriff der Wasserentnahme und des Ableitens s. *Breuer,* Rdn. 208 ff.

5. Gem. Abs. 4 bleibt § 64 NWG unberührt. Diese Vorschrift statuiert ei- 6 ne Haftung für Schäden durch das Einbringen oder Einleiten von Stoffen in ein Gewässer oder durch die Veränderung der physikalischen, chemischen oder biologischen Beschaffenheit des Wassers. Abs. 2 regelt Ansprüche, die sich aus dem Betrieb von bestimmten Anlagen ergeben.

7   **6.** Im Übrigen ist § 38 ein Schutzgesetz i. S. von § 823 Abs. 2 BGB, der bei Verschulden einen Schadensersatzanspruch gewährt. Daneben kann ein verschuldensunabhängiger Unterlassungsanspruch aus § 1004 BGB bestehen. S. hierzu *Basssenge/Olivet,* § 27 Rdn. 1.
Weitere Verbote können sich aus dem WHG ergeben.

§ 39 Wild abfließendes Wasser

(1) **Wild abfließendes Wasser ist oberirdisch außerhalb eines Bettes abfließendes Quell- oder Niederschlagswasser.**

(2) **Der Eigentümer eines Grundstücks und die Nutzungsberechtigten dürfen nicht**

1. **den Abfluß wild abfließenden Wassers auf andere Grundstücke verstärken,**

2. **den Zufluß wild abfließenden Wassers von anderen Grundstücken auf ihr Grundstück verhindern,**

wenn dadurch die anderen Grundstücke erheblich beeinträchtigt werden.

(3) **Der Eigentümer und die Nutzungsberechtigten dürfen den Abfluß wild abfließenden Wassers von ihrem Grundstück auf andere Grundstücke mindern oder unterbinden.**

1   **1.** Wild abfließendes Wasser ist oberirdisch abfließendes Wasser, welches aus Quellen oder Niederschlägen stammt, und wild, d. h. außerhalb von Betten, Gräben oder sonstigen Leitungen abfließt (vgl. Abs. 1; *Burghartz,* § 78 LWG Anm. 2). Dazu zählt auch Wasser, das ein Gewässerbett verlässt und sich über andere Grundstücke ergießt, nicht aber der damit evtl. verbundene Schlamm (*Breuer* Rdn. 1055). Ferner das sog. Hangdruckwasser, das aus Niederschlägen stammt, kurzfristig versickert und dann wieder zu Tage tritt (*Breuer,* Rdn. 1055). Nicht wild abfließende Wasser, sondern Abwässer sind: Grundwasser, das sich im Keller sammelt, Drainwasser, sowie Wasser, das aus gebrochenen Rohren strömt, da es aus einer künstlichen Anlage stammt. Vgl. hierzu auch *BGH* VersR 1973, 170; WM 1980, 656; *OLG Saarbrücken* VersR 1975, 149.

2   **2.** Nach Abs. 2 dürfen die Eigentümer und die Nutzungsberechtigten den Ablauf wild abfließenden Wassers auf andere Grünstücke nicht verstärken, Nr. 1, z. B. durch Pflasterung großer Flächen oder Abholzung ohne spätere Wiederaufforstung (*Lehmann,* § 39 Rdn. 4), oder den Zufluss solchen Wassers von anderen Grundstücken auf ihr Grundstück verhindern, Nr. 2. Vgl. hierzu *OLG Koblenz* DWW 2001, 26 (Aufstauen von Niederschlagswasser durch eine Baustraße). Hingegen besteht keine Verpflichtung der Eigentümer, den Nachbarn vor wild abfließendem Wasser zu schützen (*OLG Celle* OLGR 2000, 275). Zum Zufluss von Regenwasser durch Veränderungen am Straßenkörper s. *OLG Oldenburg/*Nds.Rpfl. 2002, 168).

Weitere Voraussetzung für die obigen Verbote ist, dass durch die Veränderungen die anderen Grundstücke erheblich beeinträchtigt werden. Nach Abs. 3 ist der Nachbar nicht verpflichtet, wild abfließendes Wasser auf andere Grundstücke übertreten zu lassen. Er kann den Abfluss von seinem Grundstück mindern oder unterbinden. Das gilt nicht nur für Wasser, das von seinem Grundstück stammt, z.B. aus einer Quelle oder Niederschlägen, sondern auch wild abfließendes Wasser, das von anderen Grundstücken auf sein Grundstück gelangt ist.

3. § 39 Abs. 2 ist ein Schutzgesetz i. S. von § 823 Abs. 2 BGB zugunsten **3** der Eigentümer der begünstigten Grundstücke (vgl. *BGH WM* 1980, 656; *OLG Hamm* VersR 1985, 648). Deshalb können Schadensersatzansprüche entstehen, wenn der Nachbar schuldhaft seine Verpflichtungen verletzt. Dabei hat der Geschädigte alle Tatsachen darzutun und ggf. zu beweisen, aus denen sich sein Anspruch ergibt. Ihn trifft also die Beweislast für den objektiven Verstoß gegen § 39 Abs. 2, dessen Ursächlichkeit für den eingetretenen Schaden und für das Verschulden desjenigen, der auf Schadensersatz in Anspruch genommen wird (*BGH NJW* 1985, 1774). Ihm können allerdings Beweiserleichterungen zugute kommen (*BGH* aaO). Außerdem können Ansprüche aus § 1004 BGB bestehen.

§ 40 Hinderung des Zuflusses

[1]Anlagen, die den Zufluß wild abfließenden Wassers verhindern, können bestehen bleiben, wenn sie bei Inkrafttreten dieses Gesetzes rechtmäßig vorhanden sind. [2]Sie sind jedoch zu beseitigen, wenn der Eigentümer eines höher gelegenen Grundstücks das wild abfließende Wasser durch Anlagen auf seinem Grundstück nicht oder nur mit unverhältnismäßig hohen Kosten abführen kann.

§ 40 enthält eine Übergangsregelung für Anlagen, die den Zufluss von **1** wild abfließenden Wassers verhindern und beim Inkrafttreten des Gesetzes (1. 1. 1968) **rechtmäßig** vorhanden waren. S. dazu *Lehmann*, Anm. zu § 40.
Sie sind jedoch zu beseitigen, wenn der Eigentümer eines höher gelege- **2** nen Grundstücks das wild abfließende Wasser auf seinem Grundstück nicht oder nur mit unverhältnismäßig hohen Kosten abführen könnte. Als unverhältnismäßig hoch sind Kosten anzusehen, wenn sie bei Ableitung unter Inanspruchnahme des Nachbargrundstücks erheblich niedriger sein würden. Die Differenz muss so erheblich sein, dass die andere Möglichkeit nicht mehr als wirtschaftlich vertretbar angesehen werden kann; geringe Unterschiede reichen nicht aus.

§ 41 Wiederherstellung des früheren Zustandes

(1) Haben Naturereignisse Veränderungen der in § 39 Abs. 2 genannten Art bewirkt, so dürfen die Eigentümer des beeinträchtigten Grund-

stücks und die Nutzungsberechtigten den früheren Zustand des Grundstücks, auf dem die Veränderung eingetreten ist, auf ihre Kosten wieder herstellen und zu diesem Zweck das Grundstück betreten.

(2) [1]Das Recht nach Absatz 1 kann nur bis zum Ende des auf den Eintritt der Veränderung folgenden Kalenderjahres ausgeübt werden. [2]Während der Dauer eines Rechtsstreites über die Pflicht zur Duldung der Wiederherstellung ist der Lauf der Frist für die Prozeßbeteiligten gehemmt.

1   1. Diese Vorschrift knüpft an das in § 39 Abs. 2 enthaltene Verbot an, den Abfluss wild abfließenden Wassers auf andere Grundstücke zu verstärken (Nr. 1) oder den Zufluss solchen Wassers auf das eigene Grundstück zu verhindern (Nr. 2), soweit dadurch die anderen Grundstücke erheblich beeinträchtigt werden. Siehe dazu § 39 Rdn. 2. Diese Verbote setzen ein Handeln oder pflichtwidriges Unterlassen des Störers voraus.

2   2. § 41 Abs. 1 regelt den Fall, dass solche Beeinträchtigungen durch Naturereignisse hervorgerufen werden, also § 39 Abs. 2 nicht eingreift. Naturereignisse können Bergrutsche, überstarke Wolkenbrüche sowie Überschwemmungen sein, die ungünstig auf den Wasserlauf einwirken. In diesen Fällen, in denen der Eigentümer in der Regel im Verhältnis zum Nachbarn nichts unternehmen muss, muss sich der gestörte Nachbar selbst helfen und für die Wiederherstellung des ursprünglichen Zustands sorgen. Das müssen sie nach Abs. 1 auf ihre Kosten tun. Da sie dabei in der Regel das andere Grundstück betreten müssen, um die Arbeiten dort auszuführen, gestattet ihnen das Gesetz das Betreten zu diesem Zweck. Das Recht steht dem Eigentümer und den Nutzungsberechtigten zu.

3   3. Die Rechtsausübung ist gem. Abs. 2 zeitlich befristet.

§ 42 Anzeigepflicht

(1) [1]Wer das Recht nach § 41 Abs. 1 ausüben will, hat einen Monat vor Beginn der Arbeiten dem Eigentümer des betroffenen Grundstücks und – wenn ihr Besitz berührt wird – auch den Nutzungsberechtigten die beabsichtigten Maßnahmen im einzelnen anzuzeigen. [2]Mit den Arbeiten darf, wenn nichts anderes vereinbart wird, erst nach Fristablauf begonnen werden.

(2) [1]Etwaige Einwendungen gegen die beabsichtigte Rechtsausübung sollen unverzüglich erhoben werden. [2]Werden Einwendungen erhoben, über die sich keine Einigung erzielen läßt, so darf in den Besitz des Nachbarn und der Nutzungsberechtigten nicht ohne gerichtliche Entscheidung eingegriffen werden.

(3) Ist der Aufenthalt eines Duldungspflichtigen nicht bekannt oder ist er bei Aufenthalt im Ausland nicht alsbald erreichbar und ist auch kein Vertreter bestellt, so genügt statt der Anzeige an diesen Betroffenen die Anzeige an den unmittelbaren Besitzer oder an den Eigentümer.

(4) Die Absicht, das betroffene Grundstück zur Besichtigung oder wegen kleinerer Arbeiten zu betreten, braucht nur einen Tag vorher dem unmittelbaren Besitzer angezeigt zu werden.

1. Das Recht aus § 41 Abs. 1 darf nur ausgeübt werden, wenn der Be- 1
rechtigte sein Vorhaben dem Eigentümer bzw. Erbbauberechtigten und den
Nutzungsberechtigten – wenn ihr Besitz berührt wird – mindestens einen
Monat vor Beginn der Arbeiten im einzelnen angezeigt hat (Abs. 1). Durch
die Anzeige sollen die Verpflichteten in die Lage versetzt werden, sich auf
die Behinderungen und Belästigungen einzustellen und ihrerseits schadensmindernde Vorkehrungen zu treffen. In der Anzeige sind daher Art und
Umfang der Arbeiten im Einzelnen mitzuteilen. Die Frist beginnt mit dem
Zugang der Anzeige. Wenn nichts anderes vereinbart wird oder Abs. 4 eingreift, darf mit den Arbeiten erst nach Fristablauf begonnen werden. Eine
Anzeige ist nicht erforderlich, wenn die Einwirkung auf das Nachbargrundstück aufgrund von § 904 BGB (Notstand) erfolgt (§ 44).

Nach Abs. 4 braucht die Anzeige nur einen Tag vorher erfolgen, wenn 2
das Betreten lediglich zur Besichtigung oder wegen kleinerer Arbeiten erfolgen soll. Nach *Lehmann,* § 42 Anm. 8, ist diese Frist nicht i. S. von 24 Stun-
den gemeint, so dass eine Anzeige im Lauf des Vortages ausreicht.

2. Etwaige Einwendungen sollen unverzüglich erhoben werden. Das 3
Recht steht dem Eigentümer zu, wenn die gesetzlichen Voraussetzungen
vorliegen; es wird nicht erst durch richterliches Gestaltungsurteil begründet
(*OLG Braunschweig* aaO). Es darf allerdings – sofern kein Notstand i. S. von
§ 904 BGB vorliegt oder sich die Nachbarn nicht geeinigt haben – nicht
durch Selbsthilfe verwirklicht werden; dann muss eine gerichtliche Entscheidung herbeigeführt werden. (Abs. 2 S. 2).

3. Abs. 3 (Adressat der Anzeige) entspricht im wesentlichen § 8 Abs. 3. 4
Auf die dortigen Anmerkungen wird Bezug genommen.

§ 43 Schadensersatz

**[1] Schaden, der bei Ausübung des Rechtes nach § 41 Abs. 1 dem
Eigentümer oder den Nutzungsberechtigten des von der Rechtsausübung betroffenen Grundstücks entsteht, ist auch ohne Verschulden zu
ersetzen. [2] § 14 ist entsprechend anzuwenden.**

1. Schäden, die bei Ausübung des Rechtes aus § 41 Abs. 1 entstehen, sind 1
dem Eigentümer und ggf. dem Nutzungsberechtigten des betroffenen
Grundstücks ohne Rücksicht auf ein Verschulden zu ersetzen. Im Übrigen
verweist § 43 auf § 14.

2. Danach kann sich der Anspruch bei Mitverursachung mindern. Auf 2
Verlangen ist Sicherheit zu leisten, wenn mit einem Schaden von mehr als

3000 Euro zu rechnen ist. Dann darf das Recht erst nach Leistung der Sicherheit ausgeübt werden. Die Verpflichtung zur Sicherheitsleistung entfällt gem. § 44 im Falle des Notstandes (§ 904 BGB). Im Übrigen wird auf die Anmerkungen zu § 14 Bezug genommen.

§ 44 Rechtsausübung im Notstand

Im Notstand (§ 904 BGB) entfällt die Verpflichtung zur Anzeige und zur Sicherheitsleistung.

1   **1.** Eine Anzeige ist nicht erforderlich, wenn die Einwirkung auf das Nachbargrundstück aufgrund von § 904 BGB zur Abwendung einer gegenwärtigen Gefahr notwendig und der drohende Schaden gegenüber dem aus der Einwirkung entstehenden Schaden unverhältnismäßig groß ist. Es muss ein Ereignis eingetreten sein, das eine sofortige Abhilfe erfordert, und zwar gerade durch die Einwirkung auf das andere Grundstück, weil andere taugliche Mittel nicht zur Verfügung stehen (*Bassenge* in *Palandt,* § 904 BGB Rdn. 2, 3). Die Beweislast hat derjenige, der sich auf die Rechtfertigung durch § 904 BGB beruft (*Bassenge* in *Palandt,* § 904 BGB Rdn. 3). Es entfällt auch die Verpflichtung zur Sicherheitsleistung.

2   **2.** Bei einem Handeln auf Grund von § 904 BGB gewährt das BGB ebenfalls einen verschuldensunabhängigen Schadensersatzanspruch, § 904 S. 2 BGB.

Achter Abschnitt. Dachtraufe

Vorbemerkungen

1. In den ehemals **preußischen Gebieten** wurde das Recht der Dach- 1
traufe durch §§ 189 I 8, 59 und 61 I 22 ALR geregelt. Es stellt die Befugnis
dar, das Traufwasser (Niederschlagswasser) auf ein Nachbargrundstück zu
leiten. Voraussetzung war jedoch eine entsprechende Gestattung durch den
Nachbarn, die durch eine Grundgerechtigkeit zu sichern war (§ 189 Abs. 1
Satz 8); andernfalls bestand keine Verpflichtung des Nachbarn, das Traufwasser auf sein Grundstück aufzunehmen. Die Ableitung musste unter möglichst geringer Beeinträchtigung des Nachbarn erfolgen.

2. Im Geltungsbereich des **Code civil** bestand ebenfalls kein gesetzliches 2
Traufrecht; Traufwasser durfte nicht auf das Nachbargrundstück abgeleitet
werden (Art. 681 Cc). Im Bereich des **gemeinen Rechts** hatte das Traufrecht nur die Bedeutung einer Eigentumsvermutung. Es sprach eine tatsächliche Vermutung dafür, dass der Grundstücksstreifen, auf den das Traufwasser
fiel, Eigentum desjenigen war, von dessen Dach das Wasser ablief (*Dehner,*
B § 26 I c; *Hodes/Dehner,* Vorb. zu §§ 26f, Rdn. 1).
Wegen der Rechtslage nach Bundesrecht vgl. *Dehner,* B § 26 II. 3

§ 45 Traufwasser

**(1) Der Eigentümer eines Grundstücks und die Nutzungsberechtigten
müssen ihre baulichen Anlagen so einrichten, daß Traufwasser nicht auf
das Nachbargrundstück tropft oder auf andere Weise dorthin gelangt.**

**(2) Absatz 1 findet keine Anwendung auf bei Inkrafttreten dieses Ge-
setzes vorhandene freistehende Mauern entlang öffentlichen Straßen und
öffentlichen Grünflächen.**

1. In Anlehnung an den bisherigen Rechtszustand im Geltungsbereich des 1
ALR (vgl. Vorbemerkung) besteht kein Recht, Traufwasser, das von bauli-
chen Anlagen abfließt, auf das Nachbargrundstück tropfen oder auf andere
Weise dorthin gelangen zu lassen, sofern keine Gestattung des Nachbarn
vorliegt.
Gemäß Absatz 1 sind deshalb der Eigentümer bzw. Erbbauberechtigte und
die Nutzungsberechtigten eines Grundstückes verpflichtet, ihre baulichen
Anlagen so einzurichten, dass Niederschlagswasser von diesen nicht auf das
Nachbargrundstück tropft oder auf andere Weise gelangt. Natürlich ist auch
die Ableitung des Traufwassers auf das andere Grundstück untersagt. Wer
sich darauf beruft, der Nachbar müsse aus einem besonderen Rechtsgrund

Traufwasser aufnehmen, hat hierfür die Beweislast (*AG Brake* Nds.Rpfl. 1975, 272).

2   **2. Traufwasser** im Sinne des Gesetzes sind Regen und Schneewasser, soweit sie nicht unmittelbar auf den Boden niederschlagen, sondern zunächst auf eine bauliche Anlage auf dem Grundstück gefallen sind. Niederschlagswasser, das unmittelbar auf den Boden niederschlägt, fällt nicht unter § 45 und braucht daher nicht aufgefangen zu werden (*BGH* NJW 1991, 2770; *OLG Düsseldorf* NJW-RR 1991, 1115; *Bassenge/Olivet,* § 26 Rdn. 2, und das dort zitierte Urteil des *OLG Schleswig* vom 7. 12. 1982–3 U 153/81; *Hülbusch/Bauer/Schlick,* § 37 Rdn. 3). A.A. *Hodes/Dehner,* § 26 Rdn. 2 für die allerdings etwas anders lautende hess. Vorschrift. Zu den baulichen Anlagen kann auch eine Terrasse gehören (*OLG Düsseldorf* OLG-Report Düsseldorf 2000, 320). Unerheblich ist, ob das Niederschlagswasser unmittelbar von der baulichen Anlage auf das Nachbargrundstück tropft oder von dieser zunächst auf das eigene Grundstück und erst dann auf das Nachbargrundstück abläuft, da nicht nur das Tropfen von Traufwasser auf das Nachbargrundstück untersagt ist, sondern auch das sonstige Übertreten von Traufwasser. Wie hier: *BGH* MDR 1982, 827. Unerheblich ist, ob das Übertreten oder Ableiten des Traufwassers beabsichtigt ist oder nicht (*Zimmermann/ Steinke,* § 27 Anm. 1). Unter Abs. 1 wird ein nur oberirdischer Zufluss zu verstehen sein (*Dehner,* B § 26 III 1 c; a.A. *Lehmann,* § 45 Anm. 6, 7, soweit das durchsickernde Wasser den Nachbarn erheblich beeinträchtigt). Traufwasser, das von einem dritten Grundstück auf das Nachbargrundstück übergetreten oder geleitet worden ist, braucht nicht aufgefangen und vom tiefer liegenden Grundstück abgehalten zu werden. Störer im Sinne von § 1004 BGB ist in diesem Falle der Eigentümer der baulichen Anlage, auf die das Traufwasser niedergeschlagen ist.

Lehmann, § 45 Anm. 8, will Schlagregenwasser, das auf eine senkrechte Wand auftrifft, wie Traufwasser behandeln. Dagegen spricht aber, dass dieser Effekt durch eine bauliche Gestaltung der Wand nicht verhindert werden kann, wovon Abs. 1 offensichtlich ausgeht. Fraglich ist, ob Absatz 1 auch Vorkehrungen gegen ungewöhnlich starke Niederschlagsmengen verlangt. Verneinend: *Lehmann,* § 45 Anm. 4.

3   **3.** § 45 Abs. 1 ist ein Schutzgesetz i.S. von § 823 Abs. 2 BGB zugunsten der Eigentümer tiefer liegender Grundstücke (vgl. *BGH* WM 1980, 656; *OLG Hamm* VersR 1985, 648). Deshalb können Schadensersatzansprüche entstehen, wenn der Nachbar seine baulichen Anlagen schuldhaft so einrichtet, dass Traufwasser auf das andere Grundstück tropft, auf dieses abgeleitet wird oder auf andere Weise dorthin gelangt. Dabei hat der Geschädigte alle Tatsachen darzutun und ggf. zu beweisen, aus denen sich sein Anspruch ergibt. Ihn trifft also die Beweislast für den objektiven Verstoß gegen § 45 Abs. 1, dessen Ursächlichkeit für den eingetretenen Schaden und für das Verschulden desjenigen, der auf Schadensersatz in Anspruch genommen wird (*BGH* NJW 1985, 1774). Ihm können allerdings Beweiserleichterungen zu-

gute kommen (*BGH* aaO). Außerdem können Ansprüche aus § 1004 BGB bestehen.

4. Wie der Eigentümer oder die Nutzungsberechtigten ihren Pflichten aus 4
§ 45 Abs. 1 nachkommen, ist ihnen überlassen. Wenn sie keinen Kanalanschluss haben, können sie Sickergruben anlegen. In entsprechender Anwendung von § 917 BGB kann bei Fehlen einer Verbindung zum Entwässerungsnetz das Legen der zur ordnungsgemäßen Nutzung nötigen Rohrleitungen auf den Nachbargrundstücken gestattet werden (vgl. *BGH* LM § 917 Nr. 3, NJW 1964, 1321; NJW 1981, 1036; *OLG Hamm* NJW-RR 1992, 723; *Bassenge* in *Palandt,* § 917 Rdn. 1). Das Notleitungsrecht entsteht nur im Rahmen einer zulässigen Nutzung des verbindungslosen Grundstücks; im Falle einer beabsichtigten Bebauung genügt dazu, dass das Grundstück materiellrechtlich bebaubar ist (*BGH* NJW 1991, 176). Es entsteht frühestens in dem Zeitpunkt, in dem der Berechtigte von seinem Nachbarn die Duldung der Nutzung seines Grundstücks verlangt (*OLG Hamm* OLGZ 85, 222). Auch bei einem Notleitungsrecht muss ggf. eine Rente gezahlt werden (*BGH* NJW 1981, 1036). Deren Höhe richtet sich nach dem Umfang der Beeinträchtigungen, die durch die Duldungspflicht entstehen (*BGH* NJW 1991, 564; *OLG Hamm* NJW-RR 1992, 723). Bei Ausübung des Leistungsrechts ist das Eigentum am belasteten Grundstück tunlichst zu schonen (§ 1020 Satz 1 BGB analog).

Wegen der Rechtsprechung zum Notwegrecht im Allgemeinen vgl. *Mattern* WM 1979 S. 34, 35 sowie *Dehner,* B § 27.

5. Die Verpflichtung des Eigentümers und der Nutzungsberechtigten, 5
Traufwasser von Nachbargrundstücken fernzuhalten, wird durch Absatz 2 eingeschränkt. Bei Inkrafttreten des Gesetzes vorhandene freistehende Mauern entlang öffentlicher Straßen und öffentlichen Grünflächen fallen nicht unter das Verbot des Abs. 1. Wegen des Begriffs der öffentlichen Straßen vgl. § 2 NStrG. Zu den öffentlichen Straßen gehören auch öffentliche Wege und Plätze. Öffentliche Grünflächen sind öffentliche Parkanlagen, Rasenflächen sowie Friedhöfe, soweit sie im Gemeingebrauch stehen. Die zu den Straßen hin ablaufenden Niederschlagsmengen sind ohnehin relativ gering, so dass die Öffentlichkeit durch diese begrenzte Ausnahmeregelung nicht erheblich beeinträchtigt wird.

§ 46 Anbringen von Sammel- und Abflußeinrichtungen

(1) ¹**Ist ein Grundstückseigentümer aus besonderem Rechtsgrund verpflichtet, Traufwasser aufzunehmen, das von den baulichen Anlagen eines Nachbargrundstücks tropft oder in anderer Weise auf das eigene Grundstück gelangt, so kann er auf seine Kosten besondere Sammel- und Abflußeinrichtungen auf dem Nachbargrundstück anbringen, wenn damit keine erhebliche Beeinträchtigung verbunden ist.** ²**Er hat diese Einrichtungen zu unterhalten.**

(2) **Für Anzeigepflicht und Schadensersatz gelten die §§ 14, 42 und 44 entsprechend.**

1   1. Absatz 1 räumt dem Grundstückseigentümer, der aus besonderem Rechtsgrund (schuldrechtlicher Vertrag, Grunddienstbarkeit) verpflichtet ist, Traufwasser aufzunehmen, das Recht ein, besondere Sammel- und Abflusseinrichtungen an der baulichen Anlage des traufberechtigten Nachbarn anzubringen, um ihm die Erfüllung seiner Verpflichtung, die sich aus dem ihr zugrunde liegenden Vertrag ergibt, zu erleichtern. Unter Sammel- und Abflusseinrichtungen sind nur Regenrinnen oder ähnliche Leitungen zu verstehen. Sickergruben auf dem traufberechtigten Grundstück gehören nicht dazu. An dem Grundsatz, dass die Verpflichteten das Wasser aufzunehmen haben, wird durch § 46 nichts geändert (*Lehmann,* § 46 Anm. 3). An Nutzungsvereinbarungen der Voreigentümer sind Sonderrechtsnachfolger grundsätzlich nicht gebunden (vgl. *OLG Düsseldorf* NJW-RR 1991, 403, 404; *Bassenge* in *Palandt,* § 917 Rdn. 10), sofern sie nicht dinglich abgesichert sind.

2   2. Die **Errichtungs- und Unterhaltungskosten** der Sammel- und Abflusseinrichtungen hat der zur Aufnahme des Wassers Verpflichtete zu tragen. Ihm steht es frei, wie er das Wasser aufnehmen will. Bedient er sich hierbei besonderer Einrichtungen, so muss er auch diese Einrichtungen unterhalten und für die entstehenden Kosten aufkommen. Zu dieser Frage und zur Verkehrssicherungspflicht vgl. *OLG Düsseldorf* NJW-RR 2002, 306.

3   3. Bei der Errichtung und Unterhaltung der Einrichtungen sind die Interessen des Traufberechtigten zu wahren. Die Einrichtungen dürfen den Abfluss des Wassers nicht verschlechtern. Die mit dem Anbringen der Sammel- und Abflusseinrichtungen verbundenen Beeinträchtigungen dürfen nicht erheblich sein. Diese müssen daher technisch und baugestalterisch ordnungsgemäß angelegt werden.
§ 46 gilt nur, wenn die Parteien nichts Abweichendes vereinbart haben.

4   4. Der Inhaber des Traufrechts ist gemäß Absatz 2 in Verbindung mit § 42 einen Monat vor Beginn der Arbeiten zu verständigen. Die **Anzeige** ist an den Eigentümer des betroffenen Grundstücks zu richten, an Nutzungsberechtigte nur, wenn ihr Besitz berührt wird. S. auch Anm. zu § 42. Der Verweis auf § 44 bedeutet, dass eine Rechtsausübung im Notstand keiner Anzeige bedarf.

5   5. **Schäden,** die in Ausübung des Rechtes verursacht werden, sind gem. Abs. 2 in Verb. mit § 14 dem Eigentümer und ggf. auch dem Nutzungsberechtigten ohne Rücksicht auf ein Verschulden zu ersetzen. Auf Verlangen ist Sicherheit für die zu erwartenden Schäden zu leisten, wenn mit einem Schaden von mehr als 3000 Euro zu rechnen ist. Vorher darf mit den Arbeiten nicht begonnen werden Vgl. auch Anm. zu § 14. Im Falle des Notstandes entfällt die Verpflichtung zur Sicherheitsleistung. Ansprüche können sich

ggf. auch aus § 2 Haftpflichtgesetz ergeben, der kein Verschulden voraussetzt (vgl. *OLG Naumburg* NJW-RR 1995, 665). Auch ein Kanalisationsnetz kann unter den Begriff der Rohrleitungen i. S. dieser Vorschrift fallen (*BGH* NJW 1984, 616). Voraussetzung für einen **Schadensersatzanspruch** aufgrund dieser Vorschrift ist aber, dass sich die mit dem konzentrierten Transport des Wassers in einer Rohrleitung verbundene besondere Betriebsgefahr verwirklicht hat (*BGH* NJW 1991, 2635). Deshalb besteht nach ihr kein Anspruch, wenn das Wasser z. B. wegen einer Verstopfung des Einlaufs erst gar nicht in die Leitung gelangt (*BGH* VersR 2003, 72). Daneben kann ein nachbarrechtlicher Ausgleichsanspruch bestehen, der ebenfalls kein Verschulden voraussetzt, durch § 2 Abs. 1 S. 2 HaftPflG nicht ausgeschlossen wird und nicht der Haftungshöchstgrenze von § 10 HaftPflG unterliegt (*BGH* NJW 2003, 2377; *OLG Hamm* NJOZ 2003, 508). Zum nachbarrechtlichen Ausgleichsanspruch s. Anhang I Rdn. 22.

Neunter Abschnitt. Hammerschlags- und Leiterrecht

Vorbemerkungen

1 **1.** Vor Inkrafttreten des NachbarrechtsG haben Rechtsprechung und Literatur aus dem zwischen den Grundstückseigentümern bestehenden nachbarrechtlichen Gemeinschaftsverhältnis die Verpflichtung der Grundstückseigentümer entwickelt, das Betreten ihres Grundstücks unter bestimmten Voraussetzungen zu dulden (vgl. hierzu *Weimar* BauR 1976, 26). In Niedersachsen enthält das vorliegende Gesetz eine umfassende Regelung des Hammerschlags- und Leiterrechts, so dass insoweit nicht mehr auf das nachbarliche Gemeinschaftsverhältnis zurückgegriffen zu werden braucht (vgl. *OLG Schleswig* SchlHA 1982, 58). Zum Vorrang der nachbarrechtlichen Vorschriften in ihrem Regelungsbereich siehe auch *BGH* LM Nr. 70 zu § 823 (Aa) BGB; NJW 1990, 2556; NJW 2000, 1719; NJW 2003, 1392; NJW-RR 2003, 1313 sowie *Bassenge* in *Palandt,* § 903 Rdn. 13.

2 Bei Wohnungseigentum ist § 14 WEG zu beachten. Danach ist der Wohnungseigentümer verpflichtet, das Betreten und Benutzen seines Sondereigentums zu gestatten, wenn am Gemeinschaftseigentum Arbeiten durchzuführen sind.

3 **2.** Die Vorschriften über das Hammerschlags- und Leiterrecht schränken das Herrschaftsrecht des Eigentümers, das in § 903 Satz 1 BGB Ausdruck findet, ein. Sie stellen jedoch keine Schutzgesetze zugunsten des berechtigten Nachbarn dar, deren schuldhafte Verletzung in Verbindung mit § 823 Abs. 2 BGB schadensersatzpflichtig machen würde (*LG Dortmund* U. v. 9. 7. 1992 – 17 S 97/92 zu § 24 NachbGNRW; *OLG Düsseldorf* NJW-RR 1999, 102). Wird die Ausübung schuldhaft verhindert, obwohl diese tatsächlich möglich wäre, können sich nach *Bassenge/Olivet* (§ 17 Rdn. 1) jedoch Ansprüche aus §§ 280 ff BGB wegen Verletzung einer Pflicht aus einem gesetzlichen Schuldverhältnis ergeben (str.).

4 Der bloße Umstand, dass der Eigentümer sein Grundstück nicht nutzt, führt auch nach den Grundsätzen des nachbarlichen Gemeinschaftsverhältnisses nicht dazu, dass er die Inanspruchnahme des Grundstücks durch den Nachbarn dulden muss (*BGH* NJW 2000, 1719).

§ 47 Inhalt und Umfang

(1) [1]**Der Eigentümer eines Grundstücks und die Nutzungsberechtigten müssen dulden, daß das Grundstück zur Vorbereitung und Durchführung von Bau- oder Instandsetzungsarbeiten auf dem Nachbargrundstück vorübergehend betreten und benutzt wird, wenn die Ar-**

beiten anders nicht zweckmäßig oder nur mit unverhältnismäßig hohen Kosten ausgeführt werden können. [2]Diese Pflicht besteht gegenüber jedem, der nach eigenem Ermessen, insbesondere als Bauherr auf dem Nachbargrundstück solche Arbeiten ausführen läßt oder selbst ausführt. [3]Die Pflicht besteht nicht, wenn dem Verpflichteten unverhältnismäßig große Nachteile entstehen würden.

(2) Das Recht ist so schonend wie möglich auszuüben; es darf nicht zur Unzeit geltend gemacht werden, wenn sich die Arbeiten unschwer auf später verlegen lassen.

(3) Auf die Eigentümer öffentlicher Straßen sind die Absätze 1 und 2 nicht anzuwenden; für sie gilt das öffentliche Straßenrecht.

(4) Für Anzeigepflicht und Schadensersatz gelten die §§ 14, 42 und 44 entsprechend.

1. Bauarbeiten sind alle Arbeiten, die zur ordnungsgemäßen Herstellung **1** eines Gebäudes erforderlich sind; dazu gehört auch das Verputzen eines Hauses oder einer Garage (*OLG Hamm* NJW 1966, 599). Ferner Tiefbausowie Umbauarbeiten, durch die vorhandene bauliche Anlagen verändert oder modernisiert werden. **Instandsetzungsarbeiten** dienen der Erneuerung schadhaft gewordener Wände und Bauteile; hierzu gehören auch Schönheitsreparaturen, z.B. ein neuer Anstrich der Giebelwand. Routinemäßige Reinigungsarbeiten (z.B. Fensterputzen) gehören jedoch nicht zu den nach dieser Vorschrift zulässigen Arbeiten. Streitig ist, ob das Beschneiden einer Hecke als Instandsetzungsarbeit i.S. dieser Vorschrift anzusehen ist. Nach *Lehmann*, § 47 Anm. 2, sowie *Bassenge/Olivet*, § 17 Rdn. 2, ist das der Fall. A.A. *Dehner*, B § 28 I 1 b.

Zur Vorbereitung und Durchführung der zulässigen Arbeiten darf das **2** Grundstück vorübergehend betreten und benutzt werden. Zum Benutzen gehört auch das Aufstellen von Baugerüsten, das vorübergehende Lagern von Baustoffen und Geräten, das Aufstellen von Baumaschinen (*Lehmann*, § 47 Anm. 3) sowie ggf. das Befahren des Grundstücks mit einem LKW zwecks An- und Abtransports des notwendigen Materials und Gerätes (*Bassenge/Olivet*, § 17 Rdn. 3). Wegen des Umfangs der zulässigen Maßnahmen siehe auch *OLG Schleswig* SchlHA 1982, 58; *Bassenge/Olivet*, § 17 Rdn. 3, 4 sowie *LG Hannover* MDR 1962, 284. Erforderlichenfalls dürfen auch die baulichen Anlagen des Nachbarn betreten werden. Dazu gehören grundsätzlich auch Wohnräume in Gebäuden. *Hülbusch/Bauer/Schlick*, § 21 Rdn. 5, meinen jedoch, dass dem Betretungsrecht insoweit Art. 13 GG entgegenstehe. S. auch *Dehner*, B § 28 I 4g. Zur Zulässigkeit einer im Nachbargrundstück rückverankerten Bohrpfahlwand zur vorübergehenden Grundstücksbefestigung s. *OLG Stuttgart* NJW 1994, 739.

2. Das Recht der Benutzung des Nachbargrundstücks erstreckt sich auch **3** auf den Raum unterhalb der Erdoberfläche. Es umfasst deshalb die Befugnis zum Ausheben von Erdreich, um eine Grenzwand zu errichten oder diese gegen Feuchtigkeit zu isolieren (*BGH* Vers. 1980, 651; *OLG Braunschweig* Nds.Rpfl. 1971, 231; *Bassenge/Olivet*, § 17 Rdn. 3; *Dehner*, B § 28 I 4d; a.A.

OLG Düsseldorf MDR 1992, 53). Die Baugrube muss aber in angemessener Zeit wieder verfüllt werden, da nach Abs. 1 nur eine vorübergehende Nutzung zulässig ist (vgl. Urteil des *LG Dortmund* vom 20. 3. 1983 4 O 21/83).

4   Das Schwenken des Auslegers eines Krans in größerer Höhe über das Grundstück stellt nach Ansicht des *LG Köln,* Urteil vom 12. 12. 84 – *Schäfer, Finnern, Hochstein,* § 24 NachbG NRW Nr. 1, keine Benutzung des Grundstücks i. S. von § 24 dar. Anders aber *OLG Karlsruhe* NJW-RR 1993, 91; *LG Arnsberg* 1980, 579; *LG Kiel* BauR 1991, 380; *Hülbusch/Bauer/Schlick,* § 21 Rdn. 6; *Dehner,* B § 28 I 4 h. Siehe auch *OLG Düsseldorf* NJW-RR 1989, 1421.

5   3. Die Ausübung des Hammerschlags- und Leiterrechts ist unter folgenden Voraussetzungen zulässig:
a) Die beabsichtigten Arbeiten dürfen anders nicht zweckmäßig oder nur mit unverhältnismäßig hohen Kosten durchgeführt werden können. Beide Alternativen stehen gleichwertig nebeneinander; es genügt daher, wenn eine von ihnen gegeben ist. Regelmäßig wird aber eine unzweckmäßige Ausführung der Arbeiten zugleich mit übermäßig hohen Kosten verbunden sein. Stehen mehrere zweckmäßige Ausführungsarten zur Verfügung, so ist diejenige zu wählen, die keine oder die geringere Inanspruchnahme des Nachbargrundstücks bedingt. Unzweckmäßig ist eine Maßnahme nicht schon dann, wenn die andere in Betracht kommende lediglich bequemer für den Bauherrn ist. Erforderlich ist vielmehr, dass die anderen Ausführungsarten technisch nicht vertretbar sind.

6   Als unverhältnismäßig hoch sind Kosten anzusehen, wenn sie bei Ausführung der Arbeiten unter Inanspruchnahme des Nachbargrundstücks erheblich niedriger sein würden. Die Differenz muss so erheblich sein, dass die andere Ausführungsart nicht mehr als wirtschaftlich vertretbar angesehen werden kann; geringe Unterschiede reichen nicht aus. Beim Kostenvergleich sind auch der evtl. zu zahlende Schadensersatz sowie eine Nutzungsentschädigung gemäß § 48 zu berücksichtigen (*Lehmann,* § 47 Anm. 5; *Bassenge/Olivet,* § 17 Rdn. 11).

7   b) Die Pflicht besteht nicht, wenn dem Verpflichteten unverhältnismäßig große Nachteile entstehen würden. Vor- und Nachteile sind gegeneinander abzuwägen. Dabei sind die Dauer und Art der Inanspruchnahme zu berücksichtigen. In Betracht kommen nicht nur vermögensrechtliche Nachteile, sondern auch immaterielle Beeinträchtigungen, z. B. wenn der Verpflichtete die Aufstellung von lärmenden Baumaschinen dicht an seinem eigenen Wohngebäude dulden soll. Auch Liebhaberinteressen können ins Gewicht fallen (*Bassenge/Olivet,* § 17 Rdn. 12). Bei der Abwägung der Vor- und Nachteile hat außer Betracht zu bleiben, dass dem Nachbarn etwaige Schäden gemäß Absatz 4 in Verbindung mit § 14 ohne Rücksicht auf ein Verschulden zu ersetzen sind (*Dröschel/Glaser,* § 24 Rdn. 6).

8   4. Gemäß Absatz 2 ist das Recht so schonend wie möglich auszuüben. Es darf nicht zur Unzeit geltend gemacht werden, wenn sich die Arbeiten unschwer verlegen lassen. Der Berechtigte darf den Eigentümer und die Nutzungsberechtigten des verpflichteten Grundstücks nur insoweit einschränken, als es zur sachgemäßen Ausübung des Rechts notwendig ist. Zur Unzeit wird das Recht z. B. ausgeübt, wenn das Grundstück gerade landwirtschaftlich bestellt worden ist oder der Nachbar den Platz selbst für ein eigenes Bauvorhaben benötigt. Weitere Einschränkungen können sich ergeben, wenn auf dem in Anspruch genommenen Grundstück ein ausgesprochener Saisonbetrieb geführt wird und die Arbeiten sich unschwer bis nach Ende der Saison verschieben lassen. Zur schonenden Rechtsausübung kann es bei verfeindeten Nachbarn auch gehören, dass der Berechtigte das Grundstück nicht persönlich betritt, sondern die Arbeiten durch Beauftragte durchführen lässt (*Lehmann,* § 47 Anm. 11).

Das Grundstück darf nur vorübergehend benutzt werden; die Zeit der Inanspruchnahme ist nach Möglichkeit abzukürzen. Im Gegensatz zu den Gesetzen anderer Länder enthält das vorliegende Gesetz keine ausdrückliche Regelung dahin, dass ausreichende Vorkehrungen zur Minderung der Nachteile und Belästigungen getroffen werden müssen. Eine solche Verpflichtung ergibt sich aber ohne weiteres aus der Verpflichtung zur möglichst schonenden Ausführung. Welche Maßnahmen jeweils zu fordern sind, hängt von den Umständen des Einzelfalles ab. In Betracht kommen Schutzzäune sowie Bretter, die zur Schonung über gepflegte Rasenflächen gelegt werden, um eine übermäßige Schädigung zu verhindern. Werden Maschinen eingesetzt, z. B. Kompressoren, so sind schallgedämpfte Geräte zu verwenden. Beim Lagern von Baumaterial ist dafür zu sorgen, dass die Lagerfläche nur einen geringen Umfang hat und das Material nicht durch Wind oder sonstige Einflüsse über das Grundstück verbreitet wird.

5. Selbstverständlich besteht das Hammerschlags- und Leiterrecht nur, so- **9** weit die tatsächlichen Verhältnisse seine Ausübung zulassen. Der Nachbar kann nicht verlangen, dass etwaige Hindernisse, welche die Ausübung des Hammerschlags- und Leiterrechts einschränken oder ausschließen, beseitigt werden, und er darf diese auch selbst nicht beseitigen (*BGH* VersR 1980, 650; *Hülbusch / Bauer / Schlick,* § 21 Rdn. 8). Er hat auch keinen Anspruch darauf, dass der Nachbar eine Möglichkeit, das Hammerschlags- und Leiterrecht auszuüben, nicht vereitelt, indem dieser z. B. sein Grundstück so bebaut, dass Arbeiten an dem anderen Gebäude von seinem Grundstück aus nicht mehr vorgenommen werden können (*Zimmermann / Steinke,* § 24 Anm. 7; Urteil des *LG Dortmund* vom 23. 10. 1980 17 S 163/80).

6. Fraglich ist, ob die Ausübung des Hammerschlags- und Leiterrechts **10** auch davon abhängt, dass der Nachbar zur Ausführung der beabsichtigten Arbeiten selbst privatrechtlich berechtigt ist. Das Gesetz stellt diese Voraussetzung nicht ausdrücklich auf. Die Frage ist aber zu bejahen, da es zumindest einen Verstoß gegen § 242 BGB darstellt, wenn der Nachbar das Recht zur Benutzung des anderen Grundstücks geltend macht, weil er z. B. eine Nachbarwand bauen will, obwohl feststeht, dass der andere Grundstückseigentümer ihrem Bau nicht zugestimmt hat. Vgl. hierzu auch *OLG Braunschweig* Nds.Rpfl. 1971, 231; *Bassenge/Olivet,* § 17 Rdn. 13; *Lehmann,* § 47 Anm. 9. Ebenso *OLG Hamm* JMBl. 1984, 212.

Unerheblich ist hingegen, ob die Errichtung des Gebäudes oder sein Umbau selbst notwendig sind. Diese Entscheidung obliegt allein dem Bauherrn (*Dehner,* B § 28 I 1).

Da das Gesetz dem öffentlichen Recht keinen Vorrang einräumt, sind öffentlich-rechtliche Hindernisse, z. B. eine fehlende Genehmigung, nachbarrechtlich an sich unbeachtlich. Werden jedoch nachbarschützende Normen des öffentlichen Baurechts verletzt, kann sich ein Leistungsverweigerungsrecht ergeben.

11 7. Das Recht steht dem Eigentümer zu, wenn die gesetzlichen Voraussetzungen vorliegen; es wird nicht erst durch richterliches Gestaltungsurteil begründet (*OLG Braunschweig* aaO). Es darf allerdings – sofern kein Notstand i. S. von § 904 BGB vorliegt – nicht durch Selbsthilfe verwirklicht werden (*OLG Karlsruhe* NJW-RR 1993, 91; *OLG Koblenz* OLGZ 77, 448; *Bassenge/Olivet,* § 17 Rdn. 16; *Hülbusch/Bauer/Schlick,* § 21 Rdn. 18; zweifelnd *Hodes/Dehner,* § 24 Rdn. 3).

12 8. Duldungsverpflichtet sind der Eigentümer bzw. Erbbauberechtigte sowie die Nutzungsberechtigten. Anspruchsberechtigt sind ebenfalls der Eigentümer bzw. Erbbauberechtigte, die die Arbeiten ausführen bzw. ausführen lassen. Auch Nutzungsberechtigte (Nießbraucher, Pächter, Mieter usw.) sind berechtigt, sofern sie von Gesetzes wegen, auf Grund schuldrechtlicher Vereinbarung oder sonstwie vom Eigentümer bzw. Erbbauberechtigten zur Rechtsausübung befugt sind. S. auch *Lehmann,* § 47 Anm. 8.

13 Die Duldungspflicht ist grundsätzlich unabhängig davon, ob das Grundstück im privaten oder öffentlichen Eigentum steht. Absatz 1 und 2 finden aber gemäß Absatz 3 auf die Eigentümer öffentlicher Straßen keine Anendung. Über den Begriff öffentliche Straßen vgl. § 52 Rdn. 4. Für sie gilt das öffentliche Straßenrecht. Andere öffentliche oder öffentlichen Zwecken gewidmete Grundstücke, die z. B. mit einem Gericht oder einem Finanzamt bebaut sind, fallen nicht unter Absatz 4 (*Dröschel/Glaser,* § 24 Rdn. 18).

Das Recht zur Benutzung der in Absatz 4 genannten Flächen richtet sich nach öffentlichem Recht, insbesondere nach § 14 und § 18 NStrG. Nach § 14 NStrG ist der Gebrauch der öffentlichen Straßen jedermann im Rahmen der Widmung und der Vorschriften zum Verkehr gestattet. Das Aufstellen von Baubuden, Bauzäunen und Gerüsten sowie das Lagern von Baumaterial und das Aufstellen von Baumaschinen gehören nicht dazu. Sie stellen vielmehr, wenn kein Anliegergebrauch vorliegt, eine Sondernutzung im Sinne von § 18 NStrG dar, die der Erlaubnis des Trägers der Straßenbaulast bedarf (*Fritsch/Golz/Wicher,* § 18 LStrG Anm. 2; *Marschall,* BFernstrG § 8 Rdn. 4. Siehe auch *Hodes/Dehner,* § 28 Rdn. 4). Die Erlaubnis darf nur auf Zeit oder Widerruf erteilt und aus Verkehrsgründen mit Bedingungen und Auflagen verbunden werden.

Zum vorübergehenden Lagern und Aufstellen der oben genannten Gegenstände im Rahmen der **Anliegernutzung** vgl. *Sauthoff,* Rdn 620, 628; *Bassenge* in *Palandt,* § 903 BGB Rdn. 29. Siehe hierzu auch *BGHZ* 22, 397 (Bauzaun und Abstellen von Baugeräten)

Die Erteilung der Erlaubnis für eine Sondernutzung liegt im pflichtgemä- **14** ßen Ermessen der Verwaltungsbehörde. Ihre Versagung stellt einen anfechtbaren Verwaltungsakt dar (*Fritsch/Golz/Wicher,* § 18 Anm. 3). Für die Sondernutzung können Gebühren erhoben werden (§ 21); diese stellen ein öffentlich-rechtliches Entgelt für die über den Gemeingebrauch hinausgehende Nutzung der Straße dar. Die Gemeinden können Sondernutzungssatzungen erlassen.

9. Das Hammerschlags- und Leiterrecht darf nur ausgeübt werden, wenn **15** der Berechtigte sein Vorhaben dem Eigentümer bzw. Erbbauberechtigten und ggf. den Nutzungsberechtigten mindestens einen Monat vor Beginn der Arbeiten angezeigt hat (Abs. 4 in Verbindung mit § 42). S. hierzu die Anmerkungen zu § 42. Durch die Anzeige sollen die Verpflichteten in die Lage versetzt werden, sich auf die Behinderungen und Belästigungen einzustellen und ihrerseits schadensmindernde Vorkehrungen zu treffen. In der Anzeige sind daher Art und Umfang der Arbeiten im Einzelnen mitzuteilen. Eine Anzeige ist nicht erforderlich, wenn die Einwirkung auf das Nachbargrundstück aufgrund von § 904 BGB zur Abwendung einer gegenwärtigen Gefahr notwendig und der drohende Schaden gegenüber dem aus der Einwirkung entstehenden Schaden unverhältnismäßig groß ist, Abs. 4, § 44. Es muss ein Ereignis eingetreten sein, das eine sofortige Abhilfe erfordert, und zwar gerade durch die Einwirkung auf das andere Grundstück, weil andere taugliche Mittel nicht zur Verfügung stehen (*Bassenge* in *Palandt,* § 904 BGB Rdn. 2).

10. Schäden, die in Ausübung des Hammerschlags- und Leiterrechts ent- **16** stehen, sind ohne Rücksicht auf ein Verschulden zu ersetzen (Abs. 4 in Verbindung mit § 14). S. die dortigen Anmerkungen. Dazu gehört auch ein etwaiger Nutzungsausfall. Wird auf das Grundstück ohne eine Anzeige lediglich gemäß § 904 BGB eingewirkt und entsteht hierbei ein Schaden, so ist dieser gemäß § 904 Satz 2 BGB zu ersetzen. Auch dieser Anspruch setzt kein Verschulden voraus (*Bassenge* in *Palandt,* § 904 Rdn. 5).

Der Umfang des Schadensersatzanspruches richtet sich nach allgemeinen **17** Regeln (§§ 249 ff BGB). Gemäß § 252 BGB ist auch entgangener Gewinn zu ersetzen. Ersatzpflichtig ist der Eigentümer, Erbbauberechtigte oder Nutzungsberechtigte, der das Recht aus § 47 ausübt. Dabei ist es unerheblich, ob er die Arbeiten selbst ausführt oder durch Hilfspersonen ausführen lässt. Anspruchsberechtigt sind der Eigentümer bzw. Erbbauberechtigte oder die Nutzungsberechtigten, soweit ihnen ein Schaden entstanden ist. Andere Personen, z.B. Besucher, können ihre Ansprüche nur auf §§ 823 ff BGB stützen (*Bassenge/Olivet,* § 10 Rdn. 8). Eine Mitverursachung des Schadens kann gemäß § 14 zur Verringerung des Anspruchs führen. Es sind nur die Schäden zu ersetzen, die in Ausübung des Rechts und nicht bei Gelegenheit entstehen und mit der Rechtsausübung in keinem Zusammenhang stehen (*Hülbusch/Bauer/Schlick,* § 23 Rdn. 4). Wegen der Sicherheitsleistung s. § 14 Abs. 2. Diese Verpflichtung entfällt im Notfall, § 44.

18 Verletzt der Nachbar schuldhaft seine Duldungspflicht, ist er seinerseits zum Schadensersatz verpflichtet (*OLG Braunschweig* Nds.Rpfl. 1971 S. 231, 233).

19 **11.** Die Beweislast dafür, dass die Voraussetzungen für die Ausübung des Hammerschlags- und Leiterrechts gegeben sind, trifft denjenigen, der das Recht ausüben will. Er muss deshalb ggf. auch beweisen, dass er sein Begehren rechtzeitig gemäß Abs. 4, § 42 angezeigt hat.

§ 48 Nutzungsentschädigung

(1) **Wer ein Grundstück länger als zehn Tage gemäß § 47 benutzt, hat für die ganze Zeit der Benutzung eine Nutzungsentschädigung zu zahlen; diese ist so hoch wie die ortsübliche Miete für einen dem benutzten Grundstücksteil vergleichbaren gewerblichen Lagerplatz.**

(2) **Nutzungsentschädigung kann nicht verlangt werden, soweit nach § 47 Abs. 4 in Verbindung mit § 14 Ersatz für entgangene anderweitige Nutzung geleistet wird.**

1 **1.** Aus Absatz 1 ergibt sich, dass die Benutzung des Nachbargrundstücks zur Ausübung des Hammerschlags- und Leiterrechts bis zu zehn Tagen ohne Zahlung einer Nutzungsentschädigung erlaubt ist. Dieser Zeitraum reicht aus, um regelmäßig anfallende Instandsetzungsarbeiten und Reparaturen vorzunehmen. Wird das Grundstück länger als zehn Tage benutzt, ist für die gesamte Zeit eine Nutzungsentschädigung zu zahlen, da dem Nachbarn eine längere unentgeltliche Zurverfügungstellung seines Grundstückes nicht zuzumuten ist. Hierdurch wird ein Zwang auf den Eigentümer ausgeübt, die Arbeiten in möglichst kurzer Zeit und unverzüglich ohne Unterbrechungen auszuführen. Die Nutzungsentschädigung nach Absatz 1 kann ohne Nachweis eines tatsächlichen Schadens wegen entgangener Nutzungen beansprucht werden.

2 **2.** Die Höhe des Anspruchs richtet sich nach der ortsüblichen Miete für einen dem benutzten Grundstücksteil vergleichbaren Lagerplatz. Diese ist notfalls unter Hinziehung eines Sachverständigen festzustellen. Ist der tatsächlich entstandene Nutzungsverlust höher als eine solche Miete, so ist dieser gemäß § 47 Abs. 4 in Verbindung mit § 14 zu ersetzen. Der Schaden ist dann konkret nachzuweisen. In diesem Falle kann eine Entschädigung nach Absatz 1 nicht verlangt werden, Abs. 2. Dieser Anspruch bleibt jedoch unberührt, wenn aufgrund von § 14 Schäden geltend gemacht werden, die nicht auf einer Verminderung der Nutzungsmöglichkeiten beruhen.

3 **3.** Das Gesetz regelt nicht, an wen die Nutzungsentschädigung zu zahlen ist, wenn Eigentümer und Nutzungsberechtigter nicht identisch sind. Maßgeblich dürfte sein, wessen Rechte und Nutzungsmöglichkeiten beeinträchtigt worden sind. Vgl. *Bassenge/Olivet,* § 19 Rdn. 1.

4. Wird bei Wohnungseigentum das Sondereigentum in Anspruch ge- **4** nommen, stehen etwaige Schadensersatzansprüche dem betreffenden Sondereigentümer zu. Wird das Gemeinschaftseigentum betroffen, so stehen diese Ansprüche der Gemeinschaft zu. Der Sondereigentümer kann den Anspruch jedoch gem. § 1011 BGB geltend machen; er muss allerdings in der Regel Zahlung an alle Eigentümer verlangen (vgl. *Bassenge/Olivet,* § 2 Rdn. 4; *BGH* NJW 1993, 727). Im Hinblick auf den besonderen Charakter des Wohnungseigentums verlangt der BGH darüber hinaus einen entsprechenden Beschluss der Wohnungseigentümergemeinschaft.

Zehnter Abschnitt. Höherführen von Schornsteinen

§ 49 [Schornsteine und Lüftungsschächte]

(1) Der Eigentümer eines Gebäudes und die Nutzungsberechtigten müssen dulden, daß der Nachbar an dem Gebäude Schornsteine und Lüftungsschächte eines angrenzenden niederen Gebäudes befestigt, wenn
1. deren Höherführung erforderlich ist und anders nur mit erheblichen technischen Nachteilen oder mit unverhältnismäßig hohen Kosten möglich wäre und
2. das betroffene Grundstück nicht erheblich beeinträchtigt wird.

(2) [1] Der Eigentümer und die Nutzungsberechtigten haben ferner zu dulden, daß höher geführte Schornsteine und Entlüftungsschächte vom betroffenen Grundstück aus unterhalten und gereinigt und die hierzu erforderlichen Einrichtungen auf dem betroffenen Grundstück angebracht werden, wenn diese Maßnahmen anders nicht zweckmäßig oder nur mit unverhältnismäßig hohen Kosten getroffen werden können. [2] Das Durchgehen durch das betroffene Gebäude braucht nicht geduldet zu werden, wenn der Berechtigte außen eine Steigleiter anbringen kann.

(3) Für Anzeigepflicht und Schadensersatz gelten die §§ 14, 42 und 44 entsprechend.

1 **1.** Nach dem BGB steht dem Nachbarn kein Beseitigungs- oder Schadensersatzanspruch zu, wenn durch ein neben seinem Bauwerk errichtetes Gebäude den Schornsteinen und Lüftungsleitungen (Lüftungsrohre, Luftschächte und Luftkanäle) seines Gebäudes die notwendige Zug- und Saugwirkung genommen oder der Rundfunk- und Fernsehempfang gestört wird. Diese Beeinträchtigungen durch Einrichtungen, die nicht unmittelbar auf das Nachbargrundstück einwirken, sondern allein durch ihr Vorhandensein stören – so genannte **negative Einwirkungen** –, fallen nicht unter § 906 BGB, so dass der Nachbar nicht die Möglichkeit hat, mit der Klage aus §§ 1004, 906 BGB gegen sie vorzugehen. Vgl. hierzu *BGH* MDR 1984, 387; NJW 1991, 1672; *Bassenge* in *Palandt,* § 903 Rdn. 9 und § 906 Rdn. 4). Er muss sie deshalb grundsätzlich hinnehmen, wenn ihm nicht im Einzelfall aufgrund des nachbarrechtlichen Gemeinschaftsverhältnisses ein Abwehranspruch gegen besonders schwere Beeinträchtigungen zusteht. Entsprechendes gilt, wenn ein Hochhaus den Fernsehempfang nicht durch sog. Abschattung, sondern dadurch stört, dass es Fernsehwellen reflektiert (*BGH* aaO). Weitergehend: *Ostendorf* JuS 1974, 756, *Rathjen* MDR 1974, 453 und jetzt *Wenzel* NJW 2005, 241, 247.

Auch nach Landesrecht stand dem Nachbarn gegen die oben genannten Beeinträchtigungen kein Rechtsbehelf zur Verfügung, so dass diese hingenommen werden mussten, sofern nicht durch Maßnahmen auf dem eigenen Grundstück (z. B. Erhöhung der Schornsteine) Abhilfe geschaffen werden konnte.

2. § 49 geht in Übereinstimmung mit dem bisherigen Rechtszustand da- **2** von aus, dass etwaige Beeinträchtigungen grundsätzlich vom Nachbarn hinzunehmen sind. Das Gesetz verbessert jedoch seine Rechtsstellung bezüglich **Schornsteinen** und **Lüftungsschächten** insofern, als er bei einer notwendigen Erhöhung von Schornsteinen und Lüftungsschächten auch die baulichen Anlagen des anderen Nachbarn in Anspruch nehmen darf.

Voraussetzung ist zunächst, dass das Gebäude des duldungspflichtigen **3** Eigentümers höher ist als das des Nachbarn. Das Gebäude kann aus verschiedenen Gründen höher sein. Einmal durch eine größere Bauhöhe, außerdem auch durch eine höhere Lage oder durch beides (*Bassenge/Olivet*, § 20 Rdn. 3). Ferner müssen die Gebäude aneinander angrenzen (Abs. 1). Es muss sich aber nicht um eine unmittelbare Grenzbebauung handeln (*Bassenge/Olivet*, § 20 Rdn. 4). Unerheblich ist, ob das störende Gebäude als erstes oder nachträglich errichtet worden ist.

3. Die Höherführung muss erforderlich sein. Das ist der Fall, wenn ohne **4** die Erhöhung der Schornsteine und Lüftungsschächte die notwendige Zug- und Saugwirkung nicht gewährleistet ist. Stehen andere Maßnahmen zur Verfügung, so sind diese zu wählen. Das gilt insbesondere dann, wenn die Beeinträchtigung letztlich nicht durch die größere Höhe des anderen Gebäudes verursacht worden ist, sondern die Anlagen in sich mangelhaft sind, der latent vorhandene Mangel sich aber erst, nachdem das höhere Gebäude errichtet worden ist, auswirkt und störend in Erscheinung tritt.

4. Weitere Voraussetzung ist, dass die Höherführung anders nur mit tech- **5** nischen Nachteilen oder nur mit unverhältnismäßig hohen Kosten möglich wäre. Es reicht daher nicht aus, dass die Befestigung am höheren Gebäude lediglich zweckmäßiger ist als eine andere Befestigungsmöglichkeit, die aber auch noch als technisch vertretbar angesehen werden muss. Andere in Betracht kommende Möglichkeiten müssen mit erheblichen technischen Nachteilen verbunden sein oder nur mit unverhältnismäßig hohen Kosten zu verwirklichen. Es muss ein auffälliges Missverhältnis zwischen den Kosten bestehen. Ist die Befestigung an dem höheren Gebäude zulässig und stehen mehrere Befestigungsarten zur Verfügung, so ist diejenige zu wählen, welche die duldungspflichtigen Personen am wenigsten beeinträchtigt. So auch *Dröschel/Glaser*, § 26 Rdn. 4.

5. Nach Abs. 1 Nr. 2 darf ferner das betroffene Grundstück nicht erheblich beeinträchtigt werden.

6. Absatz 2 ergänzt die Rechtsstellung des Nachbarn, die ihm Absatz 1 **6** einräumt, um die Funktionstüchtigkeit seiner Anlagen zu sichern. Eigen-

tümer und Nutzungsberechtigte des betroffenen Grundstücks sind verpflichtet, das **Betreten des Grundstücks** durch den Berechtigten oder beauftragte Hilfspersonen zu dulden, um die erhöhte und befestigte Anlage zu unterhalten und zu reinigen, soweit das erforderlich ist. Es muss sich also um eine erforderliche Reparatur oder Reinigungsarbeit handeln, die ihrerseits die Inanspruchnahme des Nachbargrundstücks erforderlich macht. Das Betreten ist unzulässig, wenn die Arbeiten vom eigenen Grundstück aus vorgenommen werden können und diese Maßnahmen nicht unzweckmäßig oder mit unverhältnismäßig hohen Kosten verbunden sind. Weitere Voraussetzung ist, dass die Befestigung der Anlage selbst in zulässiger Weise geschehen ist. Bestand kein Recht zur Befestigung, braucht der Eigentümer die Inanspruchnahme seines Grundstücks auch zu den Maßnahmen nach Absatz 2 nicht zu dulden.

Als erforderliche Einrichtungen im Sinne von Abs. 2 kommen insbesondere Steigleitern und Standbretter in Betracht, die das Kehren von Schornsteinen ermöglichen. Zu wählen sind die Einrichtungen, welche die duldungspflichtigen Personen am wenigsten beeinträchtigen. Wegen des Durchgehens durch das betroffene Gebäude s. Abs. 2 S. 2.

7   Öffentlich-rechtlich sind §§ 39, 40 NBauO zu beachten.

8   **7.** Ein Entgelt für die Mitbenutzung des höheren Gebäudes sieht das Gesetz nicht vor; sie ist daher unentgeltlich. Andererseits hat der Nachbar, der die Anlagen usw. an dem anderen Gebäude befestigt, die hierdurch entstehenden Kosten selbst zu tragen. Etwas anderes ergibt sich auch nicht aus einer unmittelbaren oder entsprechenden Anwendung von § 906 Abs. 2 Satz 2 BGB (vgl. *BGH* NJW 1984, 731).

9   **8.** Der Anspruch steht dem Nachbarn, d.h. dem Eigentümer bzw. Erbbauberechtigten zu. Dinglich oder obligatorisch zur Nutzung des Grundstücks Berechtigte (Nießbraucher, Pächter, Mieter) sind nur dann berechtigt, wenn sie im Verhältnis zu diesen zur Rechtsausübung befugt sind. Zur Duldung der Maßnahmen sind der Eigentümer bzw. der Erbbauberechtigte des betroffenen Grundsstücks sowie die dinglich oder obligatorisch zur Nutzung dieses Grundstücks Berechtigten (Nießbraucher, Pächter, Mieter) verpflichtet. Steht das Grundstück im Miteigentum mehrerer Personen, so ist der Anspruch gegenüber sämtlichen Miteigentümern geltend zu machen (*BGH* NJW 1984, 2210). S. auch die Anm. zu § 1.

10   **9.** Gem. Abs. 4 gelten die §§ 14 (Schadensersatz und Sicherheitsleistung) und 42 (Anzeigepflicht) und 44 (keine Anzeige- und Sicherheitsleistungspflicht im Notstand) entsprechend. Auf die Anm. zu diesen Vorschriften wird Bezug genommen. Die Tätigkeit des Schornsteinfegers braucht nicht angezeigt zu werden.

Elfter Abschnitt. Grenzabstände für Pflanzen, ausgenommen Waldungen

§ 50 Grenzabstände für Bäume und Sträucher

(1) Mit Bäumen und Sträuchern sind je nach ihrer Höhe mindestens folgende Abstände von den Nachbargrundstücken einzuhalten:

a) bis zu 1,2 m Höhe	0,25 m
b) bis zu 2 m Höhe	0,50 m
c) bis zu 3 m Höhe	0,75 m
d) bis zu 5 m Höhe	1,25 m
e) bis zu 15 m Höhe	3,00 m
f) über 15 m Höhe	8,00 m.

(2) [1]Die in Absatz 1 bestimmten Abstände gelten auch für lebende Hecken, falls die Hecke nicht gemäß § 30 auf die Grenze gepflanzt wird. [2]Sie gelten auch für ohne menschliches Zutun gewachsene Pflanzen.

(3) Im Falle des § 31 ist der Abstand so zu bemessen, daß vor den Pflanzen ein Streifen von 0,6 m freibleibt.

(4) Die Absätze 1 bis 3 gelten auch für die Nutzungsberechtigten von Teilflächen eines Grundstücks in ihrem Verhältnis zueinander.

1. Das BGB schreibt keine Grenzabstände für Bäume und Pflanzen vor; **1** der Eigentümer kann demnach sein Grundstück in der Regel nach Belieben bepflanzen, obwohl z. B. durch Schattenwirkung von Bäumen erhebliche Beeinträchtigungen verursacht werden können. Nach herrschender Meinung ist die **Entziehung von Licht** und **Luft** durch Bäume auf dem Nachbargrundstück nach dem BGB grundsätzlich nicht abwehrbar, da es sich um so genannte negative Einwirkungen handelt (*OLG Hamburg* MDR 1963, 135; *BGH* MDR 1951, 726; NJW 1975, 170; *Bassenge* in *Palandt*, § 903 BGB Rdn. 9), es sei denn, die Ausübung des Herrschaftsrechts wäre missbräuchlich, so dass sich aus dem nachbarrechtlichen Gemeinschaftsverhältnis (§ 242 BGB) ein Abwehranspruch gegen schwere Schädigungen ergibt (vgl. *Bassenge* in *Palandt*, § 903 Rdn. 9, 13; *OLG Düsseldorf* NJW 1979, 2618). Weitergehend jetzt *Wenzel*, NJW 2005, 241. Siehe auch *Hinz* JR 1997, 137 und *BGH* NJW-RR 2001, 1208 (Verbreitung von Mehltau).

2. Durch **Unkrautsamenflug** sowie Abfallen von **Laub** und **Blütentei-** **2** **len** können Nachbarn erheblich gestört werden. Abwehr- und Beseitigungsansprüche können sich hier aus § 1004 BGB ergeben. S. hierzu Anhang I. § 50 betrifft nur Bäume außerhalb des Waldes sowie Sträucher. Für Waldungen gelten die Sondervorschriften der §§ 58 ff.

119

3   3. § 50 gilt nur für **Gehölzpflanzen.** Mit **Stauden** – auch großen Stauden, z. B. Sonnenblumen – brauchen keine Grenzabstände eingehalten zu werden. Stauden unterscheiden sich von Sträuchern dadurch, dass bei ihnen jährlich am Ende der Vegetationsperiode die oberirdischen Teile oder die Pflanzen selbst ganz oder teilweise absterben. Zur Einordnung von Bambus als Gras oder Gehölz s. *AG Schwetzingen* NZM 2000, 984. Bei **Bäumen** handelt es sich um ausdauernde Holzgewächse mit ausgeprägtem Stamm und bevorzugtem Längenwachstum an den Spitzen des Spross-Systems. Für **Sträucher** ist charakteristisch die basisbetonte Verzweigung aus mehr oder weniger zahlreichen Seitenachsen mit schwächerem Wuchs, wobei die Hauptachse meistens verkümmert ist (vgl. Meyers Enzyklopädisches Lexikon). Für **Waldungen** gelten §§ 58, 59.

4   4. Das Gesetz macht die einzuhaltenden Abstände unmittelbar von der tatsächlichen Höhe der in Betracht kommenden Gehölze und Sträucher abhängig. Will der Eigentümer vermeiden, später seine Bäume und Sträucher ständig beschneiden zu müssen, so tut er gut daran, das voraussichtliche Wachstum seiner Bäume und Sträucher schon beim Anpflanzen bei der Wahl der Grenzabstände zu berücksichtigen.

5   5. Die einzuhaltenden Abstände sind unmittelbar aus dem Gesetz abzulesen und nach § 51 zu ermitteln. Ein Streifen von 0,25 m ist auf jeden Fall von Bäumen und Sträuchern freizuhalten. Andererseits kann ein Baum oder Strauch beliebig höher als 15 m werden, wenn der Grenzabstand 8 m und mehr beträgt.

6   6. Werden die vorgeschriebenen Abstände nicht eingehalten, sei es, dass das Gewächs schon beim Anpflanzen höher ist als zulässig, oder dass es später die Hohe überschreitet, wird die Rechtsposition des Nachbarn verletzt. Er kann die Beseitigung der darin liegenden Beeinträchtigung verlangen. Ob er darüber hinaus durch die Abstandsunterschreitung konkret beeinträchtigt wird, ist unerheblich. Dem Eigentümer steht es in der Regel frei, ob er den Baum zurücksetzt oder auf die zulässige Höhe kürzt, sofern nicht § 53 Abs. 1 S. 1 eingreift. Je nach Breite des Grundstücks und der Höhe des Baumes kann auch gegenüber dem übernächsten Grundstück ein Grenzabstand einzuhalten sein. Wegen der Anpflanzungen an öffentlichen Straßen und Gewässern s. § 52 Abs. 1.

7   Abweichende Parteivereinbarungen sind zulässig. Soll die Vereinbarung auch gegenüber Rechtsnachfolgern gelten, ist sie durch eine Grunddienstbarkeit abzusichern.

8   7. Anspruchsberechtigt für Beseitigungsansprüche ist der Grundstückseigentümer bzw. Erbbauberechtigte. Der Anspruch darf nicht im Wege der Selbsthilfe durchgesetzt werden. Der Anspruch ist begründet, wenn der vorgeschriebene Abstand nicht eingehalten wird und besondere Ausschlussgründe (z. B. §§ 54, 55) nicht vorliegen.

8. Nach Abs. 2 gelten die Abstände gem. Abs. 1 auch für lebende He- **9** cken, wenn sie nicht gem. § 30 (gemeinsame Einfriedung) auf die Grenze gepflanzt werden. S. dazu die Anm. zu § 30.

Abs. 2 S. 2 stellt klar, dass die Abstandsvorschriften auch für Pflanzen gel- **10** ten, die ohne menschliches Zutun gewachsen sind, also z. B. für durch Aussamung entstandene. Wegen der Abstandsbestimmung bei Auswuchs s. § 51 Rdn 1.

9. Nach Abs. 3 ist im Falle des § 31 (Schwengelrecht) der Mindestabstand **11** so zu bemessen, dass vor den Pflanzen ein Streifen von 0,60 m frei bleibt, damit er im Rahmen der Bewirtschaftung betreten und befahren werden kann.

10. Abs. 4 bestimmt dass die Abs. 1 bis 3 auch für Nutzungsberechtigte **12** von Teilflächen eines Grundstücks in ihrem Verhältnis zueinander gelten. Abweichende Vereinbarungen sind zulässig. Innerhalb von Kleingartenanlagen gelten oft besondere Regelungen, da die einzelnen Parzellen regelmäßig nicht im Eigentum der jeweiligen Benutzer stehen. Hier sind die jeweiligen Satzungen und zudem das Bundeskleingartengesetz zu beachten.

Zur Frage, wann durch Bebauungspläne andere Grenzabstände vorgeschrieben werden können, s. *Lehmann*, § 50 Rdn. 16.

§ 51 Bestimmung des Abstandes

Der Abstand wird am Erdboden von der Mitte des Baumes oder des Strauches bis zur Grenze gemessen.

1. Maßgebend für die Berechnung der Abstände für Bäume und Sträucher **1** ist die Mitte dieser Anpflanzungen, und zwar an der Stelle, an der sie aus dem Erdboden treten. Eine etwaige Neigung des Baumes oder Strauches zur Grenze bleibt außer Betracht. Hat der Baum mehrere Stämme, so ist der Abstand vom Mittelpunkt des grenznächsten Stammes aus zu messen. Bei Sträuchern, bei denen mehrere Triebe aus dem Boden kommen, ist der Abstand von dem gedachten Mittelpunkt der aus dem Boden kommenden Triebe, nicht dagegen vom grenznächsten aus zu messen (*Zimmermann/Steinke*, § 46 Anm. 2; *Hülbusch/Bauer/Schlick*, § 47 Rdn. 4). Bei Sträuchern kann sich die Mitte durch Seiten- oder Nebentriebe allmählich zur Grenze verlagern, so dass der ursprünglich vorhandene Abstand nicht mehr gewahrt ist. Diese Triebe müssen dann entweder entfernt oder der Strauch selbst zurückgeschnitten oder zurückgesetzt werden. Das gilt jedoch nur, wenn die neuen Triebe nicht völlig unwesentlich sind. Entscheidend ist der Gesamteindruck.

2. Bei Hecken ist der Grenzabstand der einzelnen Pflanzen maßgeblich. **2** Die Höhe einer Hecke ist an der Stelle zu messen, an der die Heckenpflanze aus dem Boden tritt.

3   **3.** Der Abstand ist am Erdboden zum nächsten Punkt der Grenze zu messen. Fraglich ist, ob der Abstand auch dann am Boden zu messen ist, wenn der Boden nicht eben ist, sondern das Gelände zur Grenze ansteigt oder abfällt. Hier darf nicht am Erdboden, sondern nur waagerecht oberhalb des Bodens gemessen werden (ebenso *Hoof/Keil,* § 51 Anm. 3; a.A. *Lehmann,* § 51 Anm. 1). Wollte man z. B. bei stark abfallendem Gelände den erforderlichen Abstand am Boden messen, dürfte der Baum oder der Strauch sehr viel näher an der Grenzlinie stehen, obwohl er bereits mehr Licht wegnimmt, da er oberhalb des Niveaus des Nachbargrundstücks steht.

§ 52 Ausnahmen

(1) **§ 50 gilt nicht für**

1. Anpflanzungen hinter einer Wand oder einer undurchsichtigen Einfriedung, wenn sie diese nicht überragen,

2. Anpflanzungen an den Grenzen zu öffentlichen Straßen und zu Gewässern,

3. Anpflanzungen auf öffentlichen Straßen und auf Uferböschungen.

(2) **Im Außenbereich (§ 35 Abs. 1 des Baugesetzbuchs) genügt ein Grenzabstand von 1,25 m für alle Anpflanzungen über 3 m Höhe.**

1   **1.** § 52 enthält einige Ausnahmevorschriften zu § 50. Sie beruhen darauf, dass zusätzliche nachbarrechtliche Regelungen im Hinblick auf öffentlich-rechtliche Bestimmungen entbehrlich waren oder die zu erwartenden Beeinträchtigungen gering oder im öffentlichen Interesse zumutbar erschienen.

2   **2.** Danach gilt § 50 zunächst nicht für Anpflanzungen hinter einer Wand oder undurchsichtigen Einfriedung, wenn sie diese nicht überragen, Nr. 1. Derartige Wände können Einfriedungsmauern oder Garagenwände sein. Geschlossene Einfriedungen können außerdem geschlossene Bretterzäune sein; Hecken in der Regel nicht, da sie zumindest im Winter durchsichtig sein werden.

3   Wächst die Anpflanzung über die Wand, Mauer usw. hinaus, sind von diesem Augenblick die Abstandsvorschriften anzuwenden. Nunmehr beginnt insoweit auch die Frist des § 54. S. § 54 Rdn. 5.

4   **3.** Ausgenommen von § 50 sind ferner Anpflanzungen an den Grenzen zu öffentlichen Straßen und zu Gewässern, Nr. 2. **Öffentliche Straßen** sind die Straßen, Wege und Plätze, die dem öffentlichen Verkehr gewidmet sind (§ 2 NStrG). Die Widmung erfolgt gemäß § 6 StrG bzw. BFernStrG. Privatwege, auf denen der Eigentümer den öffentlichen Verkehr lediglich duldet, ohne dass eine Widmung erfolgt ist, sind keine öffentlichen Verkehrsflächen. S. hierzu *Sauthoff* Rdn. 21. Zu den öffentlichen Straßen gehören auch Rad- und Gehwege, Brücken sowie Gräben, die der Entwässerung der Straßenoberfläche oder des Straßenkörpers dienen. Wege, die nur einem be-

stimmten Zweck oder einer bestimmten Art des Gebrauchs dienen, sind als öffentliche Verkehrsflächen anzusehen, wenn sie zu dem bestimmten Zweck oder der beschränkten Art des Gebrauchs jedermann zugänglich sind, z.B. Rad-, Fuß-, Kirch-, Schul- und Kirchhofswege (*Fickert,* § 2 Rdn. 2 und 44). Öffentliche **Grünflächen** werden nicht genannt. Sie fallen daher nicht unter diese Ausnahmeregelung. **Gewässer** im Sinne von Nr. 2 sind alle stehenden und fließenden oberirdischen Gewässer, und zwar ohne Rücksicht darauf, ob sie im öffentlichen oder privaten Eigentum stehen und ob sie dem Gemeingebrauch offen stehen, da das Gesetz keinen Unterschied zwischen öffentlichen und privaten Gewässern macht.

Anpflanzungen an den genannten Flächen und Gewässern brauchen 5 schlechthin keine Grenzabstände einzuhalten. Das gilt nicht nur in Bezug auf den Eigentümer der unmittelbar angrenzenden Verkehrsflächen sowie eines privaten oder öffentlichen Gewässers, sondern auch gegenüber dem Eigentümer eines jenseits einer öffentlichen Straße liegenden Grundstücks. Ist z.B. die Straße sehr schmal, kann der Fall eintreten, dass auch gegenüber dem jenseits der Straße liegenden Grundstück der Grenzabstand unterschritten wird. Der Eigentümer dieses Grundstücks kann nicht geltend machen, dass der Abstand zu seinem Grundstück nicht eingehalten worden ist, da § 50 für Anpflanzungen an den Grenzen zu den genannten Flächen und Gewässern schlechthin nicht anwendbar sind.

Zu beachten sind jedoch öffentlich-rechtliche Vorschriften, z.B. § 11 6 Abs. 2 BFernstrG, § 31 Abs. 2 NStrG sowie das Landeswassergesetz. Das in § 31 Abs. 2 Satz 1 NStrG enthaltene Verbot, Anpflanzungen, Zäune, Stapel usw. anzulegen, welche die Verkehrssicherheit behindern, ist ein Schutzgesetz im Sinne von § 823 Abs. 2 BGB zugunsten der einzelnen Verkehrsteilnehmer (*OLG Stuttgart* VersR 1978, 1075). Ragen Bäume oder Sträucher in den öffentlichen Verkehrsraum, kann der Straßeneigentümer entweder nach § 910 BGB die überragenden Äste oder Zweige selbst abschneiden oder gemäß § 1004 BGB ihre Beseitigung vom Grundstückseigentümer verlangen. Hat der Eigentümer Anpflanzungen usw. entgegen § 31 Abs. 2 Satz 1 NStrG angelegt, so sind diese auf schriftliches Verlangen hin innerhalb der gesetzten Frist zu beseitigen. Nach Fristablauf können die Anpflanzungen oder Einrichtungen auf Kosten der Verpflichteten entfernt werden, wenn der Bescheid unanfechtbar geworden oder seine sofortige Vollziehung angeordnet worden ist.

4. Nach § 52 Abs. 1 Nr. 3 sind ferner Anpflanzungen **auf** öffentlichen 7 Straßen und auf Uferböschungen ausgenommen. Für ihre Anlage sind vorwiegend öffentlich-rechtliche Gesichtspunkte entscheidend. § 32 NStrG bestimmt hierzu, dass die Bepflanzung des Straßenkörpers den Trägern der Straßenbaulast vorbehalten ist und die Straßenanlieger alle Maßnahmen zu dulden haben, die im Interesse der Erhaltung und Ergänzung der auf den Straßenkörper befindlichen Pflanzen erforderlich sind. Der Umfang der Duldungspflicht umfasst nicht nur die ausdrücklich erwähnten Einwirkungen, sondern auch die Pflanzen als solche. Diese Duldungspflicht ist eine Bestimmung von Inhalt und Schranken des Eigentums 1. S. des Art. 14 GG. Die Straßenanlieger haben der Straßenbaubehörde rechtzeitig vorher anzuzeigen, wenn sie Wurzeln von Straßenbäumen abschneiden wollen. Wegen des Trägers der Straßenbaulast vgl. §§ 43 ff NStrG. Grundstückseigentümer können einen Beseitigungsanspruch aus § 1004 BGB haben, wenn Baumwurzeln z. B. in private Abwasserleitungen eindringen und diese beschädigen (*BGH* NJW 1986, 2640). Dieser Anspruch kann auch dann bestehen, wenn Baumwurzeln vom öffentlichen Straßengelände in den Schmutzwasser-Anschlusskanal eines Eigentümers eindringen. Auch in diesem Fall ist der Rechtsweg zu den ordentlichen Gerichten gegeben (*BGH* NJW 1991, 2827). Kommt die Stadt einem entsprechenden Verlangen nicht nach und beseitigt der Eigentümer die Störung selbst, können ihm entsprechende Ersatzansprüche zustehen. Wegen des Umfangs des Anspruchs siehe *BGH* NJW 1986, 2640. Eine Gemeinde ist verpflichtet, die auf ihrem Grundstück verlaufenden Kanalisationsleitungen von Wurzelwerk freizuhalten. Entsteht durch Vernachlässigung dieser Pflicht ein Rückstau, der zu einem Schaden auf einem Nachbargrundstück führt, ist die Gemeinde zum Schadensersatz verpflichtet (*OLG Bamberg* NVwZ-RR 2004, 285). Nach einem Urteil des *OLG Düsseldorf* (OLG-Report Düsseldorf 2001, 13) sollen dem Grundstückseigentümer keine Ansprüche aus § 910 BGB gegenüber Ästen zustehen, die auf sein Grundstück hineinwachsen, wenn der Baum auf einer öffentlichen Verkehrsfläche steht. Die Entscheidung überzeugt aber nicht. S. *OVG Münster* NJW 2000, 754.

8   **5.** Im **Außenbereich** genügt ein Grenzabstand von 1,25 m für alle Anpflanzungen über 3 m Höhe. Er nimmt also von dieser Höhe an nicht mehr zu. Bei Pflanzen bis zu dieser Höhe verbleibt es bei § 50 a), b), c).

Grundstücke liegen im Außenbereich, wenn sie außerhalb des räumlichen Geltungsbereichs eines Bebauungsplanes i. S. des § 30 Abs. 1 oder 2 BauGB und außerhalb des im Zusammenhang bebauten Ortsteils liegen (vgl. hierzu *Krautzberger* in *Battis/Krautzberger/Löhr,* § 35 Rdn. 2).

§ 53 Anspruch auf Beseitigen oder Zurückschneiden

(1) [1]**Bäume, Sträucher oder Hecken mit weniger als 0,25 m Grenzabstand sind auf Verlangen des Nachbarn zu beseitigen.** [2]**Der Nachbar kann dem Eigentümer die Wahl lassen, die Anpflanzungen zu beseitigen oder durch Zurückschneiden auf einer Höhe bis zu 1,2 m zu halten.**

(2) **Bäume, Sträucher oder Hecken, welche über die im § 50 oder § 52 zugelassenen Höhen hinauswachsen, sind auf Verlangen des Nachbarn auf die zulässige Höhe zurückzuschneiden, wenn der Eigentümer sie nicht beseitigen will.**

(3) **Der Eigentümer braucht die Verpflichtung zur Beseitigung oder zum Zurückschneiden von Pflanzen nur in der Zeit vom 1. Oktober bis zum 15. März zu erfüllen.**

1. Bäume, Sträucher oder Hecken, die den vorgeschriebenen Grenzab- **1** stand nicht einhalten, braucht der Nachbar nicht zu dulden. Entsprechendes gilt wenn sie über die zulässige Höhe hinaus wachsen. Eine konkrete Beeinträchtigung wird nicht verlangt. Der Anspruch kann durch Beseitigung, Zurücksetzen oder ggf. durch Zurückschneiden erfüllt werden. Pflanzen, die weniger als 0,25 m Grenzabstand haben sind zu beseitigen. **2** Der gestörte Nachbar **kann** jedoch dem Eigentümer die Wahl lassen, diese durch Zurückschneiden auf eine Höhe bis 1,20 m zu halten, Abs. 1 S. 2. Im Übrigen sind nach Abs. 2 alle Bäume, Sträucher oder Hecken auf **3** Verlangen auf die zulässige Höhe zu beschneiden, wenn der Eigentümer sie nicht beseitigen bzw. auf den vorgeschriebenen Abstand zu Grenze zurück versetzen will. Die Beseitigung bzw. das Zurücksetzen liegt im Belieben des Eigentümers. Das gilt auch für Pflanzen, deren Grenzabstand schon beim Anpflanzen nicht eingehalten wird. Der Anspruch kann wiederholt gelten gemacht werden, wenn die Anpflanzung nach dem Zurückschneiden oder Zurücksetzen erneut über die zulässige Höhe hinaus wächst.

2. Im Hinblick auf die Wachstumsperioden braucht der Anspruch aus **4** Abs. 1 und 2 nur in der Zeit vom 1. Oktober bis 15. März erfüllt zu werden. Zu beachten ist auch das NNatG, z.B. § 33 (Verbot der Beseitigung von Wallhecken, die als Einfriedung dienen oder dienten).

Wegen der Ausschlussfristen, die Ansprüche auf Beseitigung verändern **5** oder entfallen lassen, s. § 54.

§ 54 Ausschluß des Anspruchs auf Beseitigen oder Zurückschneiden

(1) [1]**Der Anspruch auf Beseitigung von Anpflanzungen mit weniger als 0,25 m Grenzabstand (§ 53 Abs. 1 Satz 1) ist ausgeschlossen, wenn der Nachbar nicht spätestens im fünften auf die Anpflanzung folgenden Kalenderjahr Klage auf Beseitigung erhebt.** [2]**Diese Anpflanzungen müssen jedoch, wenn sie über 1,2 m Höhe hinauswachsen, auf Verlangen des Nachbarn zurückgeschnitten werden.**

(2) [1]**Der Anspruch auf Zurückschneiden von Anpflanzungen (Absatz 1 Satz 2 und § 53 Abs. 2) ist ausgeschlossen, wenn die Anpflanzungen über die nach diesem Gesetz zulässige Höhe hinauswachsen und der Nachbar nicht spätestens im fünften darauffolgenden Kalenderjahr Klage auf Zurückschneiden erhebt.** [2]**Nach Ablauf der Ausschlussfrist kann der Nachbar vom Eigentümer jedoch verlangen, die Anpflanzung durch jährliches Beschneiden auf der jetzigen Höhe zu halten; im Fall der Klage auf Beschneiden ist die jetzige Höhe die Höhe im Zeitpunkt der Klageerhebung.** [3]**Der Klageerhebung steht die Bekanntgabe eines Antrags auf Durchführung eines Schlichtungsverfahrens vor dem Schiedsamt oder einer anderen Gütestelle, die Streitbeilegungen betreibt, gleich.**

1. § 54 regelt zwei Fallgruppen. **Abs. 1** betrifft § 53 Abs. 1, wonach **1** Pflanzen entfernt werden müssen, die einen geringeren Grenzabstand als

0,25 m einhalten Dieser Beseitigungsanspruch ist ausgeschlossen, wenn der Nachbar nicht spätestens im fünften Kalenderjahr nach dem Anpflanzen Klage auf Beseitigung erhoben hat, Abs. 1 S. 1. Die Pflanze muss jedoch auf Verlangen zurück geschnitten werden, wenn sie die Höhe von 1,20 m übersteigt, Abs. 1 S. 2. War der Baum usw. schon beim Anpflanzen höher als 1,20 m oder ist er bereits vor mehr als fünf Jahren über die zulässige Höhe hinausgewachsen, unterliegt der Anspruch auf Zurückschneiden der Ausschlussfrist nach Abs. 1 S. 1; es bleibt nur das neue Recht nach Abs. 2 S. 2. Vgl. Rdn. 3.

2   2. Abs. 2 enthält eine **Ausschlussfrist** für den Anspruch auf Zurückschneiden für den Fall des § 53 Abs. 1 S. 2 (s. oben Rdn. 1) und § 53 Abs. 2. Nach Fristablauf ist der Anspruch auf Zurückschneiden auf die an sich gesetzlich zulässige Höhe ausgeschlossen. Der bestehende Zustand wird rechtsmäßig. Es bleibt nur das Recht an Abs. 2 S. 2.

Die Frist wird durch Klageerhebung unterbrochen. Ein nur mündliches oder auch schriftliches Verlangen unterbricht die Frist nicht. Nach Fristablauf wird der bestehende Rechtszustand rechtmäßig. Die Frist wird gewahrt, wenn die Klageschrift vor Fristablauf bei Gericht eingegangen ist, sofern die Zustellung „demnächst" erfolgt (§ 167 ZPO). Vgl. hierzu *Thomas/Putzo*, § 167 ZPO Rdn. 10 ff. Da die Zustellung an den Beklagten grundsätzlich nur erfolgt, wenn der Kläger den Gebührenvorschuß zahlt, muss dieser alsbald entrichtet werden. Wegen des Fristbeginns s. Rdn. 5

3   War die Frist nach Abs. 2 S. 1 bezüglich einer Höhe versäumt, so war streitig, ob damit der Anspruch auf Zurückschneiden endgültig ausgeschlossen war. Rechtsprechung und Literatur haben verschiedene Lösungsmöglichkeiten gesucht, um dieses unerwünschte Ergebnis zu vermeiden. So wurde die Ansicht vertreten, dass trotz Fristablaufes ein Anspruch auf Zurückschneiden auf die Höhe bestehe, die der Strauch fünf Jahre vor Klageerhebung hatte. Diesen Ansätzen hat der *BGH* (NJW 2004, 1037) aber eine Absage erteilt, weil der klare Wortlaut des Gesetzes dagegen spreche. Damit sind sämtliche Ansprüche auf Zurückschneiden oder Beseitung nach Fristablauf ausgeschlossen.

Hier greift nun ab 1. 10. 2006 der neu eingefügte **Abs. 2 Satz 2** ein. Er gewährt trotz Fristablaufes nach Abs. 2 S. 1 einen Anspruch auf Zurückschneiden. Allerdings nicht auf die gesetzlich zugelassene Höhe, sondern auf die „jetzige" Höhe. Das ist die aktuelle Höhe; im Falle der Klageerhebung die Höhe, die die Anpflanzung zur Zeit der Klageerhebung hat. Dabei steht insoweit der Klageerhebung die Bekanntgabe eines Antrags auf Durchführung eines Schlichtungsverfahrens gleich, Abs. 2 S. 3. Wegen der Klageerhebung s. Rdn. 2. Im Übrigen verbleibt es bei den Folgen des Fristablaufs i. S. der Rechtsprechung des *BGH* bezüglich des Höhenwachstums in der Vergangenheit.

Nach dem Gesetzeswortlaut kann das Zurückschneiden jährlich, d. h. einmal innerhalb eines Jahres verlangt werden. Gemeint sein dürfte damit ein Abstand von einem Jahr, nicht aber das Kalenderjahr.

Auch im Übrigen ist der Nachbar trotz Fristablaufs nicht in jedem Fall **4** rechtlos. Bäume, Hecken und Sträucher dürfen nicht immer bis zum natürlichen Ende ihres Wachstums in eine beliebige Höhe wachsen. Aus dem nachbarlichen Gemeinschaftsverhältnis in Verbindung mit Treu und Glauben (§ 242 BGB) kann sich die Verpflichtung des Eigentümers ergeben, Anpflanzungen auch nach Fristablauf zurück zu schneiden oder von der Grenze zurück zu setzen. Da aber die Rechte und Pflichten der Grundstücksnachbarn insoweit in Niedersachsen eine ins Einzelne gehende Sonderregelung erfahren haben, kommt eine allgemeine Pflicht zur gemeinsamen Rücksichtnahme nur dann zum Tragen, wenn ein über die gesetzliche Regelung hinaus gehender billiger Ausgleich der widerstreitenden Interessen dringend geboten erscheint (*BGH* NJW 2004, 1037). Diese Notwendigkeit besteht nach der Gesetzesänderung ab 1. 10. 2006 ohnehin praktisch nicht mehr.

Die Ausschlussfrist beginnt grundsätzlich mit dem Anpflanzen der Ge- **5** wächse oder Hölzer, wenn diese zu diesem Zeitpunkt den vorgeschriebenen Abstand nicht einhalten, im Übrigen zu dem Zeitpunkt, in dem die zulässige Höhe überschritten wird. Wird sodann z. B. die Hecke auf die zulässige Höhe zurück geschnitten und überschreitet sie diese dann später wieder, beginnt mit diesem Zeitpunkt eine neue Ausschlussfrist (ebenso *Hodes/Dehner,* § 39 Rdn. 1 und § 43 Rdn. 2; *Zimmermann/Steinke,* § 47 Anm. 4; *LG Münster* – 1 S 208/73). Die Ausschlussfrist läuft jedoch ohne Unterbrechung weiter, wenn eine Anpflanzung auf weniger als die zulässige Höhe zurück geschnitten wird (*Bassenge/Olivet,* § 40 Rdn. 3). Der Beseitigungsanspruch entsteht nicht von neuem, wenn sich der bestehende rechtswidrige Zustand lediglich verstärkt (vgl. *Hodes/Dehner,* § 39 Rdn. 1; siehe auch *BGH* NJW 1973, 703). Zur Unterbrechung durch Klageerhebung s. Rdn. 3.

Bei Anpflanzungen hinter einer Wand oder undurchsichtigen Einfriedung beginnt die Frist erst, wenn sie über diese hinauswächst.

3. Bei der Frist des § 54 handelt es sich um eine Ausschluss- und nicht um **6** eine Verjährungsfrist (so auch *OLG Düsseldorf* NJW 1979, 2618). Der Fristablauf ist vom Gericht zu berücksichtigen, auch wenn die Gegenseite sich nicht auf ihn beruft. Daher ist die Klage als unschlüssig abzuweisen, wenn sich schon aus dem Vortrag des Klägers ergibt, dass Fristablauf eingetreten ist.

Nach Fristablauf ist die Anpflanzung rechtmäßig. Es besteht aber das Recht aus § 54 Abs. 2 S. 2.

Zu beachten ist § 2 Abs. 1 S. 2, wonach die Verjährung nicht vor Ablauf der Ausschlussfrist eintritt.

Wegen der entsprechenden Anwendung der Vorschriften über Hemmung **7** und Unterbrechung der Verjährung auf Ausschlussfristen siehe *Heinrichs* in *Palandt,* Rdn. 13, 14 vor § 194 BGB. Der Fristablauf wird durch eine nachträgliche Grenzänderung nicht unterbrochen, vgl. § 57

Einzelvereinbarungen der Parteien unterliegen der Ausschlussfrist nicht. Vgl. § 63 Abs. 2.

4. Wird eine Anpflanzung, deren Beseitigung bzw. Zurückschneiden we- **8** gen Fristablauf nicht mehr verlangt werden kann, durch eine neue ersetzt, muss mit der Ersatzanpflanzung der vorgeschriebene Abstand eingehalten werden. Geschieht das nicht, so entsteht der Beseitigungsanspruch von neuem, der seinerseits wieder der Ausschlussfrist unterliegt. Bezüglich Anpflanzungen in geschlossenen Anlagen gelten Sonderregeln. S. § 56.

9　**5.** Die **Beweislast** dafür, dass die Voraussetzungen des § 54 eingetreten sind, trägt nach allgemeinen Grundsätzen der Beklagte, da er sich auf eine rechtsvernichtende Einwendung beruft. Wie hier *Hülbusch/Bauer/Schlick*, § 51 Rdn. 6. Er hat den Beginn und den Ablauf der Frist zu beweisen, der Gläubiger hingegen die Vornahme der fristwahrenden Handlung (Klageerhebung, Schlichtungsverfahren).

10　Unbeschadet von § 54 bleiben die Rechte des Nachbarn aus §§ 910 und 1004 BGB, wenn Zweige, Äste und Wurzeln über die Grenze wachsen. Diese Ansprüche werden durch § 54 nicht ausgeschlossen, da § 54 nur die Beeinträchtigungen durch Unterschreiten des vom Gesetz vorgeschriebenen Grenzabstandes als solche betrifft (*BGH* NJW 2004, 1035, 1037; *OLG Düsseldorf* DWW 1986, 290).

§ 55　Bei Inkrafttreten des Gesetzes vorhandene Pflanzen – Außenbereich

(1) **Für Anpflanzungen, die bei Inkrafttreten dieses Gesetzes vorhanden sind und deren Grenzabstand dem bisherigen Recht entspricht, gelten folgende besondere Regeln:**
1. Der Anspruch auf Beseitigung (§ 53 Abs. 1 Satz 1) ist ausgeschlossen.
2. Der Anspruch auf Zurückschneiden (§ 53 Abs. 2) ist ausgeschlossen, wenn die Anpflanzung bei Inkrafttreten des Gesetzes über 3 m hoch ist.
3. Anpflanzungen, die bei Inkrafttreten des Gesetzes nicht über 3 m hoch sind, jedoch über die nach § 50 Abs. 1 Buchst. a und b zulässigen Höhen von 1,2 m oder 2 m hinausgewachsen waren, sind auf Verlangen des Nachbarn durch Zurückschneiden auf derjenigen Höhe zu halten, die sie bei Inkrafttreten des Gesetzes hatten; der weitergehende Anspruch auf Zurückschneiden ist ausgeschlossen. § 54 Abs. 2 ist entsprechend anzuwenden.

(2) **Absatz 1 gilt entsprechend für Anpflanzungen, deren Standort infolge Veränderung des Außenbereichs (§ 35 Abs. 1 des Baugesetzbuchs) aufhört, zum Außenbereich zu gehören.**

(3) **Entspricht der Grenzabstand von Anpflanzungen, die bei Inkrafttreten des Gesetzes vorhanden sind, nicht dem bisherigen Recht, so enden die in § 54 bestimmten Fristen frühestens zwei Jahre nach Inkrafttreten dieses Gesetzes.**

1　**1.** § 55 regelt in erster Linie die Rechtsstellung von Pflanzen, die beim Inkrafttreten (1. 1. 1968) vorhanden waren.

Entsprachen diese dem bisherigen Recht, so ist der Anspruch auf Beseitigung aus § 53 Abs. 1 S. 1 (Anpflanzungen mit weniger als 0,25 m Grenzabstand) ausgeschlossen, Abs. 1 Nr. 1. Es bleibt nur der Anspruch auf Zurückschneiden aus § 53 Abs. 1 S. 2 auf 1,20 m Höhe. Waren die Pflanzen am 1. 1. 1968 bereits über 3 m hoch, so ist dieser Anspruch ausgeschlossen, auch wenn sie später die zulässigen Höhen überschreiten, Nr. 2. Hier kann aber der neue § 54 Abs. 2 S. 2 eingreifen.

Anpflanzungen, die zu diesem Zeitpunkt noch nicht über 3 m hoch waren, aber über die in § 50 Abs. 1 Buchstabe a) und b) zulässige Höhe von 1,2 oder 2 m hinausgewachsen sind, sind auf Verlangen des Nachbarn auf der Höhe zu halten, die sie bei Inkrafttreten des Gesetzes hatten. Weitergehende Ansprüche auf Zurückschneiden sind ausgeschlossen, Abs. 1 Nr. 3. Waren die Pflanzen zu diesem Zeitpunkt noch nicht über die zulässigen Höhen hinausgewachsen, ist, wenn sie diese später überschreiten, § 53 Abs. 2 anzuwenden, vgl. *Lehmann,* § 55 Anm. 7; *Hoof/Keil,* § 55 Rdn. 2. § 54 Abs. 2 ist entsprechend anzuwenden. Das bedeutet, dass der Anspruch ausgeschlossen ist, wenn nicht spätestens im fünften darauf folgenden Kalenderjahr Klage auf Zurückschneiden erhoben worden ist. Es besteht aber immer das neue Recht aus § 54 Abs. 2 S. 2. **2**

Kommt der Nachbar dem Verlangen auf Zurückschneiden zunächst nach, lässt er sodann aber die Pflanzen höher wachsen, läuft die Ausschlussfrist erst von diesem Zeitpunkt an. Zum alten Recht vgl. *Lehmann,* § 55 Anm. 2, 9.

2. Entspricht eine Anpflanzung nicht dem bisherigen Recht, so enden die Ausschlussfristen aus § 54 frühesten zwei Jahre nach Inkrafttreten dieses Gesetzes, Abs. 3.

Anpflanzungen, die weder dem alten noch dem neuen Recht entsprechen, sind rechtswidrig. Bisher rechtswidrige Anpflanzungen, die zwar nicht dem alten, jetzt aber dem neuen Recht entsprechen, sind rechtmäßig geworden und unterliegen den normalen Regeln.

Zu beachten ist § 2 Abs. 1 S. 2, wonach die Verjährung nicht vor Ablauf der Ausschlussfrist eintritt. **3**

3. Abs. 2 knüpft an § 52 Abs. 2 an, wonach für Grundstücke im Außenbereich besondere Abstandsvorschriften gelten. Gehört der Standort der Pflanzen nicht mehr zum Außenbereich, so gelten nunmehr die allgemeinen Vorschriften. Für Pflanzen, die zu diesem Zeitpunkt vorhanden sind, gilt die Übergangsregelung des Abs. 1 entsprechend. **4**

Wegen des Begriffes Außenbereich s. § 52 Rdn. 8.

4. Abs. 3 regelt die Ausschlussfrist für Anpflanzungen, die bei In-Kraft-Treten des Gesetzes vorhanden waren und dem damaligen Recht nicht entsprechen.

§ 56 Ersatzanpflanzungen

Bei Ersatzanpflanzungen sind die in den §§ 50 und 52 Abs. 2 vorgeschriebenen Abstände einzuhalten; jedoch dürfen in geschlossenen Anlagen einzelne Bäume oder Sträucher nachgepflanzt werden und zur Höhe der übrigen heranwachsen.

1   1. Wird eine Anpflanzung, bei der Beseitigung oder Zurückschneiden wegen Fristablauf nicht mehr verlangt werden kann, durch eine neue ersetzt, muss mit der Ersatzanpflanzung der in §§ 50 und 52 Abs. 2 vorgeschriebene Abstand eingehalten werden. Geschieht das nicht, so entsteht der Anspruch von neuem, der seinerseits wieder den Ausschlussfristen unterliegt. Entsprechendes gilt für Bewuchs, der durch Aussamung entsteht. Hier beginnt die Frist mit dem Aufkeimen des Samens bzw. dem Emporsprießen des Auswuchses.

2   2. Ausnahmen gelten für geschlossene Anlagen. In ihnen dürfen einzelne Bäume oder Sträucher nachgepflanzt werden und zur Höhe der übrigen heranwachsen. Sie dürfen also nicht größer sein. Es muss sich um eine echte Nachpflanzung handeln, nicht aber um eine systematische Erneuerung des ganzen Bestandes (vgl. hierzu *Hodes,* § 43 Rdn. 3).

3   Zum Begriff der geschlossenen Anlage vgl. *Lehmann,* § 56 Anm. 3.

§ 57 Nachträgliche Grenzänderungen

Die Rechtmäßigkeit des Abstandes und der Höhe einer Anpflanzung wird durch nachträgliche Grenzänderungen nicht berührt; jedoch gilt § 56 entsprechend.

1   1. Die Rechtmäßigkeit des Abstandes einer bestehenden Anpflanzung wird durch eine nachträgliche Grenzänderung nicht berührt, auch wenn der vorgeschriebene Abstand zur neuen Grenze nicht gewahrt ist. Es reicht daher aus, wenn die in den §§ 50 ff vorgeschriebenen oder die vertraglich vereinbarten Abstände zur alten Grenze bestanden haben. Nach einem Urteil des *LG Düsseldorf* (JMBl. 1970, 143) wird jede Grenzänderung erfasst, die nach der Anpflanzung vorgenommen wird, und zwar auch dann, wenn die Grenzänderung vor Inkrafttreten des NachbG vorgenommen worden ist. Ebenso *Hülbusch/Bauer/Schlick,* § 52 Rdn. 4.

2   Einer rechtmäßigen Anpflanzung steht diejenige gleich, deren Beseitigung oder Zurückschneiden wegen Ablaufs der Ausschlussfristen nicht mehr verlangt werden kann. So auch *Hülbusch/Bauer/Schlick,* § 52 Rdn. 2.

3   War der Abstand zur alten Grenze nicht eingehalten, kann infolge der Grenzänderung nunmehr der vorgeschriebene Abstand zur neuen Grenze entstanden sein. Rückt die Grenze hingegen näher an die Anpflanzung heran, tritt eine Erweiterung eines bestehenden Beseitigungsanspruches jedoch nicht ein. Eine Anpflanzung braucht daher höchstens so weit zurückgesetzt

oder beschnitten zu werden, als dies gegenüber der alten Grenze hätte geschehen müssen (*Hodes*, 2. Auflage, § 44 Anm. 1).

2. Bei Anpflanzungen, die den vorgeschriebenen Abstand zur alten Gren- **4** ze nicht einhielten, wird der Lauf von Ausschlussfristen durch die nachträgliche Grenzänderung nicht unterbrochen; sie läuft vielmehr weiter (*Hodes*, aaO; *Zimmermann/Steinke*, § 48 Anm. 5).

3. Mit Ersatzanpflanzungen oder neuen Pflanzen ist der vorgeschriebene **5** Abstand zur neuen Grenze einzuhalten. Das gilt auch für Bewuchs, der nach der Grenzänderung ohne menschliches Zutun entsteht. Es verbleibt jedoch bei der Begünstigung für Ersatzanpflanzungen in geschlossenen Anlagen, § 56.

Zwölfter Abschnitt. Grenzabstände für Waldungen

§ 58 Grenzabstände

(1) In Waldungen sind von den Nachbargrundstücken mit Ausnahme von Ödland, öffentlichen Straßen, öffentlichen Gewässern und anderen Waldungen folgende Abstände einzuhalten:

mit Gehölzen bis zu 2 m Höhe	1 m
mit Gehölzen bis zu 4 m Höhe	2 m
mit Gehölzen über 4 m Höhe	8 m.

(2) Werden Waldungen verjüngt, die bei Inkrafttreten dieses Gesetzes vorhanden sind, so genügt für die neuen Gehölze über 4 m Höhe der bisherige Grenzabstand derartiger Gehölze, jedoch ist mit ihnen mindestens 4 m Grenzabstand einzuhalten.

(3) Die §§ 51, 56 und 57 sind entsprechend anzuwenden.

1   1. **Waldgrundstücke** (Wald) sind Grundstücke, die wesentlich zur Gewinnung von Holz dienen oder bestimmt sind und über eine gewisse größere räumliche Ausdehnung verfügen (vgl. *Marschall,* BFernStrG, § 10 Rdn. 2; *LG Verden* Nds.Rpfl. 1975, 273); nicht also Grundstücke, auf denen mit anderer Zweckbestimmung oder nur zufällig Holz wächst oder gezogen wird, wie z.B. bei Parkanlagen, Uferbepflanzungen, Alleen, Baumschulen und Obstgärten. Ferner nicht vereinzelte Baumgruppen, Ansammlungen von Holzgewächsen auf freiem Feld oder auf Wiesen, soweit sie nicht einen größeren Umfang erreichen und deshalb nach der Verkehrsanschauung als Wald angesehen werden müssen (*Pelka,* S. 112; siehe hierzu auch *BayObLG* NuR 1985, 789 sowie *Dehner,* B § 21 IV 1 a). Vereinzelte lichte Stellen, Wegeflächen u.ä. stehen der Einordnung eines ansonsten einheitlich erscheinenden Areals als Wald nicht entgegen (*OVG NRW* BauR 2001, 55). Die Größe der Gehölze selbst ist in diesem Zusammenhang unerheblich; deshalb sind auch mit jungen und kleineren Bäumen bestandene Schonungen Waldungen im Sinne des Gesetzes. Dagegen ist nicht erforderlich, dass das erzeugte Holz auch holzwirtschaftlichen Zwecken zugeführt wird. Deshalb sind auch Weihnachtsbaumkulturen als Wald anzusehen (*Hess. VGH* Rd L 1969, 166; *BayObLG* NVwZ-RR 1989, 179). Auch auf einer Abraumhalde kann Wald wachsen (*BVerwG* NVwZ 1986, 206).

Wegen des Begriffes „Wald" siehe auch § 2 des Gesetzes zur Erhaltung des Waldes und zur Förderung der Forstwirtschaft (Bundeswaldgesetz sowie § 2 NWaldLG). Die dortige Begriffsbestimmung ist jedoch – da der forstrechtliche Waldbegriff andere Zielsetzungen verfolgt – auf § 58 nicht übertragbar (vgl. *Hülbusch/Bauer/Schlick,* § 49 Rdn. 2).

2   Die Abstände für Wald sind zum Teil größer als die für einzeln stehende Bäume, da von einer geschlossenen Waldfront erheblichere Beeinträchtigungen ausgehen können.

132

Die Abstände werden in Abs. 1 im Einzelnen aufgeführt. Die Abstandsvorschriften gelten auch für Hecken am Waldrand (*Lehmann,* § 58 Anm. 3).
Ein Streifen von 1 m ist von jeder Anpflanzung freizuhalten. Der Abstand
wird nach § 51 ermittelt, Abs. 3.

2. Keine Abstände sind einzuhalten **gegenüber** dem in Abs. 1 aufge- **3**
führten Ödland, gegenüber öffentlichen Straßen, öffentlichen Gewässern und
anderen Waldungen, Abs. 1.
Ödländereien sind Grundstücke, die weder landwirtschaftlich, forstlich **4**
noch gärtnerisch genutzt werden und brachliegen. Dabei ist unerheblich, ob
eine spätere Nutzung, ggf. nach Durchführung umfangreicher Arbeiten (z. B.
Drainage), erfolgen kann. Entfällt die Ödlandeigenschaft nachträglich, sind
bei der nächsten Verjüngung die gesetzlichen Abstände nach Abs. 1 und 2
einzuhalten. Zur Verjüngung s. Rdn. 6.
Gegenüber einem auf der anderen Seite der öffentlichen Straße oder des
öffentlichen Gewässers liegenden Grundstück ist der Abstand nach § 58 einzuhalten.

3. Wegen der **öffentlichen Straßen** s. § 45 Rdn. 5. Bei den Gewässern **5**
sind nur die **öffentlichen Gewässer** genannt, z. B. Flüsse, Talsperren. Private Gewässer werden daher nicht erfasst.

4. Eine Sonderregelung enthält Abs. 2 für Wald, der bei Inkrafttreten **6**
dieses Gesetzes vorhanden war und nunmehr verjüngt wird. Verjüngung ist
die Bestandserneuerung durch Ersetzen einer Baumgeneration durch eine
neue (Meiers Enzyklopädie).
In diesem Fall genügt für die jungen Gehölze über 4 m Höhe der bisherige
Grenzabstand dieser Gehölze; er muss jedoch mindestens 4 m betragen. Über
die Gründe für die Begünstigung verjüngten Waldes und ihre Entstehungsgeschichte vgl. *Lehmann,* § 58 Anm. 7. Der Abstand wird gem. § 51 bestimmt.

5. Für Ersatzanpflanzungen gilt gem. Abs. 3 § 56 entsprechend. Dabei ist **7**
der Wald in der Regel als geschlossene Anlage anzusehen, in der einzelne
Bäume ohne Rücksicht auf Grenzabstände nach gepflanzt werden können.
S. § 56 Rdn. 2. § 57 gilt ebenfalls entsprechend.

§ 59 Beseitigungsanspruch

(1) **Gehölze, die entgegen § 58 nicht den Mindestgrenzabstand von
1 m haben oder über die zulässige Höhe hinauswachsen, sind auf Verlangen des Nachbarn zu beseitigen.**
(2) **Der Anspruch auf Beseitigung ist ausgeschlossen,**
1. **wenn die Gehölze bei Inkrafttreten dieses Gesetzes rechtmäßig vorhanden waren oder**

2. wenn nach Inkrafttreten dieses Gesetzes gepflanzte Gehölze über die zulässige Höhe hinauswachsen und der Nachbar nicht spätestens in dem fünften darauffolgenden Kalenderjahr Klage auf Beseitigung erhebt.

1   **1.** Gehölze, die den in § 58 vorgeschriebenen Abstand nicht einhalten, weil sie schon beim Anpflanzen zu hoch waren oder über die zulässige Höhe hinausgewachsen sind, müssen auf Verlangen des Nachbarn entfernt werden.

2   **2.** Abs. 2 enthält Ausschlusstatbestände für den Beseitigungsanspruch.
Gehölze, die bei Inkrafttreten des Gesetzes vorhanden waren und dem bisherigen Recht entsprechen, brauchen nicht beseitigt zu werden.
Gehölze, die nach diesem Zeitpunkt angepflanzt sind und die dann über die zulässige Höhe hinauswachsen, brauchen nicht beseitigt zu werden, wenn nicht spätestens im fünften darauf folgenden Kalenderjahr Klage auf Beseitigung erhoben worden ist. Zur Klageerhebung s. § 54 Rdn. 2. § 59 gilt nicht nur für Anpflanzungen, sondern auch für Wildlinge (*Lehmann*, § 59 Anm. 5). Nach Fristablauf ist die Anpflanzung rechtmäßig.
Einen Anspruch auf Zurückschneiden sieht das Gesetz nicht vor. Der Nachbar kann allerdings zum Ausschluss eines Beseitigungsanspruches zu dieser in der Forstwirtschaft wohl eher ungewöhnlichen Maßnahme greifen.

3   Der Anspruch kann entfallen, wenn nachträglich die Voraussetzungen der in § 58 Abs. 1 aufgeführten Ausnahmen eintreten. S. dazu § 58 Rdn. 3 ff.

4   Zu beachten ist § 2 Abs. 1 S. 2, wonach die Verjährung nicht vor Ablauf der Ausschlussfrist eintritt.

§ 60 Bewirtschaftung von Wald

Bei der Bewirtschaftung von Wald hat der Waldbesitzer auf die Bewirtschaftung benachbarter Waldgrundstücke Rücksicht zu nehmen, soweit dies im Rahmen ordnungsmäßiger Forstwirtschaft ohne unbillige Härten möglich ist.

1   **1.** Die Vorschrift bringt einen allgemeinen nachbarrechtlichen Grundsatz zum Ausdruck.

2   **2.** Von großer Bedeutung ist das NWaldLG. Es enthält in § 8 Regelungen für die Waldumwandlung, in § 9 für die Erstaufforstung. § 10 befasst sich mit der ordnungsgemäßen Forstwirtschaft und der eigendynamischen Waldentwicklung und § 12 mit Kahlschlägen.

Dreizehnter Abschnitt.
Grenzabstände für Gebäude im Außenbereich

§ 61 Größe des Abstandes

(1) [1]Bei Errichtung oder Erhöhung eines Gebäudes im Außenbereich (§ 35 Abs. 1 des Baugesetzbuchs) ist von landwirtschaftlich oder erwerbsgärtnerisch genutzten Grundstücken ein Abstand von mindestens 2 m einzuhalten. [2]Ist das Gebäude höher als 4 m, so muß der Grenzabstand eines jeden Bauteiles mindestens halb so groß sein wie seine Höhe über dem Punkt der Grenzlinie, der diesem Bauteil am nächsten liegt.

(2) Teile des Bauwerks, die in den hiernach freizulassenden Luftraum hineinragen, sind nur mit Einwilligung des Nachbarn erlaubt; die Einwilligung muß erteilt werden, wenn keine oder nur geringfügige Beeinträchtigungen zu erwarten sind.

1. Das NachbarrechtsG enthält nur eine eingeschränkte Regelung für 1 Grenzabstände für Gebäude, nämlich nur für solche im **Außenbereich.** Wegen dieses Begriffes vgl. § 52 Rdn. 8. Sonstige Gebäude fallen nicht unter § 61.

2. Eine Definition des **Begriffes Gebäude** enthält das Nachbarrechtsge- 2 setz selbst nicht. Es muss deshalb auf die in § 2 Abs. 2 NBauO zurückgegriffen werden. Danach sind Gebäude selbständig benutzbare, überdeckte bauliche Anlagen, die von Menschen betreten werden können und geeignet oder bestimmt sind, dem Schutz von Menschen, Tieren oder Sachen zu dienen. Bauliche Anlagen sind nach Abs. 1 wiederum mit dem Erdboden verbundene, aus Bauprodukten hergestellte Anlagen, wobei es für die Verbindung mit dem Erdboden genügt, wenn die Anlage durch ihre eigene Schwere auf dem Boden ruht, auf ortsfesten Bahnen begrenzt beweglich oder nach ihrem Verwendungszweck dazu bestimmt ist, überwiegend ortsfest benutzt zu werden.
Die Verbindung mit dem Erdboden kann durch Fundamente, Verankerungen, aber auch durch die eigene Schwere der Anlage hergestellt sein. Sie braucht nicht unlösbar oder auf Dauer zu sein. Allerdings meinen *Reichel/ Schulte,* Kap. 2 Rdn. 72, dass eine gewisse Existenzdauer notwendig sei. Verkaufswagen, Zeitungskioske, Gartenlauben, Behelfsheime können deshalb Gebäude i. S. dieser Vorschrift sein.
Selbstständig nutzbar ist die Anlage, wenn sie allein und unabhängig von anderen Gebäuden oder baulichen Anlagen einen bestimmten Zweck zu erfüllen vermag. Reihenhäuser gelten nicht als ein, sondern als mehrere Gebäude, da jede Einheit für sich – selbständig – nutzbar ist. Auch ein Anbau kann ein selbständiges Gebäude sein.

Von Menschen betreten werden können je nach Bauart auch freistehende Taubenhäuser, Gewächshäuser, Ställe, Holzschuppen und Hundezwinger, da sie in der Regel den Zutritt eines normal großen Menschen gestatten. Weiter ist erforderlich, dass die Anlage dazu bestimmt oder geeignet ist, dem Schutz von Menschen oder Tieren zu dienen. Das geschieht in der Regel durch die räumliche Umfriedung durch ein Dach und durch Seitenwände. Eine Überdachung liegt vor, wenn Wasser und Schnee sicher abgeleitet werden (Gädtke/Temme/Heintz, § 2 Rdn. 114). Unerheblich ist, ob die Überdachung, wie z.b. bei Gewächshäusern, geöffnet werden kann Reichel/Schulte, Kap. 2 Rdn. 95). Vgl. auch OVG Münster BRS 14 Nr. 148.

Zum Begriff des Gebäudes s. auch Bassenge in Palandt, § 912 BGB Rdn. 4; Dehner, B § 24 I 1.

3   **3.** Die Abstandsvorschrift gilt ferner nur im Verhältnis zu landwirtschaftlich oder erwerbsgärtnerisch genutzten Grundstücken. Zum Begriff der Landwirtschaft s. § 31 Rdn. 2. Die Grenze zwischen landwirtschaftlicher und **erwerbsgärtnerischer Nutzung** kann fließend sein. Im Gegensatz zur Landwirtschaft ist für den Gartenbau typisch die intensive Bewirtschaftung des Grundstücks unter vorzugsweiser Beschäftigung mit einzelnen Pflanzen. Er dient der Gewinnung pflanzlicher Erzeugnisse wie Gemüse, Obst und Blumen. Reine Ziergärten fallen nicht hierunter (Zimmermann-Steinke, § 40 Anm. 5). Das Säen und Pflegen eines Hausrasens ist keine erwerbsgärtnerische oder landwirtschaftliche Nutzung; anders dagegen bei Wiesen, die der Gewinnung von Heu dienen.

4   **4.** Nach Abs. 1 S. 1 beträgt der Abstand mindestens 2 m. Ist das Gebäude höher als 4 m, muss der Abstand mindestens halb so groß sein wie das Gebäude. Dabei muss der Abstand nicht nur für den Baukörper selbst, sondern auch jeden Bauteil gewahrt werden, der zu Grenze hin ragt, Abs. 1 S. 2. Solche Teile können z.B. Dachrinnen, Gesimse, Balkone Eingangsüberdachungen, Türvorbauten, Schornsteine und Kamine sein. Zur Einwilligungspflicht s. Abs. 2 (Rdn. 5). Wird das Gebäude nachträglich erhöht, muss der Abstand auch unter Berücksichtigung des erhöhten Bauteils ausreichend sein.

Für die Höhe des Gebäudes bzw. eines Bauteils und damit für den erforderlichen Grenzabstand ist nicht die Höhe maßgeblich, die direkt am Gebäude zum Erdboden gemessen wird. Maßgeblich ist vielmehr die Höhe des Gebäudes oder Bauteils über dem Punkt der Grenzlinie, der dem Bauteil am nächsten liegt. Das ist in den Fällen von Bedeutung, in denen das Gelände zur Grenze hin ansteigt oder abfällt. Fällt z.B. das Gelände vom Gebäude zur Grenze hin ab, so erhöht sich im Ergebnis der einzuhaltende Abstand.

Zu messen ist der Abstand waagerecht zur Grenze. Ein etwaiges Gefälle oder Ansteigen des Geländes bleibt hier außer Betracht.

5   **5.** Die Abstände sind Mindestabstände. Sofern das öffentliche Baurecht größere Abstände zulässt, können die Nachbarn größere Abstände einhalten. Privatrechtlich sind sie dazu ohne weiteres berechtigt; die Einwilligung des

Grundstücksnachbarn ist nicht erforderlich. Die Unterschreitung der vorgeschriebenen Abstände ist nur mit Einwilligung des Nachbarn zulässig. Außerdem ist ggf. ein Dispens von den öffentlich-rechtlichen Abstandsvorschriften notwendig. Zur Bindung von Rechtsnachfolgern s. unten Rdn. 8.
Die **Einwilligung** muss erteilt werden, wenn durch das Unterschreiten des Grenzabstandes keine oder nur geringfügige Beeinträchtigungen zu erwarten sind (Abs. 2), da der Nachbar dann nicht schutzwürdig ist. Als Beeinträchtigungen kommen die Entziehung von Licht und Luft, Geräuschbelästigungen, die Beeinträchtigung der Aussicht sowie sonstige so genannte ideelle oder immaterielle Beeinträchtigungen in Frage (*BGH* DB 1976, 1058; *OLG Hamm* U. v. 17. 2. 1994 5 U 194/93). Ob sie geringfügig sind, hängt von den Umständen des Einzelfalles ab, insbesondere vom Ausmaß der Abstandsunterschreitung, von der Nutzung der beteiligten Grundstücke sowie vom Standort des geplanten Gebäudes im Verhältnis zum Nachbargrundstück; durch ein nördlich vom Grundstück errichtetes Gebäude wird diesem weniger Licht und Luft entzogen, als wenn es an der Südseite stünde. Siehe hierzu auch Urteil des *OLG Hamm* vom 5. 3. 1987 (5 U 254/86). Ausschlaggebend ist die gegenwärtige Nutzung. Eine zukünftige Nutzung ist nur dann zu berücksichtigen, wenn konkret mit ihr zu rechnen ist. Die bloß theoretische Möglichkeit einer Nutzungsänderung bleibt außer Betracht (*Zimmermann/Steinke,* § 1 Anm. 9).

6. Verweigert der Nachbar die Einwilligung, so kann der Grundstückseigentümer auf Einwilligung klagen. Mit Rechtskraft des Urteils gilt die Erklärung als abgegeben (§ 894 ZPO). Im Prozess hat der Eigentümer darzutun und notfalls zu beweisen, dass keine oder nur geringfügige Beeinträchtigungen zu erwarten sind (*BGH* DB 1976, 1058). Dabei wird es in der Regel genügen, wenn er nachweist, dass die vom Beklagten behaupteten Beeinträchtigungen nicht eintreten werden oder jedenfalls geringfügig sind. **6**

7. Hat der Eigentümer ohne Einwilligung des Nachbarn den vom Gesetz vorgeschriebenen Abstand nicht eingehalten und klagt der Nachbar auf Beseitigung, so kann der Eigentümer einwenden, dass der Nachbar gemäß Abs. 2 die Abstandsunterschreitung dulden und in sie einwilligen müsse. Die Klage ist dann abzuweisen, wenn die Voraussetzungen des Abs. 2 festgestellt werden können (ebenso *BGH* DB 1976, 1058; *LG Bonn* JMBl. 1971, 22). Dem Beseitigungsanspruch kann dann der Einwand der unzulässigen Rechtsausübung entgegengehalten werden (BGH WM 1976, 619; 1979, 644). Auch sonst kann das Verhalten des Nachbarn treuwidrig sein. Der Beseitigungsanspruch kann ausgeschlossen sein, wenn der Nachbar ihm nur unter unverhältnismäßigen, vernünftigerweise nicht mehr zuzumutenden Aufwendungen entsprechen könnte (vgl. *BGH* ZMR 1978, 242; aber auch OVG Münster BauR 1994, 746). Dabei kann von Bedeutung sein, ob die Abstandsvorschriften dem Nachbarn bekannt waren und ob er diese grob fahrlässig oder gar vorsätzlich verletzt hat (*BGH* aaO). Siehe hierzu auch *BGH* NJW 1974, 1552, 1554. Die Verwirkung eines Anspruches kann eintreten, **7**

wenn sich der Nachbar wegen der Untätigkeit seines Gegners über einen gewissen Zeitraum hin bei objektiver Beurteilung darauf einrichten darf und eingerichtet hat, dieser werde sein Recht nicht mehr geltend machen, so dass die verspätete Geltendmachung gegen Treu und Glauben verstößt. Zum Zeitablauf müssen also besondere, auf dem Verhalten des Berechtigten beruhende Umstände hinzutreten, die das Vertrauen des Verpflichteten rechtfertigen, der Berechtigte werde seinen Anspruch nicht mehr geltend machen (*BGH* NJW 2003, 824; NJW-RR 2006, 235). Zur Verwirkung von Nachbarrechten s. auch *VGH Kassel* NVwZ-RR 1991, 171; *OVG Lüneburg* NVwZ-RR 1996, 378; *OVG NRW* BauR 2000, 381; *VGH BW* BauR 2003, 1203; *Seidel* Rdn. 612 ff sowie *Dehner,* A § 7 III 3.

8   8. Die Einwilligung in die Abstandsunterschreitung bindet grundsätzlich nur den, der sie erteilt hat, sowie den **Gesamtrechtsnachfolger** (z. B. den Erben), da dieser voll in die Rechtsstellung seines Vorgängers eintritt (§§ 1922, 1967 BGB). Soll auch der **Einzelrechtsnachfolger** an die Erklärung gebunden sein, so muss zugunsten des Nachbarn eine Grunddienstbarkeit (§§ 1018, 873 BGB) bestellt werden. Die Bindung des Einzelrechtsnachfolgers tritt ferner dann ein, wenn von der Einwilligung bei Eintritt der Rechtsnachfolge bereits Gebrauch gemacht worden ist, d. h. das Gebäude mit einem geringeren Abstand errichtet oder mit seinem Bau wenigstens begonnen worden ist. In diesem Fall ist der aufgrund der Einwilligung geschaffene Zustand rechtmäßig und auch offenkundig; der Rechtsnachfolger muss ihn daher gegen sich gelten lassen (ebenso *Lehmann,* § 23 Anm. 10; *Zimmermann/Steinke,* § 1 Anm. 10; *OLG Düsseldorf* in OLGZ 1979, 449). S. auch *Dehner,* A § 6 I 2b und Fußn. 3.

9   Fraglich ist, ob die Einwilligung in die Abstandsunterschreitung bis zur Errichtung des Gebäudes frei widerrufen werden kann. Nach § 183 BGB ist eine Einwilligung bis zur Vornahme des Rechtsgeschäftes widerruflich, soweit sich nicht aus dem ihrer Erteilung zugrunde liegenden Rechtsverhältnis etwas anderes ergibt. Deshalb ist die Einwilligung jedenfalls dann unwiderruflich, wenn der Nachbar sich vertraglich zur Duldung der Abstandsunterschreitung verpflichtet hat und ihm kein Rücktrittsrecht eingeräumt worden ist. Aber auch sonst muss die Einwilligung als unwiderruflich angesehen werden, wenn sich nicht aus den Umständen, etwa aus einem ausdrücklichen Vorbehalt, etwas anderes ergibt (*Zimmermann/Steinke,* § 1 Anm. 10; *Dehner,* A § 6 Fußn. 8; a. A. *Dröschel/Glaser,* § 1 Rdn. 18). Die Unwiderruflichkeit folgt daraus, dass hier einer Maßnahme zugestimmt wurde, die dauernden Bestand haben soll und erhebliche Aufwendungen verursacht. Der Bauherr muss sich deshalb auf eine unbedingt erteilte Einwilligung verlassen können (*Zimmermann/Steinke* aaO).

10   Die Erteilung der Einwilligung kann nach den allgemeinen Grundsätzen des BGB anfechtbar oder nichtig sein.

11   9. Grenzabstände für Gebäude enthält die NBauO in den §§ 7 ff. Obwohl die Vorschriften der BauO und damit auch § 7 dem öffentlichen Recht an-

138

gehören, kann der Nachbar aus der Verletzung der Abstandsvorschriften selbst unmittelbar Rechte herleiten.

Es ist in der Rechtsprechung und Literatur seit langem anerkannt, dass die Vorschriften über den Grenzabstand nicht allein öffentlich-rechtliche Belange (z. B. den Brandschutz) wahren sollen, sondern auch die Interessen des Nachbarn. Sie haben auch das Ziel, den Nachbarn vor negativen Einflüssen durch das auf dem anderen Grundstück zu errichtende Gebäude zu schützen (vgl. *BGH* NJW 1985, 2825; *OVG Münster* BauR 1994, 748; 1996, 85 ff.; *OVG Lüneburg* NVwZ-RR 1996, 278; *OVG Bautzen* LKV 1995, 120; *Sächs OVG* SächsVBl. 1994, 285; 1995, 69, 107; *Eyermann*, § 42 Rdn. 113; *Finkelnburg/Ortloff* § 17 II 3 c; *Hoppenberg* in *Hoppenberg/de Witt*, Kap. H Rdn. 336; *Stüer*, Handbuch Rdn. 2305. Der Nachbar hat daher ein subjektiv-öffentliches Recht darauf, dass die Abstände gem. §§ 7 ff NBauO eingehalten werden.

10. Der **Rechtsschutz** gegen Abstandsverletzungen kann auf mehreren **12** Wegen erreicht werden.

a) Einmal kann der Nachbar vor den **Zivilgerichten** gem. § 1004 BGB die zivilrechtliche Abwehrklage gegen den Störer (*BGH* NJW 1976, 1988) erheben. Dieser Anspruch setzt kein Verschulden voraus. Steht die Störung bevor, kann auf Unterlassung geklagt werden. Werden Abstandsvorschriften schuldhaft verletzt, kann der Eigentümer Schadensersatz verlangen, da die Abstandsvorschriften Schutzgesetze im Sinne von § 823 Abs. 2 BGB darstellen.

Vorläufiger zivilrechtlicher **Nachbarschutz** kann ggf. durch eine einstweilige Verfügung gem. §§ 935 ff BGB oder einen dinglichen Arrest erreicht werden. Eine einstweilige Verfügung kann erlassen werden, wenn der Nachbar einen Abwehranspruch schlüssig vortragen kann, d. h. Tatsachen benennt, aus denen sich ein solcher Anspruch ergibt. Außerdem hat er dazu vorzutragen, dass die Sache eilbedürftig ist (Verfügungsgrund). Anspruch und Verfügungsgrund sind glaubhaft zu machen, z. B. durch eidesstattliche Versicherungen, Fotos usw. Eine einstweilige Verfügung kann ohne mündliche Verhandlung erlassen werden.

b) Der Nachbar kann seine Rechte wegen Abstandsunterschreitungen **13** auch vor den **Verwaltungsgerichten** geltend machen, da er ein subjektiv-öffentliches Recht darauf hat, dass die nachbarschützenden Normen des Baurechts (s. oben Rdn. 11) ihm gegenüber eingehalten werden. Ist eine **Baugenehmigung** erteilt, so kann der Nachbar nach erfolglosem Widerspruch (§ 68 VwGO) gegen die Erteilung der Genehmigung klagen, die unter Befreiung bzw. Abweichung (vgl. § 72 Abs. 2 NBauO) von den Abstandsvorschriften erteilt worden ist. Gleich zu behandeln ist der Fall, dass die Baugenehmigung ohne eine Befreiung erteilt worden ist, diese aber notwendig gewesen wäre, weil die Genehmigung im Widerspruch zu zwingenden nachbarschützenden Normen steht. Vgl. *Löhr* in *Battis/Krautzberger/Löhr* § 31 Rdn. 56 ff, 88; *Happ* in *Eyermann* § 42 Rdn. 90, 113.

§ 62 Ausschluß des Beseitigungsanspruches

Der Anspruch auf Beseitigung eines Gebäudes, das einen geringeren als den in § 61 vorgeschriebenen Grenzabstand hat, ist ausgeschlossen,
1. wenn das Gebäude bei Inkrafttreten dieses Gesetzes vorhanden ist und sein Grenzabstand dem bisherigen Recht entspricht,
2. wenn der Nachbar nicht spätestens im zweiten Kalenderjahr nach der Errichtung oder Erhöhung des Gebäudes Klage auf Beseitigung erhoben hat; die Frist endet frühestens zwei Jahre nach Inkrafttreten dieses Gesetzes.

1 **1.** § 62 schließt im Interesse des Rechtsfriedens einen nach diesem Gesetz an sich bestehenden Beseitigungsanspruch in zwei Fällen aus:
a) wenn das Gebäude bei Inkrafttreten des Gesetzes (1. 1. 1968) vorhanden war und es bzgl. des Grenzabstandes dem bisherigen Recht entspricht. Es gilt insoweit der Grundsatz, was rechtmäßig ist, bleibt auch rechtmäßig; oder
b) wenn nicht spätestens im zweiten Kalenderjahr nach der Errichtung oder Erhöhung des Gebäudes Klage auf Beseitigung erhoben wird, wobei die Frist frühestens zwei Jahre nach Inkrafttreten dieses Gesetzes endet. Nach Fristablauf wird der bestehende Rechtszustand rechtmäßig; die vorhandenen Gebäude bzw. Bauteile brauchen nicht mehr entfernt zu werden Die Frist wird gewahrt, wenn die Klageschrift vor Fristablauf bei Gericht eingegangen ist, sofern die Zustellung „demnächst" erfolgt (§ 167 ZPO). S. hierzu § 25 Rdn. 1.

2 **2.** Bei § 62 handelt es sich um Ausschlussfristen, nicht um eine Frage der Verjährung. Der Fristablauf ist daher von Amts wegen zu beachten. S. auch § 33 Rdn. 2.

Vierzehnter Abschnitt. Schlußbestimmungen

§ 63 Übergangsvorschriften

(1) Der Umfang von Befugnissen, die bei Inkrafttreten dieses Gesetzes auf Grund des bisherigen Rechtes bestehen, richtet sich – unbeschadet der §§ 25, 33, 40, 55, 59 und 62 – nach den Vorschriften dieses Gesetzes.

(2) ¹Einzelvereinbarungen der Beteiligten werden durch dieses Gesetz nicht berührt. ²Die nachbarrechtlichen Bestimmungen in Rezessen und Flurbereinigungsplänen treten außer Kraft, soweit sie diesem Gesetz widersprechen.

(3) Ansprüche auf Zahlung auf Grund der Vorschriften dieses Gesetzes bestehen nur, wenn das den Anspruch begründende Ereignis nach Inkrafttreten dieses Gesetzes eingetreten ist; andernfalls behält es bei dem bisherigen Recht sein Bewenden.

(4) ¹Geht die Verpflichtung, eine Einfriedung zu unterhalten, mit dem Inkrafttreten dieses Gesetzes von dem einen Nachbarn auf den anderen über, so ist die Einfriedung von dem bisher unterhaltspflichtigen Nachbarn innerhalb von zwei Jahren in ordnungsmäßigen Zustand zu versetzen. ²Der bisher Verpflichtete kann sich auf den Übergang der Unterhaltungspflicht erst berufen, wenn er seiner Pflicht nach Satz 1 genügt hat.

(5) Geldansprüche, die am 1. Oktober 2006 noch nicht verjährt sind, verjähren nicht vor Ablauf der nach § 2 Abs. 2 des Niedersächsischen Nachbarrechtsgesetzes in der bis zu diesem Tage geltenden Fassung berechneten Frist.

1. Der Umfang der bei Inkrafttreten des Gesetzes bestehenden Nachbarrechte bestimmt sich nunmehr grundsätzlich nach dem Nachbarrechtsgesetz, wenn dieses insoweit Regelungen enthält. So richtet sich die Befugnis, an Nachbar- oder Grenzwände anzubauen, die vor Inkrafttretens des NachbarrechtsG errichtet worden sind, nach diesem Gesetz. Wegen anderslautender vertraglichen Abreden s. Rdn. 3.
Durch das Nachbarrechtsgesetz nicht geregelte Rechte bleiben in bisherigem Umfang bestehen, sofern sie nicht durch § 65 aufgehoben worden sind. **1**

2. Ausgenommen von § 63 Abs. 1 sind die Fälle der §§ 25, 33, 40, 59 und 62. Die aufgrund dieser Vorschriften erlangte Rechtsstellung bleibt unberührt. Hingegen werden nachbarrechtliche Bestimmungen in Rezessen und Flurbereinigungsplänen aufgehoben, sofern sie diesem Gesetz widersprechen (Abs. 2 S. 2). **2**
Nach Abs. 2 S. 1 bleiben vertragliche Ansprüche durch dieses Gesetz unberührt, erfasst werden nur gesetzliche. **3**

4   **3. Zahlungsansprüche** aufgrund dieses Gesetzes bestehen nur, wenn das den Anspruch begründende Ereignis nach Inkrafttreten dieses Gesetz eingetreten ist, wenn also z. B. später an die Nachbarwand angebaut worden ist oder Ersatzansprüche nach § 14 entstanden sind. Im Übrigen verbleibt es bei dem bisherigen Recht.

5   **4.** Abs. 4 enthält eine Übergangsvorschrift bzgl. der Unterhaltung von Einfriedungen, wenn durch das NachbarrechtsG die Unterhaltungspflicht auf einen anderen Nachbarn übergegangen ist. S. *Lehmann,* § 63 Anm. 10 ff.

6   **5.** Abs. 5 enthält eine Übergangsregelung für die anderen, auf Zahlung von Geld gerichteten Ansprüche, die nach § 2 Abs. 2 NNachbG a. F. in 4 Jahren verjährten. Nunmehr verjähren solche Ansprüche nach § 2 Abs. 1 in Verbindung mit §§ 195, 199 BGB, falls die subjektiven Voraussetzungen vorliegen, in 3 Jahren. S. hierzu § 2 Rdn. 2 ff. Es bestand deshalb die Möglichkeit, dass mit Inkrafttreten des Änderungsgesetzes bestehende, unverjährte Ansprüche sofort verjährten. Das soll durch Abs. 5 verhindert werden. S. 2 sieht daher vor, dass solche Ansprüche nicht vor Ablauf der nach altem Recht berechneten Frist von 4 Jahren verjähren. Vgl. die amtl. Begründung. S. im Übrigen § 2.

§ 64 Änderung des Niedersächsischen Wassergesetzes

[hier nicht abgedruckt]

§ 65 Außerkrafttreten älteren Rechtes

[hier nicht abgedruckt]

§ 66 Inkrafttreten des Gesetzes

Dieses Gesetz tritt am 1. Januar 1968 in Kraft.

Diese Vorschrift betrifft das Gesetz in seiner ursprünglichen Fassung. Das Gesetz zur Änderung des NNachbG und des Niedersächsischen Ausführungsgesetzes zum BGB vom 23. Februar 2006 ist am 1. 10. 2006 in Kraft getreten.

Teil C. Anhang

Anh. I: Beeinträchtigungen durch Lärm, Erschütterungen, Tiere sowie Laub- und Blütenflug

I. Überblick

Durch die zunehmende Bebauung und das immer enger werdende Zu- **1** sammenleben ergeben sich zwischen **Nachbarn** vielfältige **Berührungspunkte,** die zu Streitigkeiten führen können. Die oft nur kleinen Hausgrundstücke werden mit Vorliebe an den Grenzen bepflanzt, um sich gegenüber dem Nachbarn abzuschirmen. Die Folgen sind über die Grenze wachsende Zweige und Wurzeln, Laub- und Blütenfall auf das Nachbargrundstück und die Entziehung von Licht und Luft. Weitere Beeinträchtigungen ergeben sich aus der Tierhaltung insbesondere durch Katzen, die auf das Nachbargrundstück überwechseln und dort eventuell Vögeln nachstellen. Bei der Errichtung von Gebäuden oder bei Umbauten können Lärm und Erschütterungen entstehen. Der Nachbar steht dann vor der Frage, ob er diese Einwirkungen dulden muss.

Abwehr- und **Beseitigungsansprüche** können sich aus § 1004 BGB er- **2** geben. Bei überwachsenden Zweigen und Wurzeln darf der Nachbar diese zusätzlich unter den Voraussetzungen von **§ 910 BGB** selbst abschneiden. Siehe hierzu Rdn. 27. Stehen Bäume und Sträucher dicht an der Grenze, so ist zu prüfen, ob sie die durch das Nachbarrechtsgesetz vorgeschriebenen Mindestabstände einhalten. Ist das nicht der Fall, kann in der Regel Beseitigung, teilweise aber auch Zurücksetzen oder Kappen der Anpflanzungen verlangt werden.

Ist die rechtswidrige Beeinträchtigung bereits eingetreten, kann ihre Beseitigung und – wenn sie schuldhaft verursacht worden ist – auch Schadensersatz verlangt werden. Sind weitere Beeinträchtigungen zu besorgen, kann auf Unterlassung geklagt werden. Das kann auch dann der Fall sein, wenn eine Störung zwar nicht eingetreten ist, diese aber unmittelbar bevorsteht. Bei Immissionen, die der Nachbar aus besonderem Rechtsgrund nicht abwehren kann, können sich verschuldensunabhängige nachbarrechtliche Ausgleichsansprüche aus § 906 Abs. 2 BGB, aus der entsprechenden Anwendung dieser Vorschrift und aus dem BImSchG ergeben (s. u. Rdn. 21 ff).

Werden **juristische Personen** des **öffentlichen Rechts** in Erfüllung ih- **3** rer Aufgaben tätig, können privatrechtliche Ansprüche aus § 1004 BGB entstehen, aber auch öffentlich-rechtliche Unterlassungs- und Abwehransprüche, für die der Verwaltungsrechtsweg gegeben ist. Für die Abgrenzung ist entscheidend, ob der **Störer** sich dabei hoheitlicher Gewalt bedient – dann ist öffentliches Recht anzuwenden – oder allgemein verbindlicher Rechtssätze des Privatrechts mit der Folge, dass § 1004 BGB anzuwenden ist (vgl. hierzu *BGH* NJW 1964, 1472; 1993, 1657; *Roth* in *Staudinger* § 906 Rdn. 58, 59). Öffentlich-rechtliche Einwirkungen sind danach z.b. Verkehrsimmissionen, die von dem Betrieb einer dem öffentlichen Verkehr gewidmeten Straße ausgehen (*BGH* NJW 1988, 900), ferner das Aufstellen von Straßenlaternen und die sich hieraus ergebenden Beeinträchtigungen (*VGH Kassel* NJW 1989, 1500).

4 Nach der Rechtsprechung besteht gegenüber **Immissionen gemeinwichtiger Betriebe** der öffentlichen Hand, aber auch entsprechender Betriebe Privater (z.B. einer Buslinie) im Hinblick auf Beseitigungs- und Unterlassungsansprüche eine über § 906 BGB hinausgehende gesteigerte Duldungspflicht (vgl. *BGH* NJW 1984, 1242; *BGH* NJW 1990, 978; 2000, 2901 – Drogenhilfezentrum –; *Bassenge* in *Palandt* § 906 Rdn. 34; abl. *Roth* in *Staudinger* § 906 Rdn. 29, 30 m.w. Nachw.; vgl. auch *Hoppenberg* in *Hoppenberg/De Witt,* Kap. H Rdn. 553 ff). Es können jedoch Ausgleichsansprüche in Geld (*BGH* NJW 2000, 2901, 2903) sowie auch Schutzmaßnahmen oder Unterlassung von einzelnen Betriebsmaßnahmen in Betracht kommen (*Bassenge* in *Palandt,* § 906 Rdn. 34).

II. Der Anspruch aus § 1004 BGB

5 Abwehr- und Beseitigungsansprüche können sich aus § 1004 BGB ergeben, wenn der Eigentümer in seinem **Eigentum** in anderer Weise als durch Entziehung oder Vorenthaltung des Besitzes **gestört** wird. Auf das Erbbaurecht ist die Vorschrift entsprechend anwendbar (§ 11 ErbbRVO).

6 **a)** Erste Voraussetzung ist demnach eine **Beeinträchtigung** des **Eigentums.** Solche Beeinträchtigungen sind neben Sachbeschädigungen auch jede Störung des gesundheitlichen Wohlbefindens der auf dem betroffenen Grundstück lebenden Personen sowie jede Schädigung von Tieren oder Pflanzen, die sich auf ihm befinden (*BGH* NJW 1969, 1208; vgl. hierzu auch *BGH* NJW 1985, 2833; *KG* NJW-RR 1988, 586). Wird die Substanz des Eigentums verletzt, steht die Beeinträchtigung außer Frage (*BGH* NJW 2004, 1035 – Druckschäden an Mauern durch Einwirken von Wurzelwerk). Abwehrbare Beeinträchtigungen können auch vorliegen, wenn Pflanzen oder Bäume in den Luftraum des Nachbargrundstücks eindringen (*Gursky* in *Staudinger* § 1004 Rdn. 45). Der Beseitigungsanspruch wird nicht durch das Selbsthilferecht aus § 910 BGB ausgeschlossen (*BGHZ* 60, 235, 241; 97, 231; 141; *Bassenge* in *Palandt* § 910 Rdn. 1; a.A. *Dehner* B § 21 II).

7 **b)** Diese **Beeinträchtigung** muss **rechtswidrig** sein. Da der Eigentümer grundsätzlich jeden von der Einwirkung auf seine Sache ausschließen darf, ist das regelmäßig der Fall, es sei denn, dass er aus besonderem Rechtsgrund verpflichtet ist, die Einwirkung zu dulden, § 1004 Abs. 2 BGB. Duldungspflichten können sich aus Vertrag und aus dem Gesetz ergeben. Von besonderer Bedeutung sind hier § 906 BGB und § 14 BImSchG. Daneben kom-

men im Einzelfall auch die allgemeinen Rechtfertigungsgründe wie Notwehr und Nothilfe sowie das nachbarrechtliche Gemeinschaftsverhältnis in Betracht. Siehe dazu Rdn. 9 ff. Ein **Verschulden** ist nicht erforderlich.

c) Der Unterlassungsanspruch aus § 1004 BGB richtet sich gegen den 8 **Störer.** Geht die Störung auf ein Handeln zurück, so haftet derjenige, der sie unmittelbar oder mittelbar adäquat verursacht hat (*BGHZ* 28, 111). Außerdem gibt es die **Zustandshaftung.** Die Rechtsprechung des *BGH* zur Zustandshaftung hat sich in der letzten Zeit in eine bestimmte Richtung weiterentwickelt. Ausgangspunkt ist immer, dass auf dem Grundstück des in Anspruch genommenen Nachbarn ein gefahrträchtiger Zustand herrscht. Vgl. *BGH* NZM 2001, 396. Weiter muss eine Verantwortlichkeit für diesen Zustand hinzukommen. Bei Bäumen, von denen Gefahren oder Beeinträchtigungen ausgingen, hat der *BGH* zunächst darauf abgestellt, ob der Nachbar diese gepflanzt bzw. unterhalten hat (*BGH* NJW 1991, 2826 bzw. 1995, 396). In neueren Entscheidungen wird darauf abgestellt, ob sich bei Einwirkungen von Naturkräften aus der Art der Nutzung des Grundstücks, von dem die Störung ausgeht, eine „Sicherungspflicht", also eine Verpflichtung zur Verhinderung möglicher Beeinträchtigungen ergibt (*BGH* NJW 2004, 1037). Das soll auch bei technischen Defekten gelten (*BGH* NJW 2003, 2377).

Ob eine solche Pflicht besteht, ist in jedem Einzelfall zu prüfen. Maßgebend sind dabei u.a. das öffentliche und private Nachbarrecht, die Art der Nutzung der benachbarten Grundstücke und die vorbeugende Beherrschbarkeit von Störungen. Bei Laubfall und Blütenflug stellt der *BGH* darauf ab, ob der Bewuchs, von dem die Beeinträchtigungen ausgehen, einer ordnungsgemäßen Bewirtschaftung und dem das Nachbarrecht bestimmenden Gebot der gegenseitigen Rücksichtnahme entspricht. Ohne Bedeutung ist dabei, ob der Bewuchs auf natürlichem Wege angewachsen oder vom Grundstückseigentümer angepflanzt worden ist (*BGH* NJW 2004, 1037). A.A. wohl *Bassenge/Olivet*, Vor §§ 37–41 Rdn. 10 für Beeinträchtigungen, die von seit jeher wild gewachsenen und nicht genutzten Pflanzen ausgehen. Im vom *BGH* (NJW 2004, 1037) entschiedenen Fall ist eine ordnungsgemäße Bewirtschaftung verneint worden, weil der Bewuchs nicht den nachbarrechtlichen Vorschriften über die Grenzabstände einhielt und obwohl insoweit wegen Fristablaufs keine Ansprüche mehr bestanden. S. auch *BGH* NJW-RR 2000, 537. Bei durchwachsenden Wurzeln ist eine ordnungsgemäße Bewirtschaftung verneint worden, weil sich aus den Grundgedanken von §§ 903, 910 BGB ergebe, dass Baumwurzeln nicht über die Grenzen eines Grundstücks hinauswachsen dürften (*BGH* NJW 2004, 603). In der Entscheidung BGHZ 122, 283, 285 ist der Grundstückseigentümer nicht als Störer angesehen worden, weil allein durch das Anpflanzen und Aufziehen widerstandsfähiger Bäume regelmäßig keine zurechenbare Gefahrenlage geschaffen werde, anders aber, wenn ein Baum allein infolge seines Alters auf das Nachbargrundstück stürzen könne. Derjenige, der die Verfügungsgewalt über ein Grundstück ausübt, hat im Rahmen des Möglichen dafür zu sorgen, dass von den dort stehenden Bäumen keine Gefahr für andere ausgeht. Der Baumbestand muss so angelegt sein, dass er im Rahmen des nach forstwirtschaftlichen Erkenntnissen Möglichen gegen Windbruch und Windwurf, insbesondere aber auch gegen Umstürzen auf Grund fehlender Standfestigkeit gesichert ist (*BGH* NJW 2003, 1732). S. auch *BGH* NJW 1993, 1855. Die erforderliche Gesundheits- und Zustandsprüfung hat zweimal im Jahr, im belaubten und unbelaubten Zustand zu erfolgen. Eine Verletzung dieser Pflicht führt jedoch zu keiner Umkehr der Beweislast (*BGH* NJW 2004, 1381). Zu beachten ist auch, dass die störenden Einwirkungen von dem Grundstück des Eigentümers ausgehen oder auszugehen drohen (*BGH* NJW-RR 2001, 232).

Gehen Störungen ausschließlich auf Naturkräfte, z. B. bei angeschwemmtem Erdreich, Erdbeben usw. zurück, scheidet eine Haftung aus. Eine Gemeinde ist verpflichtet, die auf ihren Grundstücken verlaufenden Kanalisationsleitungen von Wurzelwerk freizuhalten. Entsteht durch die Vernachlässigung dieser Pflicht ein Rückstau, ist die Gemeinde ggf. zum Schadensersatz verpflichtet (*OLG Bamberg* NVwZ-RR 2004, 285).

Ein Grundstückseigentümer wird auch dann als Störer angesehen, wenn die vom Grundstück ausgehende Beeinträchtigung von seinem Rechtsvorgänger herbeigeführt wurde oder, bei Miteigentum, die fortdauernde Störung von einem Mitglied der Erbengemeinschaft veranlasst worden ist, dem das Grundstück zur alleinigen Nutzung überlassen worden ist (*BGH* NJW 1989, 2542). Zur Störereigenschaft s. auch *BGH* NJW 1999, 2896. Geht die Störung von einem Grundstück aus, das im Miteigentum steht, müssen alle Miteigentümer als notwendige Streitgenossen auf Beseitigung der Störung verklagt werden. Eine Beschränkung auf einzelne Miteigentümer ist zulässig, wenn sich die anderen zur Beseitigungspflicht bekannt haben (*BGH* NJW 1992, 1101). Ferner dann, wenn das Grundstück von mehreren Personen, die nicht Eigentümer sind, unterschiedlich genutzt wird, auf den Nutzer, der für die beeinträchtigende Nutzungsart verantwortlich ist (*BGH* NJW 2003, 2377). Zur Beendigung und zum Ausschluss der Haftung s. *Bassenge* in *Palandt,* § 1004 Rdn. 43 und *OLG Nürnberg* BauR 2003, 732.

Wer als Grundstückseigentümer einen Gartenteich anlegt und unterhält, an dem sich Frösche ansiedeln, ist Störer bezüglich der durch sie verursachten Lärmeinwirkungen, da diese wenigstens mittelbar auf den Willen des Grundstückseigentümers zurückgehen (*BGH* NJW 1993, 928; 1992, 1102). Ist die begehrte Maßnahme rechtlich erst zulässig, wenn eine – mögliche – Befreiung von Verboten z. B. des Naturschutzes oder in Baumschutzsatzungen erteilt wird, so ist ein entsprechender Vorbehalt in die Urteilsformel aufzunehmen. Denn nur die zuständige Verwaltungsbehörde kann das generelle Verbot aufheben (vgl. auch Rdn. 19).

d) Bezüglich des zu stellenden Klageantrages ist zu berücksichtigen, dass es im Allgemeinen dem Störer überlassen bleibt, wie er die unzulässige Einwirkung beseitigt. Der Urteilsausspruch richtet sich deshalb regelmäßig nicht auf die Vornahme einer bestimmten Handlung. Das ist nur ausnahmsweise dann der Fall, wenn für die Beseitigung einer Beeinträchtigung nur eine einzige, nach Art und Ausgestaltung bestimmte Maßnahme in Betracht kommt (*BGH* NJW 1983, 751; 1993, 925). Ferner dann, wenn weitere Maßnahmen zwar möglich sind, vernünftigerweise aber nicht ernsthaft in Betracht gezogen werden können (*BGH* NJW 2004, 1035). In den anderen Fällen muss es dem Beklagten überlassen bleiben, auf welche Weise er Abhilfe schaffen will (*Bassenge* in *Palandt,* § 1004 BGB Rdn. 51; vgl. hierzu *BGHZ* 67, 252 = NJW 1977, 146; *BGHZ* 120, 239; *Mattern* WM 1979, 34, 49; *Dehner,* B § 38 II 2a). Das führt notwendigerweise auch zu einer Unbestimmtheit des Klageantrages und des Urteils. Auf den Anspruch ist § 254 BGB entsprechend anwendbar (*BGH* NJW 1997, 2234). Unter mehreren Störern besteht kein Rangverhältnis. Soweit sie zur Beseitigung in der Lage sind, haften sie kumulativ (*OLG Celle* NJW 1988, 424; *Bassenge* in *Palandt,* § 1004 BGB Rdn. 26). Wegen der entsprechenden Anwendung von § 830 BGB s. *LG Köln* NJW-RR 1990, 865. Wegen der Verjährung s. *Bassenge* in *Palandt,* § 1004 Rdn. 45.

III. Duldungspflichten

1. Duldungspflichten gemäß § 906 BGB

a) Nach § 906 I 1 BGB kann der Eigentümer eines Grundstücks die Zu- 9 führung von Gasen, Dämpfen, Gerüchen, Rauch, Ruß, Wärme, Geräuschen, Erschütterungen und ähnliche von einem anderen Grundstück ausgehenden **Einwirkungen** insoweit nicht verbieten, als die Einwirkung die Benutzung seines Grundstücks nicht oder nur unwesentlich beeinträchtigt.

Geräusche und Erschütterungen fallen damit, da ausdrücklich genannt, ohne weiteres unter diese Vorschrift. Laub, Nadeln, Blüten oder Unkrautsamen werden nicht genannt. Sie gehören aber nach einhelliger Meinung zu den ähnlichen Einwirkungen (vgl. u. a. *BGH* NJW 2004, 1037; *OLG Stuttgart* NJW 1986, 2768; NJW-RR 1988, 204; *OLG Frankfurt* NJW-RR 1987, 1101; NJW 1988, 1619; NJW-RR 1991, 1364; *LG Aachen* NuR 1989, 234; *Bassenge* in *Palandt* § 906 Rdn. 10; zweif. *OLG Düsseldorf* NJW-RR 1990, 144. Einwirkungen durch größere festkörperliche Gegenstände (Steine, Wasser) werden nicht erfasst (*BGHZ* 26, 227). Das gilt jedoch nicht, wenn durch Niederschlagswasser einem anderen Grundstück chemische Unkrautvernichtungsmittel zugeführt werden.

Tiere werden ebenfalls nicht erwähnt. Bei ihnen ist zu unterscheiden: 10 Kleintiere werden als ähnliche Einwirkungen angesehen, wie z. B. Bienen (*BGHZ* 16, 366, 117, 110; *OLG Bamberg* NJW-RR 1992, 466), Fliegen (*LG Stuttgart* Rd L 67, 49), Tauben (*OLG Düsseldorf* MDR 1968, 841; *OLG Celle* NJW-RR 1989, 783; 117, 110; *OLG Celle* AgrarR 1990, 198), Wollläuse (*BGH* NJW 1995, 2633). Größere Tiere fallen hingegen nicht unter diese Vorschrift, also z. B. nicht Enten, Ratten (*Bassenge* in *Palandt,* § 906 Rdn. 10; *OLG Oldenburg* VersR 1976, 644), Gänse, Hühner, Kaninchen und sonstige größere Nutztiere. Auch das Eindringen von Katzen und Hunden fällt nicht unter § 906 BGB (*OLG Köln* NJW 1985, 2338; *OLG Hamm*

MDR 1988, 966; *Bayer/Lindner/*Grziwotz S. 103; *Bassenge* in *Palandt* § 906 Rdn. 10). Hier kann sich eine Duldungspflicht nur aus dem nachbarlichen Gemeinschaftsverhältnis ergeben. Die Rechtsprechung hierzu ist völlig uneinheitlich. Während das *LG Passau* (NJW 1983, 2885) entschieden hat, es gebe keine Duldungspflicht in Bezug auf Katzen, differenzieren andere Gerichte, wobei sie sich vornehmlich an der Zahl der Tiere orientieren.

11   So genannte **negative Einwirkungen** fallen nicht unter § 906 BGB (vgl. *BGH* NJW 1984, 729). Sie müssen deshalb hingenommen werden, wenn sich nicht im Einzelfall aufgrund des nachbarrechtlichen Gemeinschaftsverhältnisses ein Abwehranspruch gegen besonders schwere Beeinträchtigungen ergibt (vgl. *Bassenge* in *Palandt,* § 906 BGB Rdn. 4, § 903 BGB Rdn. 9; *Gursky* in *Staudinger* § 1004 Rdn. 65 ff). Zur Verschattung durch Straßenbäume s. *OLG Düsseldorf* NVwZ 2001, 594; wegen Lichtbeeinträchtigung durch „Skybeamer" s. *OLG Zweibrücken* MDR 2001, 984; z. T. anders *LG Wiesbaden* NJW 2002, 86 (Außenleuchte). Weitergehend jetzt auch *Wenzel,* NJW 2005, 241.

Nicht abwehrbar sind nach überwiegender Ansicht auch so genannte ideelle oder immaterielle Einwirkungen. Vgl. *BGH* NJW 1985, 2823 (Bordellbetrieb); *BGHZ* 54, 56 (Schrottplatz); *Bassenge* in *Palandt,* § 906 Rdn. 4; a. A. AG *Münster* NJW 1983, 2886.

12   **b)** Liegt eine **Einwirkung** i. S. v. § 906 BGB vor, so ist sie zu **dulden,** wenn sie die Benutzung des eigenen Grundstücks **nicht** oder **nur unwesentlich beeinträchtigt (1. Alt.).** Maßstab ist hierbei nach neuerer Rechtsprechung das Empfinden eines verständigen Durchschnittsmenschen und das, was diesem unter Würdigung anderer öffentlicher und privater Belange zuzumuten ist (vgl. *BGH* NJW 2004, 1037; 2001, 3119; 1993, 925, nicht aber das des gerade betroffenen Nachbarn, allerdings unter Berücksichtigung der Benutzung des konkreten Grundstücks (*BGH* NJW 1958, 1393; NJW 1984, 1242, 2208; *OLG Stuttgart* NJW-RR 1988, 204; *OLG Frankfurt/M.* NJW-RR 1991, 1365; *Vieweg* NJW 1993, 2572; ausführlich zur gesamten Problematik: *Vieweg/Röthel* NJW 1999, 969. Besondere Empfindlichkeiten haben dabei außer Betracht zu bleiben. Zu berücksichtigen ist aber die Einstellung der Bevölkerung zum allgemeinen Umweltbewusstsein (*OLG Stuttgart* NJW-RR 1988, 204). Auch Belange des Naturschutzes können von Bedeutung sein (*BGH* NJW 2004, 1037). Nach § 906 I S. 2 BGB liegt eine **unwesentliche** Einwirkung in der Regel vor, wenn die in Gesetzen oder Rechtsverordnungen festgelegten Grenz- oder Richtwerte von den nach diesen ermittelten und bewerteten Einwirkungen nicht überschritten werden. Dazu gehören u. a. die TA-Lärm und die TA-Luft. Gleiches gilt für Werte in allgemeinen Verwaltungsvorschriften, die aufgrund von § 48 BImSchG erlassen worden sind und den Stand der Technik wiedergeben. Es ist dann Sache des Beeinträchtigten, Umstände darzulegen und zu beweisen, die diese Indizwirkung erschüttern (*BGH* NJW 2004, 1317). Als gesetzliche Vorschrift kommt z. B. das FluglärmG in Betracht. Zur Ermittlung von Richtwerten in Mischgebieten vgl. *BGH* NJW 2001, 3119, zur Messmethode *BGH* NZM 2004, 957.

Für den Fall, dass die Werte überschritten werden, besteht keine besondere gesetzliche Regelung. Es ist daher auf allgemeine Grundsätze zurückzugreifen. Nach der Rechtsprechung des *BGH* kann der Tatrichter bei einer Überschreitung von Richtwerten (z. B. der TA Lärm) grundsätzlich von einer wesentlichen Einwirkung ausgehen, solange er berücksichtigt, dass es insoweit nur um eine Richtlinie geht, die nicht schematisch angewendet werden darf, sondern lediglich einen wichtigen Anhaltspunkt darstellt (*BGH* NJW 1992, 1613; 1995, 134). Maßstab für die Bewertung ist das Empfinden eines verständigen Durchschnittsmenschen (*BGH* NJW 1993, 1658; 2001, 3119). Damit schließt der *BGH* an die Rechtsprechung der Verwaltungsgerichte an und ermöglicht es, insbesondere das geänderte Umweltbewusstsein sowie die berechtigten Belange Behinderter und das Allgemeininteresse z. B. an der Aufrechterhaltung eines Drogenhilfezentrums zu berücksichtigen (vgl. hierzu *BGH* NJW 2000, 2901 (Drogenhilfezentrum), *OLG Karlsruhe* DWW 2000, 199 (Behinderte) sowie ausführlich zur gesamten Problematik *Vieweg/Röthel,* NJW 1999, 969). Natur und die konkrete Zweckbestimmung des betroffenen Grundstücks sind aber weiterhin von zentraler Bedeutung (*Vieweg* NJW 1993, 2572; s. hierzu auch *Bassenge* in *Palandt* § 906 Rdn. 22). Zu berücksichtigen ist auch die Einstellung der Bevölkerung zum allgemeinen Umweltbewusstsein (*BGH* 1993, 929; *OLG Stuttgart* NJW-RR 1988, 204). Bei Wohngrundstücken ist maßgeblich, ob das Wohnen an Annehmlichkeit verliert und der Grundstückswert dadurch gemindert wird (*BGH* LM § 906 Nr. 64). Nach der nunmehr gefestigten Rechtsprechung des *BGH* (vgl. NJW 1993, 929; 1990, 2465) ist dabei der Begriff der wesentlichen Geräuschimmission mit dem der erheblichen Nachteile oder Belästigungen im Sinne des BImSchG gleichzusetzen. Damit wird eine weitere Vereinheitlichung der zivilrechtlichen und verwaltungsrechtlichen Beurteilungskriterien bewirkt. Dabei ist als erhebliche Belästigung alles anzusehen, was dem Nachbarn auch unter Würdigung anderer öffentlicher und privater Belange nicht mehr zuzumuten ist (vgl. *BVerwG* NJW 1988, 2397).

Bei **Geräuschen** ist die Lästigkeit entscheidend. Die Lautstärke ist dabei **13** nur eine Komponente (*OLG Schleswig* NJW-RR 1986, 884; *BGH* NJW 2001, 3119). Weiterhin ist von Bedeutung, zu welcher Tageszeit, z. B. nachts oder während der Mittagszeit, bzw. mit welcher Frequenz und Dauer das störende Geräusch verursacht wird (vgl. *BGHZ* 120, 239: *OLG Köln* OLGZ 94, 315; *OLG Nürnberg* NJW-RR 1988, 979; *OLG Hamm* NJW-RR 1989, 1176; *LG München* I NJW-RR 1988, 25; *Bayer/Lindner* 4 A II 2). Der Lärm, der von einem Materiallager ausgeht, kann für den Bewohner eines Einfamilienhauses eine wesentliche Beeinträchtigung darstellen (*BGHZ* 51, 396). Gleiches gilt bzgl. des Lärms eines Tennisplatzes (*BGH* NJW 1983, 751; *OLG Köln* NVwZ 1989, 290). Bei der Beurteilung der Wesentlichkeit von Sportgeräuschen ist von den in der 18. VO zur Durchführung des Bundes-Immissionsschutzgesetzes v. 18. 7. 1991, BGBl. I, 1588 (SportanlagenlärmschutzVO), enthaltenen Richtwerten auszugehen (*OLG Zweibrücken* NJW 1992, 1242; *OLG Saarbrücken* SpuRt 1995, 129; *OLG Frankfurt/M.* SpuRt

1995, 127; *OLG Celle* SpuRt 1995, 126). Zum Abwehranspruch gegen Sportlärm s. auch *Schmitz* NVwZ 1991, 1126 sowie *Dury* SpuRt 1995, 102. Bei Glockengeläute kommt es auch darauf an, ob dieses zu einer vernünftigen Zeit erfolgt (*BVerwG* NJW 1984, 989). Wegen des Lärms durch eine Windenergieanlage s. *OVG NRW* BauR 2003, 517. Zur Notwendigkeit einer Ortsbesichtigung für die tatrichterliche Beurteilung von Lärmimmissionen vgl. *BGH* NJW 1992, 2019; NJW 2001, 3119.

14   Bei **Laubfall** und **Blütenflug** wird nur selten eine wesentliche Beeinträchtigung festzustellen sein. Von Bedeutung ist dabei der Umfang des Laubfalls oder des Blütenfluges. Das Laub und die Blüten nur eines Baumes oder zweier Bäume werden kaum zu wesentlichen Beeinträchtigungen führen. So hat das *OLG Stuttgart* (NJW-RR 1988, 204) die Notwendigkeit, eine 11 m lange Dachrinne zwei- bis dreimal im Jahr zu reinigen und im Herbst drei bis vier Säcke Laub zusammenzufegen, als unwesentliche Beeinträchtigung angesehen. Dasselbe gelte für das vermehrte Putzen der Fenster zur Zeit des Blütenfluges (s. aber auch *LG Lübeck* NJW-RR 1987, 532: Nadeln einer Fichte). Ist allerdings der Zuflug von Laub, Samen und Zweigen von (im entschiedenen Fall drei) Pappeln von einem solchen Umfang, dass er die Regenrinnen und Abflussrohre verstopft, die Spitzen neugepflanzter Fichten abbricht und einen nicht unerheblichen Reinigungsaufwand mit sich bringt, so ist die Beeinträchtigung wesentlich (*OLG Frankfurt* NJW 1988, 2618; s. aber auch *OLG Düsseldorf* NJW-RR 1990, 145 mit strengeren Anforderungen; vgl. auch *OLG Karlsruhe* NJW 1983, 2886; *OLG Frankfurt/M.* NJW-RR 1991, 1364 sowie die Zusammenstellungen bei *Müller* NJW 1988, 2587; *Schmidt* NJW 1988, 29 sowie *Bassenge* in *Palandt* § 906 Rdn. 16; *Gursky* in *Staudinger* § 1004 Rdn. 26; *Roth* in *Staudinger* § 906 BGB Rdn. 169 ff). Die Grenze von der Unwesentlichkeit zur Wesentlichkeit ist überschritten, wenn die Einwirkungen vom Nachbargrundstück objektiv feststellbare physische Auswirkungen auf das Eigentum des Grundstückeigentümers haben (*BGH* NJW 2004, 1037 – Verstopfen von Dachrinnen und Dacheinläufen).

15   Die **Duldungspflicht** besteht weiterhin, wenn die **Beeinträchtigung** zwar **wesentlich** ist, die **Benutzung** des störenden Grundstücks aber **ortsüblich** ist und die **Beeinträchtigung nicht** durch **wirtschaftlich zumutbare Maßnahmen verhindert** werden kann (**2. Alt.**). Dann ergeben sich aber u. U. Ausgleichsansprüche in Geld (s. u. Rdn. 21 ff).

Ortsüblich ist eine Benutzung, wenn im maßgeblichen Vergleichsbezirk die Mehrheit der Grundstücke mit nach Art und Wirkung annähernd gleich beeinträchtigender Einwirkung auf Nachbargrundstücke genutzt werden (*BGH* NJW 1983, 751; WuM 1990, 254; NJW 1993, 930; *OLG Celle* NJW 1988, 424; *Bayer/Lindner/Grziwotz* S. 62; *Bassenge* in *Palandt* § 906 Rdn. 20). Dabei müssen die Einwirkungen entweder andauernd sein oder sich wiederholen und öfter vorkommen (vgl. *BGH* NJW 1959, 1867). Allerdings kann auch schon ein Betrieb den Gebietscharakter prägen (*BGHZ* 69, 105 [Flughafen]; *BGH* NJW 1980, 770 [Mülldeponie]). Problematisch ist, ob die Ortsüblichkeit schon deshalb zu bejahen ist, weil ein rechtswirksamer Bebauungsplan oder eine rechtmäßige Baugenehmigung vorliegen (vgl. *Hagen* UPR 1985, 199; NVwZ 1991, 820, *Vieweg* NJW 1993, 2572 sowie *Bassenge* in *Palandt,* § 906 BGB Rdn. 19).

Der **Vergleichsbezirk** ist nicht stets in gleicher Weise zu **bestimmen.** **16** Er kann das ganze Gemeindegebiet umfassen, bei gebietsprägenden Einwirkungen sogar größere Bezirke (*BGHZ* 30, 273; *BGH* WuM 1990, 255). Er kann aber bei anderen Einwirkungen auch kleiner sein. Das ist z. B. dann der Fall, wenn die Ortsüblichkeit von Laub- und Blütenflug zu beurteilen ist. Hier ist auf die Üblichkeit in dem betreffenden Wohnbezirk (Wohngegend, Industrieviertel) abzustellen.

Als **ortsüblich** ist in der Rechtsprechung anerkannt worden z. B. **Laubfall** bei Baumbeständen in Wohnvierteln (*OLG Frankfurt* NJW 1988, 2619). Stehen dabei in einer durchgrünten Wohngegend auf nahezu allen Grundstücken Laubbäume unterschiedlicher Art, auf anderen Nadelbäume, so wird der Charakter des Gebietes nicht durch die einzelne Baumart, sondern durch die Baumbepflanzung schlechthin geprägt (*OLG Frankfurt* a. a. O.); Ähnliches gilt bei Laubfall von herüberragenden Ästen bei altem Baumbestand in einem exklusiven Wohnviertel (*AG Frankfurt* NJW-RR 1990, 146). Die Ortsüblichkeit von **Unkrautsamenflug** in Neubaugebieten ist anders zu beurteilen als in der Nähe von Kiesgruben und in der Nachbarschaft von landwirtschaftlich genutzten Grundstücken (vgl. *Otto* DWW 1985, 226; *Schmidt* NJW 1988, 29). Diese verneinen andererseits die Ortsüblichkeit von Ökogärten und verwahrlosten Grundstücke in Gegenden mit gepflegten Gärten (vgl. dazu auch *OLG Karlsruhe* MDR 1971, 926). *Gursky* in *Staudinger* § 1004 Rdn. 60 verneint einen Anspruch schlechthin, wenn kein Rechtssatz (z. B. eine landesrechtliche Verordnung) vorhanden ist, der den verunkrauteten Zustand des Nachbargrundstücks verbietet. Ist eine Anlage selbst ortsüblich, so sind es auch die damit zeitweise erhöhten Einwirkungen verbundenen gewöhnlichen Herstellungs-, Unterhaltungs- und Umgestaltungsarbeiten; das gilt aber nicht bei vermeidbaren oder ungewöhnlich starken Einwirkungen (vgl. hierzu *BGH* NJW 1971, 94). Bei Beeinträchtigungen durch Laubfall wird die Ansicht vertreten, dieser stelle keine abwehrbare Beeinträchtigung dar, wenn die Bäume oder Pflanzen den durch die Nachbarrechtsgesetze vorgeschriebenen Grenzabstand einhalten (*Gursky* in *Staudinger* § 1004 Rdn. 58 m. w. Nachw.; a. A. *Roth* in *Staudinger* § 906 Rdn. 159). Der Gegenmeinung ist zuzustimmen. Es liegt auf der Hand, dass z. B. in Nordrhein-Wesrfalen Grenzabstände von 2 m bzw. 4 m für Bäume praktisch keinen Schutz darstellen, wenn Wind das Laub von den Bäumen weht.

Ortsüblich kann ferner sein: **Hausmusik** in Wohngebieten (*BGH* NJW **17** 1966, 1859). Sie kann daher nicht generell verboten werden. Den speziellen Bedürfnissen von Musikstudenten oder Berufsmusikern ist jedoch nicht Rechnung zu tragen (*BayObLG* ZMR 1985, 208; *Roth* in *Staudinger* § 906 Rdn. 169). In nebeneinander liegenden Reihenhäusern kann bei Hellhörigkeit der Nachbar eines musizierenden Bewohners verlangen, dass in der Zeit zwischen 22 und 8 Uhr und 13 und 15 Uhr nicht musiziert wird, und darüber hinaus auf einem Saxophon oder einer Klarinette werktags nur zwei und sonntags nur eine Stunde gespielt wird. Das Klavierspiel unterliegt dieser Beschränkung nicht (*OLG Karlsruhe* NJW-RR 1989, 1179; vgl. auch *AG Berlin-Tiergarten* NJW-RR 1990, 398).

18   **Tierhaltung** in einer noch dörflichen Stadtgegend kann ortsüblich sein (*LG München* I NJW-RR 1988, 205 – vier Hühner und ein Hahn). Allerdings ist der Tierhalter verpflichtet, seinen Hahn von 20 bis 8 Uhr sowie an Samstagen und Sonn- und Feiertagen von 12–15 Uhr schalldicht zu verwahren (weitergehend *LG München* I, NJW 1989, 1179, das den Halter eines Hahns im nachbarlichen Wohnbereich ohne Beschränkung auf bestimmte Ruhezeiten schlechthin verurteilt hat, durch geeignete Maßnahmen Beeinträchtigungen durch das Krähen auszuschließen). Zum Freiflug von Tauben s. *OLG Frankfurt/M.* NJW-RR 2006, 517.

19   Viele Städte haben **Baumschutzsatzungen** erlassen. Zu den Rechtmäßigkeitsanforderungen für Satzungen: *BVerwG* NVwZ 1989, 555; *OVG Münster* NVwZ-RR 2001, 731; *OLG Düsseldorf* NJW-RR 1989, 1807; *OVG Lüneburg* NVwZ 1999, 84; *de Witt/Dreier* Kap. E Rdn. 415 f; *Otto* NJW-RR 1989, 1783; *Wedekind, Höreth-Marquardt,* DÖV 2001, 1034. Diese schränken meistens das Recht des Grundstückseigentümers ein, Bäume zu fällen oder Äste und Wurzeln abzuschneiden. Das Verbot richtet sich aber nicht nur an den Eigentümer der Bäume. Aus ihm folgt, dass die dadurch verursachten Beeinträchtigungen von allen, also auch vom Nachbarn, hinzunehmen sind. S. aber auch *OLG Hamm* OLG Report Hamm 1993, 194. Der Baumschutz endet nicht an der Grundstücksgrenze (*OLG Düsseldorf* NJW-RR 1989, 1807; siehe auch *Günther,* Baumschutzrecht, Rdn. 125 ff. sowie NRWVBl. 1995, 89). Unter bestimmten Voraussetzungen können Ausnahmegenehmigungen oder Befreiungen erteilt werden. Der beeinträchtigte Nachbar ist gegebenenfalls aus eigenem Recht antragsberechtigt (s. hierzu *Otto* NJW 1989, 1783 ff; *OVG Lüneburg* NJW 1996, 3225; *OVG Saarlouis* NuR 1999, 531). Zur Frage, wann Ersatzpflanzungen verlangt werden dürfen, s. *OVG Münster* NVwZ-RR 1999, 239. Steht rechtskräftig fest, dass der Grundstückseigentümer den Baum nicht fällen oder Äste nicht abschneiden darf, ist eine entsprechende Klage vor dem Zivilgericht abzuweisen. Fällt der Baum unter die Baumschutzsatzung, ist eine notwendige Befreiung aber noch nicht erteilt, aber auch noch nicht versagt, so ist der Klage mit der Maßgabe stattzugeben, dass der Grundstückseigentümer zur Beseitigung erst verpflichtet ist, wenn die erforderliche Genehmigung erteilt ist (so *LG Landshut* NJW-RR 1989, 1420). Denn der Grundstückseigentümer darf nicht zu Maßnahmen gezwungen werden, die ihm gesetzlich verboten sind (*BGH* NJW 1993, 926: *Bassenge* in *Palandt,* § 1004 BGB Rdn. 43). Mit der Erteilung der Fällgenehmigung ist keine Verpflichtung zur Beseitigung verbunden; sie räumt lediglich ein öffentlich-rechtliches Hindernis aus (*VG Berlin* NuR 2001, 597). Durch die einem Nachbarn erteilte Ausnahmegenehmigung wird der Eigentümer des Baums nicht in seinen subjektiv-öffentlichen Rechten verletzt. Ihm fehlt daher die Klagebefugnis gegen die Ausnahmegenehmigung (*OVG Münster* NuR 1998, 666; *OVG Lüneburg* NJW 1996, 3225). Der Eigentümer eines Baumes hat keinen Anspruch gegenüber der Gemeinde darauf, dass diese gegen den beabsichtigten Rückschnitt eines Baumes durch den Nachbarn in Ausübung des privaten Nachbarrechts aufgrund der Baumschutzsatzung einschreitet, weil sein Vorhaben womöglich gegen die Baumschutzsatzung verstößt (*VGH Mannheim* NVwZ 1996, 382). Zum Begriff des „Obstbaumes", der in vielen Satzungen nicht geschützt wird, s. *VG Berlin* UPR 2001, 400. S. ferner *Günther* NuR 1998, 637; *Wedekind, Höreth-Marquardt* DÖV 2001, 1034. Zur Rechtsnatur von Ausgleichszahlungen und ihrer Verjährung s. *VG Gelsenkirchen* NVBl. 2001, 279. Baumschutzsatzungen sind keine Schutzgesetze i. S. von § 823 Abs. 2 (*OLG Hamm* OLG-Report Hamm 1993, 194).

Auch bei Lärmverursachung durch Tiere kann es zu einem Konflikt zwi- **20** schen Lärmschutz- und Naturschutzvorschriften kommen. Obwohl im Einzelfall eine Duldungsverpflichtung gem. § 906 BGB nicht besteht, so dass der Nachbar an sich einen Beseitigungsanspruch gem. § 1004 BGB hat, kann er gehindert sein, die Lärmursache zu beseitigen, weil die Tiere, z. B. Frösche, zu den nach § 1 i. V. m. der Anlage BArtSchVO geschützten Tieren gehören. Das Nachstellen und das Fangen der Frösche sind daher ohne Rücksicht auf den damit verfolgten Zweck grundsätzlich verboten (*BGH* NJW 1993, 925). Allerdings sieht § 31 I BNatSchG Befreiungsmöglichkeiten in drei Fällen vor. Zur Antragstellung ist primär der Störer verpflichtet, da die Auswahl unter den möglichen Maßnahmen ihm überlassen bleiben muss (*BGH* NJW 1993, 926). Aber auch der gestörte Nachbar ist ggf. antragsberechtigt (*VGH München* NJW 1999, 2914). Ist eine Befreiung erteilt, steht dem Anspruch aus § 1004 BGB nichts mehr im Wege. Ist er rechts- oder bestandskräftig versagt, scheiden Ansprüche aus § 1004 BGB jedenfalls insoweit aus, als diese auf Beseitigung der Tiere gehen. Ist eine Ausnahmegenehmigung noch nicht erteilt, ist der Nachbar grundsätzlich Störer. Das Zivilgericht hat dann selbst zu prüfen, ob eine Befreiungsmöglichkeit besteht (*BGH* NJW 1993, 926; *Vieweg* NJW 1993, 2571). Wird diese Frage bejaht, ist der Störer zu verurteilen. Hinsichtlich der Vollstreckung verlangt der *BGH* jedoch zu Recht, dass diese unter den Vorbehalt der Erteilung einer Befreiung durch die zuständige Behörde gestellt wird. Denn nur so kann sichergestellt werden, dass gegen den Nachbarn nicht vollstreckt wird, wenn die Befreiung entgegen der Prognose des Zivilgerichts doch nicht erteilt wird. Ergibt die Prüfung, dass keine Befreiungsmöglichkeit besteht, ist die Unterlassungsklage abzuweisen.

Solange eine notwendige Befreiung nicht erteilt ist, ist die Einwirkung nicht rechtswidrig. Schadensersatzansprüche bestehen deshalb nicht (*BGH* NJW 1993, 926). Aber auch Ausgleichsansprüche gem. § 906 II 2 BGB unmittelbar oder analog sind nicht gegeben. Die öffentlich-rechtlichen Vorschriften z. B. des Naturschutzes bestimmen insoweit den Anwendungsbereich der §§ 823 ff BGB (*BGH* NJW 1993, 926).

IV. Schadensersatz- und Ausgleichspflichten

1. Schadensersatz

21 Besteht aufgrund von § 906 BGB eine Duldungspflicht nicht und handelt der Störer schuldhaft, d. h. vorsätzlich oder fahrlässig, ist er aufgrund der allgemeinen Vorschriften (§§ 823 Abs. 1 und 2, 249 BGB) zum **Schadensersatz** verpflichtet.

2. Nachbarrechtlicher Ausgleichsanspruch gemäß § 906 II 2 BGB

22 **a)** Besteht aufgrund von § 906 Abs. 2 BGB bei wesentlichen Beeinträchtigungen eine Duldungspflicht, so kann der Eigentümer des beeinträchtigten Grundstücks vom Störer einen angemessenen Ausgleich in Geld verlangen, wenn die ortsübliche Benutzung des Grundstücks oder dessen Ertrag über das zumutbare Maß hinaus beeinträchtigt wird, § 906 II 2 BGB. Der Anspruch setzt kein Verschulden voraus. Beruht die Duldungspflicht nicht auf § 906 BGB, sondern auf anderen Rechtsgründen, besteht ein Ausgleichsanspruch nicht (*BGH* NJW 1993, 928 – Artenschutz; *OLG Hamm* U. v. 12. 3. 1990 – 5 U 229/89; *OLG München* MDR 1991, 971; *LG Dortmund* NJW-RR 1987, 1101 [für den Fall der Baumschutzsatzung]; ebenso *Otto* NJW-RR 1989, 1784; *LG Aschaffenburg* NJW 1987, 1271 [bei unter Naturschutz stehendem Baum]; s. hierzu auch Rdn. 441). Differenzierend jetzt aber *BGH* NJW 2004, 3701. S. auch *Wenzel,* NJW 2005, 241, 246.

23 **b)** Maßgeblich für die Beurteilung der **Zumutbarkeit** ist auch hier das Empfinden eines normalen Durchschnittsbenutzers unter Berücksichtigung der konkreten Nutzung des betroffenen Grundstücks (*BGHZ* 49, 148). Der Anspruch ist nicht beschränkt auf besonders schwere oder existenzbedrohende Beeinträchtigungen (*BGH* NJW 1978, 373; *Bassenge* in *Palandt* § 906 Rdn. 26). Beim Laubfall geht die Tendenz in der Rechtsprechung dahin, auch erhebliche Laubmengen als ortsüblich und zumutbar anzusehen (vgl. *OLG Stuttgart* NJW 1986, 2768; *OLG Frankfurt* NJW 1988, 1620; NJW-RR 1991, 1364; *Schmidt* NJW 1988, 29). Der Laubfall eines Baumes ist in der Regel zumutbar (*LG Aachen* NuR 1989, 234; s. auch Rdn. 14).

24 **c)** Zur Berechnung der **Höhe des Anspruchs** hat die Rechtsprechung die Grundsätze für die Berechnung der Enteignungsentschädigung herangezogen (vgl. *BGHZ* 66, 70; NJW 1984, 1876, 2208; NJW-RR 1988, 1292; NJW 1993, 1700; 1999, 2896). Danach ist auszugleichen die Differenz zwischen dem Wert des betroffenen Grundstücks bei einer noch zumutbaren und daher nicht ausgleichspflichtigen Beeinträchtigung und dem tatsächlichen Wert des Grundstücks unter Berücksichtigung der konkreten Immissionen (*BGHZ* 62, 361; 66, 70; NJW-RR 1988, 1292). Nur der über das zumutbare Maß hinausgehende Teil ist auszugleichen. Es muss daher zunächst die Zumutbarkeitsgrenze unter Abwägung aller Umstände des Falles bestimmt werden (*BGH* NJW-RR 1988, 1292). Wird der Schaden beseitigt, so kann z. B. bei Ersetzung einer älteren Mauer durch eine neue eine Vorteilsanrechnung „neu für alt" in Betracht kommen. Zu berücksichtigen ist

auch, wenn sich das beeinträchtigte Grundstück in einem mangelhaften Zustand befunden hat, ohne den der Schaden nicht oder in einem geringeren Umfang eingetreten wäre (*BGH* NJW 1992, 2884). Bei der Festsetzung der Entschädigung ist auch ein merkantiler Minderwert zu berücksichtigen (*BGH* NJW 1981, 1663). Bei vorübergehender Beeinträchtigung der gewerblichen Nutzung kann unmittelbar der Ertragsverlust zugrunde gelegt werden (*BGH* NJW-RR 1988, 1922). Bei der Schätzung des Verlustes darf grundsätzlich von dem Umsatz des Jahres ausgegangen werden, das dem ausgleichspflichtigen Zeitraum vorangeht (*BGHZ* 62, 361, 371). Beim Laubfall ist diese Formel dahin abzuändern, dass die tatsächlichen Kosten der Laubbeseitigung zu ersetzen sind abzüglich der Aufwendungen, die bei der Beseitigung von noch zumutbarem Laubfall entstanden wären.

d) Anspruchsgegner des Ausgleichsanspruchs sind gemäß § 906 Abs. 2 **25** S. 2 BGB der Eigentümer sowie Nutzer des störenden Grundstücks als diejenigen, die die Nutzungsart des Grundstücks bestimmen; bei mehreren Nutzern gegen den für die beeinträchtigende Nutzungsart verantwortlichen (*BGH* NJW 2004, 775; 2003, 2377). **Anspruchsberechtigt** ist grundsätzlich der Eigentümer des betroffenen Grundstücks bzw. der Erbbauberechtigte. Aber auch die Inhaber von Dienstbarkeiten und Wohnrechten sowie die Besitzer können ersatzberechtigt sein, nicht hingegen derjenige, der das Grundstück bloß nutzt (*BGHZ* 92, 143). S. auch *Bassenge* in *Palandt* § 906 BGB Rdn. 25 sowie *BGH* NJW 2003, 2377.

3. Entsprechende Anwendung

Besteht ein Anspruch gem. § 906 Abs. 2 BGB nicht, kommt ein verschul- **26** densunabhängiger nachbarrechtlicher Ausgleichsanspruch nach § 906 Abs. 2 S. 2 BGB analog in Betracht. Dieser ist nach ständiger Rechtsprechung des *BGH* gegeben, wenn von einem Grundstück im Rahmen privatwirtschaftlicher Benutzung Einwirkungen auf ein benachbartes Grundstück ausgehen, die zwar rechtwidrig sind und deshalb nicht geduldet werden müssen, aber der betroffene Eigentümer aus besonderem Grund gehindert ist, solche Störungen gem. § 1004 BGB zu unterbinden. Hinzukommen muss ferner, dass die dadurch entstehenden Nachteile das zumutbare Maß einer entschädigungslos hinzunehmenden Beeinträchtigung überschreiten (*BGH* NJW 2004, 1037; 1984, 2208; NJW 2003, 2377; 1995, 714; NJW 1999, 2896; *OLG Stuttgart* NJW 1989, 1224; *OLG Koblenz* VersR 2003, 112; für volle Schadloshaltung: *Bassenge* in *Palandt,* § 906 BGB Rdn. 27. § 254 ist entsprechend anwendbar (*BGH* NJOZ 2001, 2195).

Die Verhinderung kann auf rechtlichen, aber auch auf tatsächlichen Gründen beruhen. Als rechtliche Hinderungsgründe kommen der Ablauf von Ausschlussfristen (BGH NJW 2004, 1037, 1040) sowie das nachbarrechtliche Gemeinschaftsverhältnis in Betracht. Tatsächliche Hinderungsgründe können sein, dass der Nachbar den Anspruch aus §§ 1004, 862 BGB nicht rechtzeitig geltend machen konnte (*BGH* NJW 2003, 2377; 2003, 1732) oder die schädlichen Auswirkungen nicht erkennbar waren (*BGH* NJW 1999, 1029). Das gilt auch dann, wenn der durch eine Einwirkung

Betroffene auf Versprechungen des Störers zur Abhilfe vertraut und deshalb den primären Abwehranspruch nicht geltend gemacht hat (*BGH* NJW 1995, 714).

Eine unzumutbare Beeinträchtigung kann bei Laub- und Nadelfall sowie anderen pflanzlichen Bestandteilen, die auf das Grundstück gelangen, ein zusätzlicher erheblicher Reinigungsaufwand sein. Dass bei der Abwägung Gesichtspunkte wie die mit dem Grünen verbundenen Annehmlichkeiten, ein erhöhter Sicht-, Schall- und Windschutz sowie sauerstoffreichere Luft (vgl. *OLG Frankfurt a. M.* NJE 1988, 2618) sowie des gewachsenen Umweltbewusstsein der Bevölkerung berücksichtigt werden können, verneint der *BGH* (NJW 2004, 1037, 1041), weil die Beklagten gegen das Gebot der ordnungsgemäßen Bewirtschaftung ihres Grundstücks dadurch verstoßen hatten, dass ihre Bäume nicht den gesetzlich vorgegebenen Grenzabstand eingehalten haben. Ob diese Gründe in anderen Fällen von Bedeutung sein können, lässt er offen.

Zum Nachbarausgleich beim Umsturz eines naturgeschützten Baumes vgl. *BGH* NJW 2004, 3701.

Der Umfang des Anspruches bestimmt sich nach den Grundsätzen der Enteigungsentschädigung, nicht des Schadensersatzes. Bei Reinigungsarbeiten wegen Laubfalls kann der Kläger höchstens den Betrag erhalten, den er für die zusätzliche Reinigung durch ein Unternehmen aufwenden müsste (*BGH* NJW 2004, 1037). S. im Übrigen Rdn. 24. Zu Bemessung des Anspruchs bei Besitzstörungen s. auch *BGH* (NJW 2001, 1865). Ausgleichsberechtigt sind der Eigentümer, der Erbbauberechtigte, die Inhaber von Dienstbarkeiten und der Besitzer, nicht aber der bloße Nutzer. Ausgleichsverpflichtet ist der Störer. Das kann auch der Benutzer des Grundstücks sein. Vgl. hierzu *BGH* NJW 2004, 775; 2003, 2377; *Bassenge* in *Palandt,* § 906 Rdn. 25.

Der nachbarrechtliche Ausgleichsanspruch aus § 906 Abs. 2 BGB analog wurde z. T. anderen Anspruchsgrundlagen gegenüber als subsidiär angesehen (*BGH* NJW 2004, 603). S. aber auch *BGH* (NJW 2003, 2377) zum HaftpflG sowie allgemein U. vom 8. 10. 2004 – V ZR 84/04. Nach *Wenzel* (NJW 2005, 241, 243) lässt sich das nicht mehr aufrechterhalten, vielmehr sei von einem eigenständigen verschuldensunabhängigen Anspruch neben der Gefährdungs- und Deliktshaftung auszugehen, wenn nicht spezialgesetzliche Vorschriften den Tatbestand abschließend regeln.

V. Das Selbsthilferecht aus § 910 BGB

27   Gemäß **§ 910 BGB** kann der Eigentümer eines Grundstücks Wurzeln eines Baumes oder Strauches, die von einem Nachbargrundstück eingedrungen sind, abschneiden und behalten, sofern sie die Benutzung des Grundstücks beeinträchtigen. Ist das nicht der Fall, besteht das Selbsthilferecht nicht. Das gleiche gilt von herüberragenden Zweigen, wenn der Eigentümer dem Besitzer des Nachbargrundstücks eine angemessene Frist zur Beseitigung

gesetzt hat und diese nicht innerhalb der Frist erfolgt ist. Die Wachstumszeit ist zu berücksichtigen (*Bassenge* in *Palandt,* § 910 Rdn. 2). Ist eine unangemessen kurze Frist gesetzt worden, so verlängert sie sich um einen so großen Zeitraum, dass sie als angemessen angesehen werden kann (*Roth* in *Staudinger,* § 910 BGB Rdn. 14). Es braucht keine neue – angemessene – Frist gesetzt zu werden (*Dehner, B* § 21 I 1 Fußn. 6). Zur Bewertung von Beeinträchtigungen bei angrenzenden Ziergärten vgl. *OLG Köln* NJW-RR 1997, 656, zum Überwuchs über Rasen, Garageneinfahrt und -dach *LG Gießen* NJW-RR 1997, 655.

Der Anspruch ist gem. Abs. 2 ausgeschlossen, wenn die Wurzeln oder die **28** Zweige die Benutzung des Grundstücks nicht beeinträchtigen. Anzulegen ist ein objektiver Maßstab. Die Darlegungs- und Beweislast dafür trägt der Nachbar, dessen Zweige oder Wurzeln überwachsen (*BGH* NJW 2004, 1037). Der Anspruch aus § 910 BGB unterliegt nicht der Verjährung (*Bassenge* in *Palandt,* § 910 Rdn. 1; *Roth* in *Staudinger,* § 910 Rdn. 28 mit zahlreichen Nachweisen.

Das Selbsthilferecht aus § 910 BGB ist im Gemeinschaftsverhältnis von Wohnungseigentümern – auch nicht entsprechend – anwendbar (*OLG Düsseldorf* NJW-RR 2002, 81).

Werden die Zweige ohne Fristsetzung oder vor Fristablauf entfernt, so ist **29** die Beseitigung widerrechtlich und verpflichtet ggf. zum Schadensersatz. Zur Höhe vgl. *BGH* NJW 2006, 1425; *KG* NJW-RR 2000, 160. Nicht ersatzfähig ist dabei der Schaden, der auch bei ordnungsmäßiger Fristsetzung entstanden wäre (*LG Gießen* NJW-RR 1997, 655). Sind Eingriffe durch eine Baumschutzsatzung verboten und kann auch keine Befreiung erlangt werden, ist der Überhang zu dulden (*OLG Düsseldorf* NVwZ-RR 1992, 216; NJW 1989, 1807). Siehe aber auch *OLG Hamm* OLG-Report Hamm 1993, 194 sowie *OLG Karlsruhe* (U. v. 16. 12. 1987 – 13 U 79/87). Die Kosten der Beseitigung in Ausübung des Selbsthilferechts fallen dem störenden Nachbarn zur Last, jedenfalls dann, wenn dem gestörten Eigentümer auch ein Abwehranspruch gemäß § 1004 BGB (vgl. Rdn. 6 ff, 30) zusteht (*Roth* in *Staudinger,* § 910 Rdn. 27; a. A. *LG Frankfurt/M.* NJW-RR 1986, 503). Die abgetrennten Teile werden Eigentum desjenigen, der sie in Ausübung des Rechtes nach § 910 BGB abgeschnitten hat. Das Beseitigungsrecht besteht nur, soweit die Zweige und Wurzeln die Grenze überschritten haben. Zweige dürfen deshalb nicht unmittelbar am Stamm abgeschnitten werden (*LG Bielefeld* NJW 1960, 678). Für Schäden, die trotz sachgemäßen Abschneidens entstehen, haftet der Nachbar nicht (*OLG Oldenburg* ZMR 1985, 99; *OLG Koblenz* ZMR 1993, 567; *OLG Köln* ZMR 1993, 567). Das folgt u. a. daraus, dass der beeinträchtigte Nachbar gem. § 1004 BGB vom Störer auch die Beseitigung der Beeinträchtigung hätte verlangen können. Dieser hätte dann selbst Sorge dafür tragen müssen, sein Eigentum vor möglichen Zukunftsschäden zu schützen. Sind Schäden zu besorgen, kann es allerdings dem zur Selbsthilfe berechtigten Nachbarn obliegen, den Eigentümer des Baumes über die beabsichtigten Maßnahmen zu informieren (*OLG Köln* aaO). Wegen der Beeinträchtigungen durch Laubfall siehe Rdn. 5 ff, sowie *Bassenge* in

Palandt, § 906 BGB Rdn. 13, *LG Ulm* NJW 1985, 440 und *LG Karlsruhe* MDR 1984, 401.

Neben dem Selbsthilferecht aus § 910 BGB steht dem Eigentümer auch   30 ein **Beseitigungsanspruch** gegen den Nachbarn aufgrund von § **1004 BGB** zu. Er kann verlangen, dass dieser selbst die Beeinträchtigung durch die überwachsenden Baum- und Strauchteile beseitigt. Der Anspruch aus § 1004 BGB wird nicht durch § 910 BGB ausgeschlossen Beide stehen gleichrangig nebeneinander (*BGH* NJW 2004, 603; 1973, 703; 1986, 2641; *Bassenge* in *Palandt,* § 910 Rdn. 1; a. A. *Dehner,* B § 21 II 1). Danach kann der Eigentümer sowohl die herüberragenden Zweige selbst abschneiden und die Wurzeln abstechen als auch vom Nachbarn die Beseitigung verlangen. Allerdings besteht dieser Anspruch wie das Selbsthilferecht aus § 910 BGB nur dann, wenn der Überhang die Benutzung des Grundstücks beeinträchtigt (*BGH* NJW 2004, 603; NZM 2004, 115; *LG Saarbrücken* NJW-RR 1986, 1341; *Dehner,* B § 21 Fußnote 24 b a). Entsprechendes gilt bei Wurzeln, die über die Grenze gewachsen sind. Unerhebliche Störungen verpflichten nicht zur Beseitigung (*OLG Köln* NJW-RR 1989, 1177). Eine nicht unerhebliche Beeinträchtigung kann bereits darin liegen, dass übergewachsene Wurzeln die Errichtung einer Mauer behindern (*OLG Hamm* OLG-Report 1993, 194). Ausreichend ist auch, wenn die Wurzeln Gehwegplatten anheben (*BGH* NJW 2004, 603). Werfen überhängende Zweige Schatten auf das Grundstück, kann deren Beseitigung nicht verlangt werden, wenn durch den verbleibenden Schattenwurf der Baumkrone das Nachbargrundstück nahezu wie bisher beeinträchtigt würde (*OLG Oldenburg* NJW-RR 1991, 136).

Anh. II: Niedersächsische Bauordnung

In der Fassung vom 10. Februar 2003
(Nds. GVBl. S. 89), zuletzt geändert durch Art. I des Gesetzes vom 23. Juni
2005 (Nds. GVBl. S. 208)
Ursprüngliche Fassung vom 23. Juli 1973 (Nds. GVBl. S. 259)

(Auszug)

§ 2 Begriffe

(1) [1]Bauliche Anlagen sind mit dem Erdboden verbundene oder auf ihm ruhende, aus Bauprodukten hergestellte Anlagen. [2]Als bauliche Anlagen gelten, auch wenn sie nicht unter Satz 1 fallen,

1. ortsfeste Feuerstätten,
2. Werbeanlagen (§ 49),
3. Warenautomaten, die von allgemeinen zugänglichen Verkehrs- oder Grünflächen aus sichtbar sind,
4. Aufschüttungen, Abgrabungen und künstliche Hohlräume unterhalb der Erdoberfläche,
5. Anlagen, die auf ortsfesten Bahnen begrenzt beweglich sind oder dazu bestimmt sind, vorwiegend ortsfest benutzt zu werden,
6. Gerüste,
7. Fahrradabstellanlagen (§ 47b),
8. Lagerplätze, Abstell- und Ausstellungsplätze,
9. Stellplätze,
10. Kleingartenanlagen (§ 1 Abs. 1 Nr. 2 des Bundeskleingartengesetzes),
11. Camping- und Wochenendplätze,
12. Spiel- und Sportplätze,
13. sonstige Anlagen, die einen Zu- und Abgangsverkehr mit Kraftfahrzeugen erwarten lassen.

(2) Gebäude sind selbständig benutzbare, überdeckte bauliche Anlagen, die von Menschen betreten werden können und geeignet oder bestimmt sind, dem Schutz von Menschen, Tieren oder Sachen zu dienen.

(3) Hochhäuser sind Gebäude, bei denen der Fußboden mindestens eines Aufenthaltsraumes mehr als 22 m über der Geländeoberfläche liegt.

(4) [1]Vollgeschoss ist ein Geschoss, das über mindestens der Hälfte seiner Grundfläche eine lichte Höhe von 2,20 m oder mehr hat und dessen Deckenunterseite im Mittel mindestens 1,40 m über der Geländeoberfläche liegt. [2]Ein oberstes Geschoss ist nur dann ein Vollgeschoss, wenn es die in Satz 1 genannte lichte Höhe über mehr als zwei Drittel der Grundfläche des darunter liegenden Geschosses hat. [3]Zwischendecken oder Zwischenböden, die unbegehbare Hohlräume von einem Geschoss abtrennen, bleiben bei Anwendung der Sätze 1 und 2 unberücksichtigt. [4]Hohlräume zwischen der

obersten Decke und der Dachhaut, in denen Aufenthaltsräume wegen der erforderlichen lichten Höhe nicht möglich sind, gelten nicht als oberste Geschosse.

(5) Baumaßnahmen sind die Errichtung, die Änderung, der Abbruch, die Beseitigung, die Nutzungsänderung und die Instandhaltung von baulichen Anlagen oder von Teilen baulicher Anlagen.

(6) Bauprodukte sind

1. Baustoffe, Bauteile und Anlagen, die hergestellt werden, um dauerhaft in bauliche Anlagen eingebaut zu werden,
2. aus Baustoffen und Bauteilen vorgefertigte Anlagen, die hergestellt werden, um mit dem Erdboden verbunden zu werden, wie Fertighäuser, Fertiggaragen und Silos.

(7) Bauart ist das Zusammenfügen von Bauprodukten zu baulichen Anlagen oder Teilen von baulichen Anlagen.

(8) Wohngebäude sind Gebäude, die nur Wohnungen und deren Nebenzwecken dienende Räume, wie Garagen, enthalten.

(9) [1]Gebäude geringer Höhe sind Gebäude, in denen jeder Aufenthaltsraum mit seinem Fußboden um höchstens 7 m höher als die Stellen der Geländeoberfläche liegt, von denen aus er über Rettungsgeräte der Feuerwehr erreichbar ist. [2]Gebäude ohne Aufenthaltsräume stehen Gebäuden geringer Höhen gleich.

(10) Öffentliches Baurecht sind die Vorschriften dieses Gesetzes, die Vorschriften aufgrund dieses Gesetzes, das städtebauliche Planungsrecht und die sonstigen Vorschriften des öffentlichen Rechts, die Anforderungen an bauliche Anlagen, Bauprodukte oder Baumaßnahmen stellen oder die Bebaubarkeit von Grundstücken regeln.

§ 7 Grenzabstände

(1) [1]Gebäude müssen mit allen auf ihren Außenflächen oberhalb der Geländeoberfläche gelegenen Punkten von den Grenzen des Baugrundstücks Abstand halten. [2]Der Abstand ist zur nächsten Lotrechten über der Grenzlinie zu messen. [3]Er richtet sich jeweils nach der Höhe des Punktes über der Geländeoberfläche (H). [4]Der Abstand darf auf volle 10 cm abgerundet werden.

(2) Erhebt sich über einen nach § 8 an eine Grenze gebauten Gebäudeteil ein nicht an diese Grenze gebauter Gebäudeteil, so ist für dessen Abstand von dieser Grenze abweichend von Absatz 1 Satz 3 die Höhe des Punktes über der Oberfläche des niedrigeren Gebäudeteils an der Grenze maßgebend.

(3) Der Abstand beträgt 1 H, mindestens jedoch 3 m.

(4) [1]Der Abstand beträgt 1/2 H, mindestens jedoch 3 m,

1. in Baugebieten, die ein Bebauungsplan als Kerngebiet festsetzt,
2. in Gewerbe- und Industriegebieten sowie in Gebieten, die nach ihrer Bebauung Baugebieten entsprechen,

3. in anderen Baugebieten, in denen nach dem Bebauungsplan Wohnungen nicht allgemein zulässig sind.

²Satz 1 gilt nicht für den Abstand von den Grenzen solcher Nachbargrundstücke, die ganz oder überwiegend außerhalb der genannten Gebiete liegen.

§ 7a Verringerte Abstände von zwei Grenzen

(1) ¹Abweichend von § 7 Abs. 3 braucht der Abstand eines Gebäudes gegenüber je einem höchstens 17 m langen Abschnitt zweier beliebiger Grenzen nur 1/2 H, mindestens jedoch 3 m, zu betragen. ²Dabei gelten aneinander gebaute Gebäude auf demselben Baugrundstück als ein Gebäude. ³Grenzen, die einen Winkel von mehr als 120° bilden, gelten als eine Grenze.

(2) ¹Ist ein Gebäude ohne Abstand an eine Grenze gebaut, so darf sein Abstand nur noch gegenüber einer weiteren Grenze nach Absatz 1 verringert werden. ²Ist ein Gebäude ohne Abstand an zwei Grenzen gebaut, so darf sein Abstand gegenüber keiner weiteren Grenze mehr nach Absatz 1 verringert werden. ¹Soweit ein Gebäude auf eine Länge von weniger als 17 m an eine Grenze gebaut ist, brauchen Teile des Gebäudes, die nicht an diese Grenze gebaut werden, innerhalb des Grenzabschnitts von 17 m nur den Abstand nach Absatz 1 zu halten.

§ 7b Untergeordnete Gebäudeteile

(1) ¹Eingangsüberdachungen, Windfänge, Hauseingangstreppen, Kellerlichtschächte und Balkone dürfen die Abstände nach den §§ 7 und 7a um 1,50 m, höchstens jedoch um ein Drittel, unterschreiten. ²Dies gilt auch für andere vortretende Gebäudeteile wie Gesimse, Dachvorsprünge, Erker und Blumenfenster, wenn sie untergeordnet sind.

(2) ¹Antennen, Geländer und Schornsteine bleiben als untergeordnete Gebäudeteile außer Betracht. ²Außer Betracht bleiben ferner Giebeldreiecke, soweit sie, waagrecht gemessen, weniger als 6 m breit sind. ³Entsprechendes gilt für andere Giebelformen.

(3) ¹Ist ein Gebäude nach § 8 Abs. 1 an eine Grenze gebaut, so sind nicht an diese Grenze gebaute Teile des Gebäudes, die unter Absatz 1 fallen, in beliebigem Abstand von dieser Grenze zulässig. ²Ist ein Gebäude nach § 8 Abs. 2 oder 3 an eine Grenze gebaut, so darf der Abstand der in Satz 1 genannten Gebäudeteile von dieser Grenze bis auf 2 m verringert werden. ³Er darf weiter verringert werden, wenn der Nachbar zugestimmt hat oder auf dem Nachbargrundstück entsprechende Gebäudeteile vorhanden sind, ausnahmsweise auch ohne Vorliegen dieser Voraussetzungen, wenn die Gebäudeteile sonst nicht oder nur unter Schwierigkeiten auf dem Baugrundstück errichtet werden können.

§ 8 Grenzbebauung

(1) Soweit ein Gebäude nach städtebaulichem Planungsrecht ohne Grenzabstand errichtet werden muss, ist § 7 nicht anzuwenden.

(2) ¹Soweit ein Gebäude nach städtebaulichem Planungsrecht ohne Grenzabstand errichtet werden darf, ist es abweichend von § 7 an der Grenze zulässig, wenn durch Baulast gesichert ist, dass auf dem Nachbargrundstück entsprechend an diese Grenze gebaut wird. ²Die Bauaufsichtsbehörde kann zulassen, dass die Baulast eine andere als eine entsprechende Grenzbebauung festlegt, wenn den allgemeinen Anforderungen an gesunde Wohn- und Arbeitsverhältnisse mindestens gleichwertig entsprochen wird und baugestalterische Bedenken nicht bestehen. ³Sie kann auf die Baulast verzichten, wenn für die Gebäude auf beiden Grundstücken Bauanträge vorliegen und die Grundstückseigentümer der Grenzbebauung zugestimmt haben.

(3) ¹Soweit ein Gebäude nach städtebaulichem Planungsrecht ohne Grenzabstand errichtet werden darf, ist es ferner an der Grenze zulässig, wenn auf dem Nachbargrundstück ein Gebäude ohne Abstand an der Grenze vorhanden ist und die neue Grenzbebauung der vorhandenen, auch in der Nutzung, entspricht. ²Die Bauaufsichtsbehörde kann eine andere als eine entsprechende Grenzbebauung zulassen, wenn den allgemeinen Anforderungen an gesunde Wohn- und Arbeitsverhältnisse mindestens gleichwertig entsprochen wird, baugestalterische Bedenken nicht bestehen und der Nachbar zugestimmt hat. ³Sie kann aus städtebaulichen oder baugestalterischen Gründen verlangen, dass an eine auf dem Nachbargrundstück vorhandene Grenzbebauung angebaut wird.

(4) Die Bauaufsichtsbehörde kann verlangen, dass abweichend von den Absätzen 1 bis 3 Abstand nach den §§ 7 bis 7 b gehalten wird, wenn die vorhandene Bebauung dies erfordert.

§ 11 Mindestabstände für Öffnungen

¹Zwischen einander in einem Winkel von weniger als 120° zugekehrten Fenstern von Aufenthaltsräumen eines Gebäudes muss ein Abstand von mindestens 6 m gehalten werden, wenn die Aufenthaltsräume dem Wohnen dienen und nicht zu derselben Wohnung gehören. ²Satz 1 gilt auch für Fenster aneinander gebauter Gebäude auf demselben Grundstück.

§ 12 Wegfall oder Verringerung der Abstände von Gebäuden besonderer Art

(1) ¹Auf einem Baugrundstück sind jeweils

1. eine Garage oder eine Anlage, die aus mehreren aneinander gebauten Garagen besteht,

2. ein Gebäude ohne Feuerstätten und Aufenthaltsräume, das dem Fernmeldewesen, der öffentlichen Energie oder Wasserversorgung oder der öffentlichen Abwasserbeseitigung dient, und

3. ein sonstiges Gebäude ohne Feuerstätten und Aufenthaltsräume

ohne Grenzabstand oder mit einem bis auf 1 m verringerten Grenzabstand zulässig. [2]Soweit die in Satz 1 genannten Gebäude den Grenzabstand nach § 7 unterschreiten, darf

1. ihre Grundfläche im Fall der Nummer 1 höchstens 36 qm, im Fall der Nummer 2 höchstens 20 qm und im Fall der Nummer 3 höchstens 15 qm betragen,

2. ihre Gesamtlänge an keiner Grenze größer als 9 m sein und

3. ihre Höhe 3 m nicht übersteigen. [3]Sind Gebäude der in Satz 1 genannten Art nach § 8 Abs. 2 oder 3 ohne Abstand an eine Grenze gebaut, so sind diese bei Anwendung der Sätze 1 und 2 anzurechnen.

(2) Ausnahmsweise können Garagen mit notwendigen Einstellplätzen (§ 47) für das Baugrundstück und Gewächshäuser, die einem landwirtschaftlichen Betrieb dienen, in größerer Anzahl und in größerem Ausmaß, als nach Absatz 1 Sätze 1 und 2 Nrn. 1 und 2 gestattet, ohne oder mit einem bis auf 1 m verringerten Grenzabstand zugelassen werden, wenn sie sonst nicht oder nur unter Schwierigkeiten auf dem Baugrundstück errichtet werden können.

(3) Ausnahmsweise kann eine größere als die in Absatz 1 Satz 2 Nr. 3 vorgeschriebene Höhe zugelassen werden, wenn der Nachbar zugestimmt hat, das Gelände hängig ist oder Gründe des § 13 Abs. 1 Nrn. 1 bis 3 vorliegen.

(4) [1]Garagen und Gebäude ohne Feuerstätten und Aufenthaltsräume dürfen den in § 10 vorgeschriebenen Abstand von Gebäuden und Gebäudeteilen auf demselben Baugrundstück unterschreiten, soweit sie nicht höher als 3 m sind und hinsichtlich des Brandschutzes, des Tageslichts und der Lüftung keine Bedenken bestehen. [2]Ausnahmsweise kann, wenn solche Bedenken nicht bestehen, eine größere Höhe als 3 m zugelassen werden.

(5) [1]In Baugebieten, in denen nach dem Bebauungsplan nur Gebäude mit einem fremder Sicht entzogenen Gartenhof zulässig sind, brauchen Gebäude, soweit sie nicht höher als 3,50 m sind, Abstand nach den §§ 7 bis 10 nicht zu halten. [2]§ 7 Abs. 4 Satz 2 gilt entsprechend. [3]Gartenhöfe, denen mindestens ein Aufenthaltsraum – ausgenommen Küchen – überwiegend zugeordnet ist, müssen jedoch eine Seitenlänge von mindestens 5 m und eine Fläche von mindestens 36 qm haben. [4]Die Bauaufsichtsbehörde kann ausnahmsweise zulassen, dass Gebäudeteile über 3,50 m Höhe die Abstände unterschreiten und Gartenhöfe eine geringere als die in Satz 3 genannte Größe haben, wenn hinsichtlich des Tageslichts und der Lüftung keine Bedenken bestehen und das Ortsbild nicht beeinträchtigt wird. [5]Soweit nach Satz 4 Grenzabstände unterschritten werden, ist auch die Zustimmung des Nachbarn erforderlich.

§ 12 a Abstände sonstiger baulicher Anlagen

(1) [1]Bauliche Anlagen, die keine Gebäude sind, müssen, soweit sie höher als 1 m über der Geländeoberfläche sind und soweit von ihnen Wirkungen wie von Gebäuden ausgehen, wie Gebäude Abstand nach den §§ 7 bis 10 halten. [2]Terrassen müssen, soweit sie höher als 1 m sind, wie Gebäude Abstand halten.

(2) Abstand brauchen nicht zu halten

1. Einfriedungen bis zu einer Höhe von 2 m, Einfriedungen, die oberhalb einer Höhe von 1,80 m undurchsichtig sind, jedoch nur, wenn der Nachbar zugestimmt hat,
2. Einfriedungen bis zur Höhe von 3,50 m, soweit sie Gartenhöfe abschließen und die Voraussetzungen des § 12 Abs. 5 vorliegen,
3. Stützmauern und Aufschüttungen bis zu einer Höhe von 1,50 m.

(3) Abweichend von Absatz 2 Nrn. 1 und 3 kann die Bauaufsichtsbehörde ausnahmsweise zulassen, dass Einfriedungen, Stützmauern oder Aufschüttungen bis zur Höhe von 3 m den vorgeschriebenen Abstand unterschreiten, wenn der Nachbar zugestimmt hat und das Ortbild nicht beeinträchtigt wird.

§ 13 Abweichungen von den Abstandsvorschriften in besonderen Fällen

(1) Geringere als die in den §§ 7 bis 12 a vorgeschriebenen Abstände können ausnahmsweise zugelassen werden

1. zur Verwirklichung besonderer baugestalterischer oder städtebaulicher Absichten,
2. zur Wahrung der Eigenart oder des besonderen Eindrucks von Baudenkmalen (§ 3 Abs. 2 und 3 des Niedersächsischen Denkmalschutzgesetzes),
3. zur Wahrung baugestalterischer oder städtebaulicher Belange bei Baumaßnahmen in bebauten Bereichen entsprechend der vorhandenen Bebauung,
4. zur Durchführung von Nutzungsänderungen in Baudenkmalen sowie in sonstigen Gebäuden mit genehmigten Aufenthaltsräumen,
5. für Baumaßnahmen an Außenwänden vorhandener Gebäude, wie Verkleidung oder Verblendung,
6. für Antennenanlagen, die hoheitlichen Aufgaben oder Aufgaben der Deutschen Bahn AG, dem öffentlichen Fernmeldewesen oder der Verbreitung von Rundfunk oder Fernsehen dienen, wenn sie sonst nicht oder nur unter Schwierigkeiten auf dem Baugrundstück errichtet werden können,
7. mit Zustimmung des Nachbarn
   a) für Windkraftanlagen, ausgenommen Gebäude,
   b) für Masten von Freileitungen zur Versorgung mit elektrischer Energie.

(2) ¹In den Fällen des Absatzes 1 muss den Erfordernissen des Brandschutzes genügt werden. ²Den allgemeinen Anforderungen an gesunde Wohn- und Arbeitsverhältnisse, auch auf den Nachbargrundstücken, muss in den Fällen des Absatzes 1 Nr. 1 mindestens gleichwertig, in den übrigen Fällen unter angemessener Berücksichtigung der besonderen Gegebenheiten entsprochen werden.

(3) Einer Ausnahme unter den Voraussetzungen der Absätze 1 und 2 bedarf es auch dann, wenn Festsetzungen in einem Bebauungsplan zwingend zu geringeren als den vorgeschriebenen Abständen führen.

§ 15 Einfriedungen von Grundstücken

Die Baugrundstücke und die nicht im Außenbereich gelegenen nach öffentlichem Baurecht bebaubaren Grundstücke müssen entlang den öffentlichen Verkehrsflächen eingefriedet sein, soweit dies erforderlich ist, um Gefährdungen oder unzumutbare Verkehrsbehinderungen zu verhüten.

Sachregister

Die fetten Ziffern bezeichnen die Paragraphen, die mageren die
dazugehörigen Randnummern

Abwasserableitung **52** 7
Abstandsflächen für Gebäude **61** 1 ff,
11
Adressat der Anzeige **8**
Anbau **7** 5; **18**
Anbaurecht **7** 2 ff
Anbauvergütung **7** 11, 12 ff
Anliegergebrauch **10** 6
Anschlussrecht **12**; **19**
Ausgleichsanspruch **25** 10; **46** 5
Ausschluss des Beseitigungsrechts
62
Außenbereich **52** 8; **55**; **61**
Außenwand **23** 3

Bäume; s. auch bei Pflanzen
– Ausschluss des Beseitigungs-
anspruchs **54**
– Begriff **50** 3
– Beseitigungsanspruch **53**
– Ersatzanpflanzungen **56**
– Grenzabstände **50** ff
– Grenzänderungen **57**
– Übergangsrecht **55**
Baumschulbestände **58** 1
Baumschutzsatzungen **Anhang I 2,**
19
Beeinträchtigungen, wesentliche,
Anhang I 12
Berechnung der Abstände,
bei Bäumen **51**
Beseitigung der Nachbarwand **11**
– Anzeige **11** 2
– Einwilligung **11** 1
– Isolierung **10** 5
– Schadensersatz **11** 4, 5
– Widerspruch **11** 2

Beseitigungsanspruch
– Ausschlussfrist **54**; **62**
– Bäume **53**
– Bodenerhöhungen **26** 8
– Sträucher **53**
– Zurückschneiden **53**, **54**
Betretungsrecht **31**; **41**; **47** 2; **49** 6;
Beweislast **7** 3, **29** 5; **40** 3; **44** 1; **45**
1, 3; **47** 19; **54** 9
Bodenerhöhungen
– Aufschüttungen **Vor 26** 1
– Beeinträchtigungen **26** 8
– Begriff **26** 1, 2
– Beseitigungsanspruch **26** 8
– Rechtsnachfolger **26** 6
– Schutzgesetz **26** 9
– Vorkehrungen **26** 4, 5

Dachtraufe **45 ff**
– Begriff **45** 1, 2
– Haftpflichtgesetz **45** 5
– Leitungsrecht **45** 4
– Niederschlagswasser **45** 2, 3
– Sammel- und Abflusseinrich-
tungen **46**
– Schadensersatz **46** 5
Duldungspflichten, Immissionen,
Anhang I 9 ff

Einfriedung
– Anzeigepflicht **37**
– Beeinträchtigungen **29**
– Begriff **Vor 27** 1
– Benutzung **36**
– Beschaffenheit **28** 1, 2 ff, 6, 7 ff,
11, 15
– Beseitigungsanspruch **28** 15

Sachregister

- Bestandsschutz **28** 8
- Bundesrecht **Vor 27** 5
- Einfriedungspflicht **27, 29**
- Ersetzung **33** 4
- Gemeinsame Einfriedung **30**
- Grenzabstand **28 Abs. 2; 31**
- Grenzeinrichtung **28** 8
- Kosten **34** 1 ff; **35**
- Landwirtschaft **31** 3
- Öffentliches Recht **Vor 27** 3, 4, 5; **28** 13
- Ortsteil, im Zusammenhang bebauter; **31** 2
- Ortsüblichkeit **28** 2 ff
- Standort **28** 18; **30**
- Störer **29**
- Stützmauern **Vor 27** 2
- Übergangsrecht **33**
- Unterhaltung **36**
- Verlangen **29** 5; **31** 4
- Verbessern **29**
- Wohnungseigentum **Vor**

Einvernehmen **4** 1 ff
- Rechtsnachfolge **4** 2
- Nachbarwand **4** 1

Erbbaurecht **1** 1, 4, 5

Erhöhung der
- Grenzwand **17**
- Nachbarwand **12**;

Ersatzanpflanzungen **56**

Fenster- und Lichtrecht
- Außenwand **23** 3
- Ausnahmen 24
- Ausschlussfrist **26**
- Balkone **23** 2
- Begriff **Vor 22** 1
- Beseitigungsanspruch **23** 9
- Einwilligung **23** 6
- Fenster **23** 1
- Lichtrecht **23** 5
- Mindestabstand **23** 4
- Rechtsnachfolge **23** 7
- Terrassen **23** 5
- Türen **23** 2

Gartenbau **21** 2; **61** 2
Gebäude, Begriff **61** 2
- Grenzabstände **61** ff
- Rechtsschutz **61** 11, 12
Geräusche **Anhang I** 13
Gewässer **51** 4, 5
Grenzabstände für Gebäude **61** ff
Grenzänderung **57**
Grenzeinrichtung **3** 10; **7** 7
Grenzwand **16** ff
- Abbruch **17**
- Anbau **18** 1
- Anbaurecht **18** 1
- Anbauvergütung **18** 5
- Anzeige **16** 3, 5
- Beseitigungsrecht **17**
- besondere Gründung **16** 4
- Eigentumsverhältnisse **16** 2
- Einseitige Grenzwand **21**
- Einwilligung **18** 3
- Erhöhung **18** 4
- Mehrkosten **16** 7
- Rechtsnachfolger **18** 2
- Schadensersatz **16** 6
- Schutzmaßnahmen beim Abbruch **18** 5
- Standort **16** 1
- Unterfangen **20**
- Unterhaltungskosten **18** 6
- Zweite Grenzwand **19**
Gründungstiefe Grenzwand
- Anspruch **17** 4
- Mehrkosten **17** 7, 9
- Schadensersatz **17** 6
Grundwasser
- Ausnahmen **38** 4
- Begriff **38** 1
- Veränderungen **38** 2

Hammerschlags- und Leiterrecht **47** ff
- Anzeigepflicht **47** 15
- Begriff **Vor 47** 1 ff
- Beweislast **47** 19
- Bundesrecht **Vor 47** 1
- Entschädigung **48** 1

168

– Gefahr im Verzuge **47** 15
– Öffentl. Recht **47** 13, 14
– Öffentliche Verkehrsflächen **47** 13
– Schadensersatz **Vor 47** 3; **47** 16, 17
– Schutzgesetz **Vor 47** 3
– Schutzvorkehrungen **47** 8
– Sicherheitsleistung **47** 17
– Sondernutzung **47** 13, 14
– Umfang **47** 1 ff
– Vereitelung **47** 18
– Voraussetzungen **47** 5 ff
– Wohnungseigentum **Vor 47** 2
Hausmusik **Anhang I** 1 ff, 17
Hecke, s. auch bei Pflanzen
– Berechnung des Abstandes **51**
– Beseitigungsanspruch **54** 1 ff
– Einfriedung **50 Abs.** 2
– Grenzabstand **50** 8, **51** 2, **52** 2
– Höhe **50**
– Zurückschneiden **53** 3, **54**
Höherführen von Abgasanlagen und Lüftungsschächten
– Anspruchsberechtigte **49** 9
– Anzeige **49** 10
– Betreten des Nachbargrundstücks **49** 6
– Bundesrecht **49** 1
– Entschädigung **49** 8
– Öffentl. Recht **49** 7
– Schadensersatz **49** 10
– Sicherheitsleistung **49** 10
– Steigleitern **49** 6
– Voraussetzungen **49** 3 ff

In-Kraft-Treten **66**

Klagezustellung **25** 1
Klageantrag **Anhang I** 8
Kleingartenanlagen **50** 11

Landwirtschaft **31** 3
Laubfall **Anhang I** 1 ff, 6, 14
Lichtrecht **23** ff
Lüftungsschächte, Höherführen **49**
Lüftungsklappen **23** 3

Miteigentümer **1** 2

Nachbar
– Anwartschaftsberechtigter **1** 3
– Begriff **1**
– Erbbaurecht **1** 1, 4, 5
– Grundstückseigentümer **1** 2
– Nutzungsberechtigter **1** 7
Nachbarrechtlicher Ausgleichs-
anspruch **Anhang I** 21, 22, 26
Nachbargrundstück **1** 2
Nachbarwand
– Abbruch **3** 10, 12; **9; 10** 5
– Abschlusswand **7** 6
– Anbaurecht **5** 9; **7**
– Anbauvergütung **7** 11 ff
– Anzeige des Anbaus **8**
– Anzeigefrist **8**
– Aussteifung **7** 5
– Begriff **Vor § 3** 1; **3** 1 ff
– Beschaffenheit **5** 1 ff
– Beseitigung **11**
– Eigentumsverhältnisse **3** 8, 9, 13; **12** 7
– Einvernehmen **4** 1, 2 ff
– Erhöhung **5** 10; **7** 4; **12**
– Erneuerung **15**
– Grenzeinrichtung **3** 10
– Herstellungskosten **3** 7
– Isolierung **10** 5
– Nutzung **3** 11; **7** 7, 8, 9; **10**
– Rechtsnachfolger **4** 2
– Schadensersatz **14**
– Standort **3** 1; **5** 6; **7** 15
– Überbau **5, 8, 9**
– Überbaurente **6; 7** 16
– Übergangsrecht **63**
– Unterfangen **7** 1
– Unterhaltungskosten **10**
– Unterstützung **7** 5
– Vergütung **6**
– Verlängerung **7** 4
– Verstärken **13**
– Zulässigkeit **4**
– Zustimmung **4** 1 ff
– Zweckbestimmung **3** 4

Sachregister

Naturschutz **Anhang I** 20
Negative Einwirkungen **49** 1; **50** 1; **Anhang I** 10, 11
Niederschlagswasser **45**
Notleitungsrecht **45** 4
Notwegerecht **45** 4

Öffentliche Grünflächen **45** 5
Ortsteil **31** 2
Ortsüblichkeit **28** 2 ff; **Anhang I** 15 ff

Parteivereinbarungen **63 Abs.** 2
Pflanzen, Grenzabstand **50** 1, 5; **51** 1
– Ausnahmen **52** 1 ff
– Ausschlussfrist **54; 54** 5, 6
– Berechnung der Abstände **51**
– Bäume; s. auch bei Bäume **50** 3
– Beseitigungsanspruch **53**
– Beweislast **54** 9
– Bundesrecht **50** 1
– Ersatzpflanzen **56; 57** 5
– Hecken **51** 2, s. auch bei **Hecke,**
– Klagefrist **54** 2, 3
– Selbsthilferecht **54** 10; **Anhang I** 27 ff
– Sträucher **50**
– Übergangsvorschriften **55**
– Wald **58 ff**
– Zurückschneiden **53; 54**
Pflanzen, Immissionen, **Anhang I**
– Ausgleichsanspruch **I** 22, 26
– Baumschutzsatzungen **I** 18 a
– Beeinträchtigungen **I** 6, 11
– Beseitigungsanspruch **I** 2, 8
– Duldungspflichten **I** 9 ff
– Klageantrag **I** 8
– Ortsüblichkeit **28** 3 ff; **I** 15, 18, 23
– Schadensersatz **I** 2, 20
– Störer **I** 8
– Vergleichsbezirk **I** 15
– Wesentlichkeit **I** 12

Rebstöcke **50**
Rechtsnachfolger, Bindung **61** 8
Rohbaufertigstellung **7** 12

Sammel- und Abflusseinrichtungen
– Zulässigkeit **46** 1
– Kosten **46** 2
– Anzeige **46** 4
– Schadensersatz **46** 5
– Sicherheitsleistung **46** 5
Schadensersatz
– Hammerschlags- und Leiterrecht **47** 16, 17, 18
– Immissionen **Anhang I** 21, 24
– Nachbarwand **14**
– Verjährung **2**
Schornsteine, Höherführen **49**
Schriftform **12** 1
Sicherheitsleistung **7** 18
Sichtschutzzaun **27** 1
Sondernutzung **47** 13
Sonnenblumen **50** 3
Stauden **50** 3
Steigleitern **49** 6
Störer **29** 2, 5, **Anhang I** 8
Straßenanliegergebrauch **3** 11; **47** 13
Sträucher **50** 3; s. auch bei Pflanzen
Stützmauern **Vor 27** 2

Terrassen **23** 5
Tiere, Immissionen **Anhang I** 1 ff, 10, 18

Überbau **4** 3 ff
– Anbaurecht **4** 7, 8
– Duldungspflicht **4** 3, 4; **5** 8
Übergangsregelungen **55; 63**
Überhang **Anhang I** 2, 27 ff
Undurchsichtige Einfriedungen **52** 2
Unkrautsamenflug **Anhang I**
Unterfangen der Grenzwand **20**
– Anzeige **20** 5
– Schadensersatz **20** 6
– Sicherheitsleistung **20** 6
Unterfangen der Nachbarwand **7 Abs.** 1
Unterhaltungskosten der Nachbarwand **10**
Unzumutbarkeit **29** 4; **Anhang I** 23

Sachregister

Verjährung **2**
Verjährung
– Fristen **2** 2 ff
– Hemmung **2** 6
– Neubeginn **2** 6; **54** 9
– Übergangsregelung **2** 6; **63**
Verlängerung **7** 4
Verstärken **13; 14**
Vorläufiger Rechtsschutz **Vor 25;
61** 12

Wald
– Begriff **58** 1

– Beseitigungsanspruch **59**
– Grenzabstand **58** 2
– WaldLG **58** 1, 2
WaldLG **58** 1, 2
Widerruf **61** 9
Wild abfließendes Wasser **39** ff
Wohnungseigentum **1** 6
Wurzeln **Anhang I** 2, 6 ff

Zurückschneiden **53**
Zweite Grenzwand **19**